JN441153

Martin Heidegger

하이데거 철학으로의 초대

Martin Heidegger

하이데거 철학으로의 초대

| 설민 지음 |

Zuhandenheit

Vorträge und Aufsätze

Holzwege

Beiträge zur Philosophie

P 필로소픽

차례

171_ **제3부**

하이데거의 후기 철학

| 일러두기 |

- 하이데거의 저술은 독일 출판사 비토리오 클로스터만Vittorio Klostermann에서 간행한 〈하이데거 선집Heidegger Gesamtausgabe〉을 참조했다. 인용 시 '선집'으로 표시하고 권수와 쪽수를 함께 적었다.
- 저자가 인용문 중간에 삽입한 보충 설명은 '[ ]'로 묶어 표시했다.

| 서문 |

이 책은 20세기 독일 철학자 마르틴 하이데거Martin Heidegger의 생애와 사상에 관한 개론서다. 이 책을 펼친 독자 상당수는 아마 이 인물이 현대 사상의 지형에 얼마나 중대한 영향을 끼쳤는지를 귀가 따갑게 들어 봤을 것이다. 일부는 그의 철학이 인간의 삶과 세계를 성찰하는 데 얼마나 중요한 밑거름이 될 수 있는지도 어느 정도 알고 있을 것이다. 이는 비슷한 입문서가 시중에 이미 여럿 나와 있기 때문일 수도 있다. 그런데, 그런 책이 한 권 더 필요한가?

필요하다. 저자는 각자의 관점과 관심사에 따라 글을 쓴다. 또 하이데거의 저술은 방대하고 주제도 다종다양하다. 이를 한 권의 책으로 개괄하려면 취사선택이 불가피하다. 이는 개론서를 쓰는 저자에 따라서 그 내용이 수십, 수백 갈래로 갈라질 수 있다는 뜻이다. 하이데거 사상이 그토록 중요하다면, 그에 걸맞게 많은 개론서가 필요하다. 그래야 독자 또한 자신의 관점과 관심사에 따라 골라 읽을 수 있다.

물론 기왕이면 잘 쓴 개론서가 더 필요하다. 이는 전적으로 독자가 판단할 몫이지만, 나는 이 책이 단순한 정리 요약 이상이 되도록 애썼다. 개론서는 이런 함정에 빠지기 쉽고, 이 책도 그런 면이 아주 없진 않을 것이다. 사실 하이데거의 사상을 그의 용어와 언어로 그대로 옮겨 와 요약하고 정리하는 일만 해도 쉽지 않다. 하지만 하이데거 자신이 누차 강조한 대로, 철학적 사유에서 가장 중요한 것은 사태와의 씨름이다. 나는 개론서라고 해도 이를 피할 수 없고 피해서도 안 된다고 생각한다. 개론서의 저자는 이런 씨름을 통해 하이데거의 글을 읽음으로써, 하이데거의 언어가 아니라 자신의 언어로 그 핵심을 포착한다. 여기서 곡해가 생길 수도 있다. 하지만 곡해의 위험성을 무릅쓰더라도 자기 언어로 가져오려는 노력을 통해, 사태의 실상을 더 깊고 더 면밀하게 들여다볼 수 있다. 내가 이해하기에는 바로 이것이 충실한 하이데거 제자인 가다머가 자신의 철학적 해석학에서 주창한 바다. 재차 말하건대 이 책은 하이데거의 진술이 제시하는 사태를 내가 이해한 바대로 다시 구상하고 해석하려고 애쓴 결과물이다. 하이데거가 따랐던 현상학의 신조에 따르면 철학이란 '사태 자체로' 향해야만 한다. 즉 아무리 위대한 철학자의 문헌이라도, 아니 위대한 철학자의 문헌일수록 더더욱, 단순히 쓰인 말이 아니라 그것이 가리키는 사태에서 진리를 발견하고자 해야 한다. 이에 따라서 나는 하이데거의 진술 하나하나에 얽매이기보다는 저작 전체에서 드러나는 사태가 무얼 말하는가를 붙들려고 했다. 이처럼 사태와 씨름하는 과정에서, 그 사태가 하이데거의 일부 진술과 달리 말하라고 요구할 때도 물론 드물지만 있었다. 하이데거의 저작이 내보이는 사태의 진리를 전적으로 충실히 따르고자 하면서도 나의 언어로 사태를 구상하려는 노력에서 필연적으로 동반되는 비판적 거리가 이 책을 저술하면서 특히 중요했다.

물론 이러한 자기 언어로의 이해는 다시 이 책의 독자에게도 똑같이 요구된다. 이것이야말로 사유하고 성찰하는 훈련이다. 약간 다른 얘기지만, 그런 점에서 어떤 질문에도 몇 초 만에 답변을 내놓는 대형언어모델LLM과 같은 인공지능 기술에 너무 의존하면, 자칫 우리의 사유 능력이 마비될 수도 있다.

이 책은 개론서지만 겉핥기식 대중서를 지향하지 않았다. 물론 여러 번 읽을 필요 없는 명료하고 깔끔한 문체를 유지하려고 애썼고, 하이데거의 전문용어로 점철된 문장을 될 수 있으면 피하려 했다. 또 일반교양을 갖춘 독자라도 버거울 정도로 복잡한 논증은 담지 않으려 했다. 그렇지만 여러 차례 곱씹어 봐야 할 제법 어려운 내용도 적지 않게 담겨 있다. 전기 하이데거는 실존주의자이고 후기 하이데거는 현대 기술에 반대하는 낭만주의자라는 겉핥기식 접근을 피하려면, 난해한 내용도 다룰 수밖에 없다. 이런 내용에 대한 해석은 하이데거 철학을 공부하는 학생이나 그의 저작을 오래 읽어 온 연구자에게 도움이 되기도 하고, 논쟁적으로 보이기도 할 것이다.

1부는 하이데거의 생애를 다룬다. 하이데거 철학을 이해하기 위한 역사적 배경이나 개인적 사건을 소개하는 데, 뤼디거 자프란스키Rüdiger Safranski의 뛰어난 전기 《하이데거: 독일 철학의 거장과 그의 시대》(박민수 옮김, 북캠퍼스, 2017)에서 많은 도움을 받았다. 하이데거 일대기에서 논란이 되는 주제는 단연 그의 나치 참여다. 이는 단순한 우연이 아니라 그의 철학적 신념에 따른 행동이었다. 따라서 나치 참여 문제는 그의 철학이 지니는 의미를 평가하는 데 중요한 부분이다. 여기서 나는 이러한 나치 참여가 그의 철학에 일정한 한계가 있음을 보여 주지만, 그의 철학이 본질적으로 전체주의적이라는 결론을 함축하진 않는다는 견해를 제시하려 한다.

2부는 하이데거의 전기 사상을 다룬다. 여기서 중심이 되는 저작은 그의 주저 《존재와 시간Sein und Zeit》이다. 나는 이 저작의 철학적 의의를 키르케고르Søren Kierkegaard적 실존철학의 맥락, 근대 주체철학의 극복, 그리고 존재물음의 반복이라는 세 가지 견지에서 해명하고자 했다. 그 책에서 하이데거는 어떻게 세상사에 정신없이 바쁜 인간이 자신의 본래적 실존을 회복할 수 있는지를 제시했다. 또한 인간을 '사유하는 주체'로서 파악하는 데카르트적 관념이 어떻게 '세계-내-존재'로서 인간 이해를 상실하고 '외부세계'라는 인위적 문제로 빠져드는가를 보였다. 이는 《존재와 시간》의 주요 성과다. 하지만 정작 하이데거 자신은 도대체 '존재한다'는 것을 어떻게 이해해야 하는가를 철학의 근본 물음으로 여겼다. 그러나 그 답변을 확보하는 데까지 나아가진 못했다.

3부는 하이데거의 후기 사상을 다룬다. 내가 보기에 하이데거는 존재의 의미를 밝히겠다는 《존재와 시간》의 목표가 존재 자체의 본질에 맞지 않다는 것을 서서히 깨달았다. 이런 깨달음이 후기 사상으로의 '전회'를 이끈다. 존재자가 존재한다는 사태는 사상가의 사유 속 개념으로 온전히 포착되지 않는다. 사유 앞에서 뒤로 물러나는 것, 그래서 서양 형이상학 역사에서 파악되지 않던 것, 하지만 이렇게 물러나는 식으로 여전히 성盛하는 것, 이것이 존재물음을 통해 그가 본래 찾고자 했던 바다. 이는 후기 사상에서 '존재의 진리'나 '존재사건'이라고 불린다. 하이데거는 현대 기술과 예술작품 각각의 본질을 존재사건이 일어나는 대립적인 방식이라고 본다. 현대 기술이 인간에게 고향상실과 허무주의를 몰고 온다면, 예술과 건축 그리고 사유와 시 창작에서 인간은 자신의 본질을 구현함으로써 이 땅 위에 거주할 수 있다. 후기 사상은 시적이고 낭만적이며, 복고적이고 향토적일뿐더러, 숙명론적인 데다가, 심지어 때로 신학적이어서, 도무지 현대적 사고에 부합하지 못한다는 힐난을 종종 받는다. 나는 이런 평가가 일면적임을 보여 주려고 상당한 공을 들였지만, 그에 대한 최종 판단 역시 독자가 내려야 할 것이다.

하이데거 사상을 전반적으로 개괄하면서, 그가 생전에 출간한 저작을 주요 전거로 한다는 원칙을 기본으로 삼았다. 하이데거의 그토록 많은 저술 가운데, 아무래도 그가 스스로 출간한 저작이 더 중요하다고 봤기 때문이다. 다만 그의 강의록 중 몇몇은 그 못지않게 중요하기에, 이 책에서도 여러 차례 언급한다. 하이데거의 저술은 독일 출판사 비토리오 클로스터만Vittorio Klostermann에서 간행한 〈하이데거 전집Heidegger Gesamtausgabe〉을 참조했고, 인용 시 '전집'으로 표시하고 권수와 쪽수를 함께 적었다.

곧 정년 퇴임을 앞둔 은사이신 박찬국 선생님께 감사와 존경을 담아 이 책을 바친다. 선생님께서 내신 하이데거 개론서도 여럿이고, 그에 비해 이 책은 한없이 부족함을 절감한다. 하지만 그래도 이 책에 읽을 만한 내용이 있다면, 그 모든 것은 직간접적으로 선생님의 글과 말씀에 빚지고 있다. 문장 하나하나 낱말 하나하나 세심히 검토하여 유익한 조언을 주셨을 뿐 아니라, 번역본의 쪽수를 일일이 찾는 수고를 마다하지 않으신 편집자 구윤희 선생님께도 깊은 감사의 말씀을 드린다. 그리고 집구석을 좋아하는 나를 이해하고 받아들여 준 아내에게도 애정 어린 감사의 말을 전한다. 작업할 때 옆에서 나란히 앉아 자기 책을 조용히 읽은 딸 하랑에게도 고마운 마음을 전한다. 끝으로 하이데거의 텍스트를 함께 읽으면서 날카로운 질문을 던져준 대학원생과 학부생에게도 감사하다.

제1부

인간 하이데거

1 유년 시절

마르틴 하이데거는 1889년 9월 26일 독일 남서부 시골 마을 메스키르히Meßkirch에서 태어났다. 아버지는 성당 관리인이었고, 어머니는 제법 큰 농장을 운영하던 농가 출신이었다. 대다수가 농업과 수공업에 종사하던 하이데거의 출생지는 현대인이 전형적인 고향 이미지로 떠올릴 만한 곳이었다. 예순이 된 하이데거는 자기 고향을 회고하면서 《들길Der Feldweg》(1949)이라는 소책자를 출간하는데, 여기서 묘사하는 메스키르히는 현대 기술 문명과 거리가 먼 한적하고 느긋한 소도시다. 하이데거가 살던 고향은 자연 풍광과 인간이 하나로 어우러지는 곳, 하늘과 대지에서 가히 신성함과 거룩함이 울려 퍼지는 곳이었다. 하이데거의 여러 저술에는 기계기술, 산업, 도시보다 농사, 수공업, 시골을 선호하는 경향이 짙게 묻어나는데, 이는 그가 고향에서 겪은 체험에서 비롯하는지도 모른다.

당시 메스키르히에서는 가톨릭이 지배적이었다. 유년 시절 하이데거는 아버지가 일하던 성당 관사에 살았다. 성당 앞마당은 건너편 성 앞뜰과 이어져 있었다. 성 뒤편으로 난 들길은 다시 광활하게 펼쳐진 들판으로 이어졌다. 그는 이후 《강연과 논문Vorträge und Aufsätze》(1954)을 헌정하게 될 다섯 살 어린 남동생 프리츠Fritz Heidegger와 함께 이 들길에서 뛰어놀며 많은 시간을 보냈다. 하지만 성당 관리인의 아들로서, 그늘은 신부의 심부름이니 시간에 맞춰 종 치기 같은 자잘한 일거리도 맡아야 했다.

부모는 모두 가톨릭 신앙이 깊었다. 가톨릭 신앙이 그들 가족의 생활양식에 깊이 배어 있었다. 가족은 가난하지 않았지만 넉넉하지도 않았다. 당시에 가톨릭 재단은 유능한 아이들이 신학교에 다닐 수 있도록 경제적으로 지원했다. 그 덕분에 하이데거도 메스키르히에서 약 50킬로미터 떨어진 도시 콘스탄츠Konstanz의 가톨릭 기숙학교에서 신학생으로서 장학금을 받으며 학업을 이어갈 수 있었다. 이때부터 대학 시절에 이르기까지 무려 십여 년간 하이데거는 가톨릭 재단의 도움을 받았다. 그러나 재단 지원의 취지는 본래 사제 양성이었기 때문에, 하이데거는 본인이 진정으로 원했든 원치 않았든 간에 일단 사제의 길을 걸을 수밖에 없었다.

하이데거는 우리식 학제로 치면 중학교 시기를 콘스탄츠에서 보냈다. 그리고 그가 이후에 거의 평생을 살게 될 독일 남서부의 도시 프라이부르크Freiburg에 있는 가톨릭 기숙학교에서 고등학교에 속하는 시기를 보냈다. 이 무렵 하이데거는 줄곧 성실한 학생이었던 듯하다. 별다른 사건 사고를 일으켰다는 보고가 없다. 성적도 출중하고 선생들로부터 곧잘 칭찬받는 학생이었다고 짐작된다. 하이데거는 집안이 특별히 부유하지 않았지만 공부를 잘하고 성격도 모나지 않았던 덕분에, 사제가 되기 위한 학업 과정을 착실히 밟아 나갈 수 있었다.

스무 살에 기숙학교를 졸업한 뒤, 하이데거는 자연스럽게 예수회에 입회했다. 하지만 고작 한 달 만에 심장 문제를 겪고서 그곳을 떠나게 된다. 그렇게 사제의 길은 중도에 멈춘다. 하지만 대신에 프라이부르크대학교 신학과에 진학하면서 가톨릭 신앙과 연을 이어간다.

2 / 신학에서 철학으로

신학생 시절 하이데거는 스콜라철학을 공부했다. 덕분에 형식논리학 훈련을 쌓을 수 있었다. 또한 프라이부르크대학교의 신학자 카를 브라이크Carl Braig의 저술《존재에 대하여: 존재론 개요Vom Sein: Abriß der Ontologie》(1886)를 통해서 전통 존재론의 주요 개념을 익혔다.

하이데거 철학 전체에서 두드러지는 근대에 대한 비판 의식은 이미 이 시기에 형성된 듯하다. 당시 그는 가톨릭 청년운동에 가담했다. 이는 순수 가톨릭 신앙과 전통을 중시하던 운동으로, 계몽주의, 개인주의, 자유주의, 역사적 진보 등과 같은 근대의 정신적 이념과 거리를 두었다. 이 운동에 몸담으면서 기고했던 몇몇 글을 살펴보면, 도시화, 기계화, 계산적 사고, 세속화, 현세주의, 신문물 및 최신 유행에 대한 집착, 맹목적 효율성, 순간적 자극이나 흥미진진한 체험 좇기, 자기만의 개성 추구 같은 근대적 생활양식에 대한 거부반응 또는 비판을 읽을 수 있다. 이러한 비판은 당시에 전혀 특별하지 않았다. 뤼디거 자프란스키의 전기에 따르면, 이는 "당시 흔했던 보수적 문화 비판"이다.[1] 물론 이후의 철학 저술에서 나타나는 근대 비판과 달리, 아직 하이데거는 신학생으로서 그 모든 비판의 근간에 신앙을 두고 있었다. 근대적 정신과 생활양식이 추구하는 모든 것은 신앙생활에서 얻는 진리의 지고함 앞에서 진

---

1 뤼디거 자프란스키, 《하이데거: 독일 철학의 거장과 그의 시대》, 박민수 옮김, 북캠퍼스, 2017, 51쪽.

부하고 어리석은 것으로 비쳤다. 안식과 구원은 오직 기독교 신앙에 있었다.

그러나 이러한 믿음은 그리 오래가지 못했다. 하이데거는 신학을 세 학기 공부한 뒤인 1911년 초 다시 한번 심장 이상을 겪었다. 그래서 고향 메스키르히로 돌아가 한 학기 동안 휴양했다. 이 시기에 하이데거는 신학을 계속 공부할지를 심각하게 고민했다. 집안으로부터 경제적 지원을 기대할 수 있는 형편이 아니었기 때문에, 계속 공부하려면 장학금이 필수였다. 하지만 지금까지처럼 가톨릭 재단으로부터 장학금을 지원받으면 당연히 신학을 공부해야만 했다. 문제는 이 무렵 하이데거의 학구적 관심은 점차 신학에서 철학으로 옮겨 가고 있었다는 점이다.

스콜라철학과 브라이크를 통해 배운 전통 존재론 외에, 하이데거는 프란츠 브렌타노Franz Brentano의 박사학위논문 《아리스토텔레스에서 존재자의 다양한 의미에 대하여Von der mannigfachen Bedeutung des Seienden nach Aristoteles》(1862)를 열심히 읽었다. 여기서 그는 자신이 천착한 존재물음의 중요한 역사적 원천인 아리스토텔레스의 존재론을 습득했다. 또한 브렌타노를 통해서 지향성Intentionalität 같은 현상학의 기본 개념에도 친숙해질 수 있었다. 실로 브렌타노는 현상학의 창시자 에드문트 후설Edmund Husserl의 스승으로서 현상학의 태동에 많은 영향을 끼쳤다. 이러한 철학적 관심 속에서 하이데거는 결국 신학 공부를 그만두었다. 그리고 경제적 곤경을 무릅쓰고 철학에 매진하기로 결심했다.

하이데거가 철학에 뛰어들던 시기에 독일 철학의 지형은 어떠했는가? 그 시기로부터 반세기 정도의 시간을 거슬러 올라가 보자. 19세기 중반 헤겔 사후에 절대적 관념론이 미치던 영향력이 사그라들었다. 정신의 우위를 주장하는 관념론에 대항하는 다양한 유물론 사조가 인기를 끌었다. 이제 인간의 존재는 물리적이거나 화학적으로 설명될 수 있고 또 설명되어야만 한다. 그러한 설명만이 진리의 자격을 가질 수 있기 때문이다. 또는 다윈주의적 유물론에 따르건대, 인간의 삶이란 생물학적 진화의 산물 외에 아무것도 아니다. 또는 신경생리학적 유물론에 따르건대, 인간의 정신 또는 마음이란 뇌에서 일어나는 이러저러한 인과 작용의 산물에 불과하다. 이렇게 유물론은 다양한 방식으로 인간의 삶과 정신을 저 높은 이념과 가치로부터 설명하려는 모든 신학적·형이상학적 시도를 거부했다.

하지만 다시 19세기 말에서 20세기 초에 이르러 유물론 사조에 반대하는 흐름이 나타났다. 그중 특히 결정적인 것은 헤르만 로체Hermann Lotze가 제시한 존재Sein와 타당성Geltung의 구별이었다. 자연과학은 '존재하는 것'을 남김없이 설명할 수 있을지도 모른다. 그러나 규범, 가치, 이념, 옳은 진술 같은 '타당한 것'은 인간 정신에 의존하는 독특한 종류에 속하기에, 자연과학으로 설명할 수 없다는 것이다.

하이데거 철학에 중대한 영향을 남긴 그의 스승인 후설의 초기작 《논리 연구Logische Untersuchungen》(1900~1901)도 이러한 구별에 의존했다. 이 저작의 중요한 철학적 기여 중 하나는 심리학주의에 대한 논박이다. 심리학주의는 유물론 사조의 유행 속에서 탄생한

한 분파다. 이에 따르면 인간의 사고 과정과 그 법칙은 논리학이 아닌 심리학의 소관이다. 그때까지 인간 사고의 근본적 형식, 구조, 법칙 등은 자연과학이 접근할 수 없는 철학, 특히 철학의 한 분야인 논리학의 소관이라고 믿어 왔다. 하지만 인간의 사고 작용은 감각이나 감정과 마찬가지로 심리적인 작용이다. 그리고 심리 작용은 자연현상에 속한다. 따라서 사고의 형식이나 법칙도 자연과학의 한 분야인 심리학이 다룰 수 있고 또 다뤄야만 한다. 바로 이것이 심리학주의의 논제다. 이에 대해서 후설은 심리학주의가 심리 작용을 그 작용이 지향하는 대상으로서의 논리적 내용과 구별하지 못했다고 비판한다. 심리 작용은 시간 속에 '존재하는' 것으로서, 매번 작용할 때마다 각기 다르다. 이는 일종의 자연현상으로서, 자연과학이 탐구하고 설명할 수 있다. 하지만 심리 작용이 지향하는 대상으로서 사고의 내용은 시간 속에 '존재하는' 것이 아니다. 그것은 시간과 무관히 '타당한' 것이다. 타당한 대상은 논리적 질서와 이념적 체계에 속한다. 이러한 대상은 자연과학의 한 분야로서 심리학이 탐구할 수 없는 주제 영역에 해당한다. 예컨대 철수와 영희가 각기 '삼각형 내각의 합은 180도이다'를 생각한다고 하자. 이때 각자의 사고 작용은 별개이고 자연 세계에 '존재하는' 심리 작용으로서, 자연과학이 그 메커니즘과 원인 등을 분석하고 설명할 수 있다. 하지만 '삼각형 내각의 합은 180도이다'는 참인 진술로서, 두 사람에게 별개가 아니라 동일하다. 이는 사고의 논리적 대상으로서, 그들의 서로 다른 심리 작용에서 동일하게 '타당하다.'

비슷한 시기에 독일 철학계에는 신칸트주의가 여러 대학에서 학파를 형성하고 있었다. 20세기 전후에 마르부르크Marburg대학의 신칸트주의는 유물론의 위협에 맞서 철학을 축소하는 방향으로 철학을 지켜 내고자 했다. 1930년 전후에 하이데거는 마르부르크학파가 칸트의 주저 《순수이성비판Kritik der reinen Vernunft》(1판 1781/2판 1787)의 의미를 자연과학의 근본 원리에 대한 해명으로 제한했다고 비판했다. 실로 헤르만 코엔Hermann Cohen이나 파울 나토르프Paul Gerhard Natorp 같은 대표적인 마르부르크학파 철학자는 철학의 진정한 과제란 유물론자의 조야한 설명 방식을 물리치고, 자연과학의 방법과 의미를 참되게 해명하는 데 있다고 보았다. 이런 맥락에서 이들은 《순수이성비판》의 결정적인 역할이 자연과학의 정당화라고 해석했다. 즉 칸트식의 자연과학적 해명이 유물론의 한계를 넘어설 수 있게 해준다고 보았던 것이다. 이로써 마르부르크학파는 유물론을 비판하면서도, 결국에는 자연과학에 대한 봉사로 철학의 임무를 한정했던 셈이다.

반면에 빌헬름 빈델반트Wilhelm Windelband나 하인리히 리케르트Heinrich Rickert 같은 바덴Baden학파의 신칸트주의 철학자는 '존재하는 것'과 '타당한 것'을 구별했고, 이러한 구별에 기초하여 문화철학과 가치철학을 창안했다. 인간의 삶이 일구는 문화는 단지 자연과학으로 설명할 수 있는 대상에 불과하지 않다. 물론 문화의 기저에는 자연이 깔려 있다. 그러나 문화에서는 자연이 아니라 그 위에 쌓아 올린 가치에 대한 이해와 수용이 결정적이다. 이는 자연에 가치가 결합함으로써 문화적 대상이 구성된다는 뜻이다. 인간의 삶과 현실에서 '타당한 것'은 바로 이러한 가치다. 옷, 집, 자동차, 식탁, 예술품, 돈 등 인간의 사회적 현실 세계를 구성하는 대상은 모두 타당한 가치이거나, 그 가치의 일정한 질서에 따라 결합한 문화적 대상이다. 바덴학파의 신칸트주의는 유물론이 이러한 가치의 중요성을 완전히 놓쳤다고 비판했다.[2]

이처럼 하이데거가 학업에 열중하던 시기에, 독일 철학계에서는 후설의 현상학이든 신칸트주의든 '타당한 것'에 초점을 둠으로써 유물론의 위협으로부터 철학을 지키려는 사조가 유행했다. 논리적 대상, 수학적 대상, 문화적 대상은 모두 '타당한 것' 또는 가치이므로 자연과학으로는 설명할 수 없다. 그것들은 그야말로 인간 정신에 고유한 것이다. 그러나 원대한 철학적 야망을 세웠던 하이데거는 '존재하는 것'을 자연과학에 넘겨주는 대처에 만족할 수 없었다. 그의 눈에 '존재하는 것'과 구별되는 '타당한 것'에 대한 호소는 유물론의 위협으로부터 인간 정신을 방어하려는 궁여지책에 불과했다. 궁극적으로 인간 정신을 '구원'하려면 그보다 위대한 것, 즉 근원적인 존재물음이 필요하다.

---

2 하이데거는 로체의 타당성 개념이 어떻게 신칸트학파의 가치철학으로 전개되었는가를 1929~1930년 겨울학기 강의에서 간략히 언급한다. 전집 29/30권, 482쪽(《형이상학의 근본개념들: 세계—유한성—고독》 개정판, 이기상 옮김, 까치, 2025, 619쪽) 참조.

3 / 철학자의 길

철학으로 자신의 진로를 변경할 무렵, 하이데거는 후설의 《논리 연구》를 탐독했다. 말년의 저술인 〈현상학에 이르는 나의 길Mein Weg in die Phänomenologie〉(1963)에서 하이데거는 철학에 입문할 당시에 자신이 얼마나 《논리 연구》에 매달렸는가를 인상적으로 술회한다.[3] 1913년 여름에 프라이부르크대학교 철학과에 제출한 박사학위논문 《심리학주의에서 판단 이론Die Lehre vom Urteil im Psychologismus》에는 실제로 후설의 심리학주의에 대한 논박이 미친 영향이 깊게 배어 있다.

박사학위논문의 지도교수는 아르투어 슈나이더Artur Schneider라는 가톨릭 철학 분야 교수였다. 하이데거는 신학과를 떠났지만, 개인적으로는 여전히 가톨릭 신앙을 따랐고 학문적으로도 가톨릭 철학에 어느 정도 관심이 있었다. 이 무렵 그는 아마도 자의 반 타의 반 가톨릭 철학자로서의 비전을 품었을 것이다. 1913년부터 하이데거는 스콜라철학 연구를 후원하는 재단으로부터 3년간 장학금을 받는다. 이러한 배경에서 그는 교수자격논문의 주제로 스콜라철학을 선택하게 된다. 일각에서는 이러한 선택의 배경에 지도교수였던 슈나이더의 퇴임이 얼마 남지 않았으므로, 그의 후임으로 가톨릭 철학 교수직을 얻을 수 있다는 계산이 깔려 있었으리라 추정한

3 전집 14권, 93~94쪽(〈현상학에 이르는 나의 길〉, 《사유의 사태로》, 신상희 · 문동규 옮김, 도서출판 길, 2008, 179~181쪽).

다. 실제로 경제적 형편이 좋지 않던 하이데거에게는 원대한 철학적 야망을 향해 달려가기 이전에 강단에서 안정적인 자리를 구하는 일이 당면 과제였을지도 모른다.

1910년대 초 독일 문화계에서는 생生철학이 선풍적 인기를 끌고 있었다. 기존의 관념론과 유물론 모두에 반대하면서, 생명의 활력과 창조력을 내세우는 철학 사조를 특히 예술가 집단이나 젊은 층에서 열렬히 받아들였다. 19세기 말 프리드리히 니체는 기독교, 중우정치, 평등주의 도덕, 기계문명, 무사안일주의 등에 의해 삶이 퇴락한다고 보았고, 이러한 삶을 의지의 역동적인 생명력을 통해서 다시 고양해야 한다고 주문했다. 20세기 초 빌헬름 딜타이Wilhelm Dilthey는 고전 작품에 담긴 정신적 생을 깊이 추체험追體驗함으로써 정신적 활력을 얻을 수 있다고 주장했다. 또한 프랑스 철학자 앙리 베르그손Henri Bergson의 저작《창조적 진화L'Évolution créatrice》(1907)는 1912년 독일어로 번역되어 일반 독자 사이에서 폭넓게 읽혔다. 그에 따르면 생명은 기계적인 법칙에 따라서 진화하지 않으며, 오히려 자유롭고 창조적인 에너지를 통해서 진화한다. 이들의 철학은 한데 어울려 생철학이라는 조류를 형성하면서, 추상적인 개념 분석과 공허한 논증 속에서 생을 질식시키는 모든 철학(여기에는 당대 주류 철학이었던 후설의 현상학과 신칸트주의도 물론 포함된다)에 반대했다.

하지만 강단철학계, 곧 대학교 철학과에서 전문적으로 교육하고 연구하는 철학계에서 생철학은 별로 반향을 얻지 못했다. 이는 아직 젊은 하이데거에게도 마찬가지였다. 박사학위논문과 교수자격논문을 저술하던 시기에, 그는 생철학과는 아주 거리가 먼 건조하고 딱딱한 철학, 곧 논리학과 수리철학 그리고 스콜라철학에 관심을 쏟았다.

제1차대전이 발발하자, 1914년 10월 하이데거는 군대에 소집되었다. 하지만 곧 심장병으로 징집 유예 처분을 받았다. 덕분에 교수자격논문 작업에 매진할 수 있었다. 당시 독일에서는 전쟁으로 분위기가 들떴고, 많은 이가 군국주의적인 열기에 사로잡혔다. 실제로 릴케나 토마스 만 같은 저명한 문학인이나, 생철학을 지지했던 막스 셸러Max Scheler 같은 철학자가 전쟁에 우호적인 입장을 공개적으로 표명했다. 하지만 청년 하이데거는 이런 분위기에 철저히 거리를 두었다. 아직 그는 철학적 탐구를 이런 역사적 현실과 별개의 영역이라고 보았던 듯하다.

1915년 여름 교수자격논문《둔스 스코투스의 범주론과 의미론Die Kategorien- und Bedeutungslehre des Duns Scotus》이 통과되었다. 여기서 하이데거는 위대한 스콜라철학자 둔스 스코투스의 사상 체계를 논하면서, '하이케이타스haecceitas' 즉 '지금 여기'에 있는 개별자야말로 진정으로 존재하는 것이라는 생각을 받아들였다. 이러한 생각은《존재와 시간》에서 제시된 본래성 개념을 비롯하여 이후 그의 사상 전반의 기저에 놓여 있다고 볼 수 있다.

1915년 가을 그는 군대에 재징집되지만, 역시 심장 질환을 사유로 우편물 검열이라는 비전투 업무를 맡았다. 그 덕에 1918년 초까지 편안히 복무하며 연구를 계속했다. 1916년 초 지도교수였던 슈나이더가 퇴임하자, 공석이 된 가톨릭 철학 분야 교수직에 지원했으나 실패의 쓴맛을 보았다. 이 일은 하이데거가 가톨릭 신학에 이어 가톨릭 철학과도 결별하는 계기로 작용했을 것이다.

1917년 봄에는 개신교도이자 국민경제학을 전공했던 엘프리데 페트리Elfride Petri와 소박한 결혼식을 올렸다. 하이데거는 같은 대학에 다니며 1년 반가량 교제했던 이 여인과 여생을 함께하게 된다. 개신교도였던 그녀와 결혼하면서 유년 시절부터 그를 지배했던 가톨릭 신앙과도 결정적으로 멀어진다. 엘프리데는 하이데거가 철학자로서 오로지 자기 일에만 몰두할 수 있도록 일평생 물심양면으로 헌신했다. 하지만 반反유대주의자이자 골수 나치 지지자로서, 이후 언급할 하이데거의 나치 가담에도 적잖은 영향을 미쳤다고 평가되기도 한다.

하이데거가 자신의 고유한 철학 사상을 형성하는 데 직접적으로 가장 중요한 역할을 했던 인물은 후설이었다. 현상학이라는 거대한 사조를 형성한 후설은 괴팅겐Göttingen대학교에 십여 년 재직하면서 괴팅겐학파를 낳았고, 뮌헨München대학교에도 여러 추종자를 양산했다. 헤트비히 콘라트-마르티우스Hedwig Conrad-Martius, 모리츠 가이거Moritz Geiger, 아돌프 라이나흐Adolf Reinach, 디트리히 힐데브란트Dietrich von Hildebrand, 막스 셸러, 로만 인가르덴Roman Ingarden, 알렉산더 펜더Alexander Pfänder, 에디트 슈타인Edith Stein 등 유수한 학자들이 후설의 제자였거나 그의 현상학을 수용하여 나름대로 발전시켰다. 1916년 후설이 프라이부르크대학교로 이직하면서, 하이데거는 그로부터 직접 가르침을 받을 수 있었다. 많은 현상학자를 양성했지만, 후설은 하이데거를 자신의 진정한 후계자로 생각했다. 1917년 말 당시 후설의 조교였던 에디트 슈타인이 그를 떠나면서 하이데거가 조교 역할을 맡았고, 이 무렵부터 둘은 학문적으로나 인간적으로나 급속히 가까워졌다.

'사태 자체로!'라는 표어가 말해 주듯이, 현상학은 우선 엄격하고 철저한 철학적 태도를 요구한다. 기존의 가설이나 이론을 무비판적으로 수용하면서 출발하는 대신에, 탐구자에게 드러나는 사태를 있는 그대로 직접 주시해야 한다. 진리로 통용되는 개념 체계를 먼저 받아들이면, 사태를 특정한 이론적 도식에 꿰맞추어 해석할 위험이 있다. 어딘가로부터 미심쩍은 전제를 빌려 오는 일은 금물이다. 이런 맥락에서 후설의 현상학은 종종 무無전제적 탐구를 요구한다. 현상학적 탐구자는 사태를 스스로 고찰하고 분석해야만 한다. 자신의 의식에 현전하는 사태를 생생하게 파악하면서, 명증하다고 확인한 것만을 진리로 수용해야 한다. 따라서 현상학은 기본적으로 1인칭적 탐구 태도를 요구한다. 탐구자 자신의 의식에서 '지금 여기' 현전하는 것으로부터 본질적 통찰을 확보해야만 한다.

현상학적 탐구자는 예컨대 후설의 텍스트를 읽으면서도, 다시 그 사태의 탐구를 스스로 수행하지 않으면 안 된다. 입증되지 않은 유행 개념이나 이론을 경계하고, 탐구자 스스로 사태 자체와 싸워 가면서 진리를 획득해야만 한다. 이 점에서 하이데거는 명백히 현상학의 엄정하고 명증한 진리 탐구의 요구를 받아들인다. 다만 하이데거는 이른바 철학의 '무전제성' 요구는 데카르트식 토대주의의 잔재로서 그릇된 철학적 이상이라고 보았기에, 해석학적으로 변용된 현상학을 추구한다. 또한 의식의 1인칭적 탐구 태도는 하이데거에게서 실존의 자기 존재 분석이라는 새로운 의미를 갖게 된다. 하이데거가 보기에, 탐구자에게 주어지는 현상을 직접 고찰하고 분석하라는 후설의 요구는 아직 충분하지 않다. 그러한 현상이 탐구자로부터 분리된, 순전한 이론적 고찰 대상으로 머무는 한 말이다. 오히려 현상이란 탐구자 자신의 존재와 근원적으로 합일하는 것이라고 이해해야만 한다. 이럴 때 현상학적 탐구는 어떤 대상에 관한 이론적 지식의 획득이 아니라, 자신의 실존을 내거는 자기 수행이자 자기 변혁이라는 의미를 얻게 된다. 이러한 실존의 모험이 없다면, 현상학은 공허한 이론에 불과하다.

철학하는 태도 외에, 하이데거는 후설의 현상학이 제공하는 지향적 관계 분석으로부터도 지대한 영향을 받았다. 그 분석에 따르면, 의식은 늘 무언가에 대한 의식이다. 그 무언가로 향하는 지향적 관계가 없는 순전한 의식이라는 관념은 의식에 관한 오해에 불과하다. 사고나 지각 같은 작용을 통해서, 의식은 대상을 지향한다. 대상 지향적 관계에 의식의 본질이 있다. 중요한 것은 거꾸로 사물이나 여타 존재자도 마찬가지라는 점이다. 즉 존재자는 본질적으로 의식의 지향적 관계 속에서 존재한다. 이를테면 눈앞에 놓인 사물은 이런저런 내용적 의미로 진술될 수 있다. 그런 의미 속에서 사물은 바로 그것으로서 존재한다. 그런데 그 의미는 사고나 지각 같은 의식의 지향적 관계를 통해서 구성된다. 요컨대 우리가 의미 있게 파악하거나 진술할 수 있는 모든 사물은 이미 항상 의식의 지향적 관계 속에 들어와 있다. 따라서 그런 관계 바깥의 사물이라는 관념은 사물의 본질에 관한 오해로서 무의미할 따름이다.

지금까지 본 지향적 관계 분석은 주체와 객체의 관계를 전적으로 새롭게 바라보라고 요구한다. 주체와 객체, 어쩌면 좀 더 낫게 말하자면 주체성과 객체성은 그 본질에서 지향적으로 얽혀 있다. 즉 이러한 지향적 관계 속에서만, 주체는 주체로서 객체는 객체로서 사유할 수 있다. 하이데거는 후설의 현상학이 제시한 지향적 관계를 자신의 개념과 언어로 수용하여 발전시키고 철저화한다. 그는 '의식', '주체', '자아'라는 근대 주관주의적 용어 및 이러한 용어에 깔린 실체 중심적이고 이론 중심적인 접근 방식에서 탈피한다. 이를 위해 현존재와 세계-내-존재 개념을 제시하면서, 사물과의 지향적 관계를 세계라는 더욱 포괄적이고 근본적인 현상 속에서 새로이 분석한다. 객관화하는 이론적 태도로 사물로부터 거리를 두고 그 속성을 파악하기에 앞서서, 우리는 일상에서 실천적 태도로 세계라는 의미 맥락 안에서 존재자를 마주친다. 이런 일상 세계에 대해 관심을 두고 탐구할 때, 사물적 존재양식으로 환원될 수 없는 존재 방식의 다양성에 대한 하이데거의 통찰이 중요한 역할을 한다. 하지만 지향성에 대한 후설의 현상학적 통찰이 없었다면, 세계-내-존재에 대한 하이데거의 분석도 아마 불가능했을 것이다.[4]

---

4 후설과 하이데거의 철학적 관계에 관해 숱한 연구가 있지만, 독일어권과 영어권의 대표적 연구는 다음과 같다. Friedrich-Wilhelm von Herrmann, *Hermeneutik und Reflexion: Der Begriff der Phänomenologie bei Heidegger und Husserl*, Frankfurt am Main: Vittorio Klostermann, 2000; Steven Crowell, *Husserl, Heidegger, and the Space of Meaning*, Evanston, Ill.: Northwestern University Press, 2001. 전자는 하이데거의 독창성을, 후자는 후설과의 연속성을 더 강조한다.

이처럼 하이데거가 후설의 현상학을 자기 나름의 방식으로 수용하고 있던 무렵에도, 독일에서는 전시 상황이 이어졌다. 1918년 연합군의 공세에 독일군이 수세에 몰리자, 하이데거는 편안한 군 복무 생활을 마치고 본격적으로 군사훈련을 받아야만 했다. 전쟁의 폐해는 대학가에도 미쳤다. 후설의 한 아들이 사망하고, 다른 한 아들은 중상을 입었다. 하이데거는 서부전선에 투입되었다. 이처럼 전쟁에 직접 몸으로 뛰어들게 된 일은, 하이데거가 철학의 사명을 전과는 달리 이해하도록 만들었을지도 모른다. 그는 대략 이 무렵부터 철학에 삶의 열정을 담아내고자 했다. 당시 교환한 서신을 살펴보면, 그는 세상의 모든 것이 불타는 전쟁통 속에서 철학 또는 정신의 힘이 모종의 구원이 되리라는 희망을 품었다. 이러한 태도는 생철학이 그토록 유행하는데도 불구하고 강단철학자로서 시대적 분위기에 흔들리지 않던 개전 초기의 태도와는 사뭇 대조된다.

1918년 말 독일제국이 무너지고 바이마르공화국이 탄생했다. 새 공화국은 연합국과 정전 협정을 맺었다. 이는 독일이 패전을 수용했다는 뜻이다. 이 무렵 독일 사회는 무척 혼란스러웠다. 이윽고 독일 전역은 혁명의 분위기에 휩싸였다. 온갖 사상가가 독일 민족의 미래를 떠들었다. 자프란스키의 표현에 따르자면, "거의 모든 주요 도시에는 하나 이상의 '구세주'가 있었다."[5] 오늘날까지도 그 명성이 전해지는 슈펭글러Oswald Spengler의 《서구의 몰락Der Untergang

---

5 뤼디거 자프란스키, 《하이데거: 독일 철학의 거장과 그의 시대》, 165쪽.

des Abendlandes》(1918)을 비롯하여, 문명의 위기라는 시대 진단과 더불어 구원의 비전을 야심 차게 제시하는 인물이 숱하게 등장했던 것이다. 하이데거 역시 이러한 거센 시대적 분위기로부터 결코 자유로울 수 없었을 것이다. 1920년대 초 강의에서 그는 인간 현존재가 실존 수행을 통해 이런저런 일거리나 흥밋거리로 정신없이 휩쓸려 다니는 대신에, 자신의 유한하고 개별적인 삶을 절박하게 감내하도록 하는 철학의 가능성을 모색했다.

1920년 봄 하이데거는 자신보다 여섯 살 많은 카를 야스퍼스Karl Jaspers와 처음 만났다. 서로에 대한 인간적 호감을 확인한 후에, 그들은 이후 십수 년에 걸쳐 철학적 우정을 싹틔우고 발전시켰다. 오늘날 실존철학자로 널리 알려진 야스퍼스는 《세계관의 심리학Psychologie der Weltanschauungen》(1919)을 통해서 인간의 실존을 중대한 철학적 문제로 제기했다. 그는 죽음, 고통, 투쟁, 죄책, 우연적 사실 같은 인간이 궁극적으로 자신의 한계에 봉착하게 되는 상황, 곧 '한계상황Grenzsituation'에서 인간이 어떻게 좌절하는지 또 그럼에도 자신의 존재를 홀로 감당하고 떠맡아야만 하는지를 보여 주었다. 이 무렵 야스퍼스는 이미 상당한 명성을 확보하고 있었다. 1921년 하이데거는 이 저작에 대해 대체로 호의적이지만 일부 비판적인 서평을 발표했고, 야스퍼스는 하이데거에게 보낸 서신을 통해 그 서평에 응답했다. 둘은 부분적으로 이견도 있었지만, 당대의 정신적 상황에 대한 진단이나 철학이 앞으로 나아가야 할 방향 등에 대해서 전반적으로 의기투합할 수 있었다. 이러한 공통분모를 중심으로, 둘의 철학적 관계는 당대의 무미건조한 강단철학계에 대향하는 '투쟁 공동체'의 모색으로까지 발전했다. 둘 사이의 방대한 서신 교환이 나중에 한 권의 책으로 출간될 정도로 둘의 관계는 돈독했다. 그러나 하이데거의 나치 참여로 인해 둘 사이의 관계는 대략 1930년대 중반부터 십여 년간 끊겼고, 이후 어느 정도 회복되긴 하나 결코 이전과 같을 수 없었다.

1920년대 초 프라이부르크대학교에서 하이데거는 '현상학의 근본문제들', '종교적 삶의 현상학', '존재론, 현사실성의 해석학'을 비롯하여, 주로 '현상학'이나 '존재론'을 제목으로 내건 강의를 선보였다. 당시 그의 강의는 학생들에게 엄청난 인기를 끌었다. 강의마다 학생이 발 디딜 틈 없이 모여들었다. 막스 호르크하이머Max Horkheimer, 헤르베르트 마르쿠제Herbert Marcuse, 한스 요나스Hans Jonas, 한스-게오르크 가다머Hans-Georg Gadamer와 같이 이후 독자적인 철학자로 성장하게 될 인물이 하이데거의 강의를 듣기 위해 운집했다.

이러한 소문에 마르부르크대학교에서 신칸트학파를 대표하던 파울 나토르프는 당시 공석이 생긴 철학과 교수직 후보로 하이데거를 고려하게 되었다. 다만 교수직에 지원하려면 강의의 명성만으로는 부족하고 마땅한 출판물이 있어야 했다. 그래서 하이데거는 1922년 급하게 《아리스토텔레스에 대한 현상학적 해석Phänomenologische Interpretationen zu Aristoteles》이라는 소책자를 써서 마르부르크로 보냈다. 나토르프가 이 저술을 높이 평가하면서, 하이데거는 1923년 여름 마르부르크대학교 철학과에서 교수직을 얻었다. 비록 '원외' 교수직이었지만, 후설의 개인 조교이자 강사로 생활하던 시절과는 비할 데 없이 안정적으로 가족을 부양할 수 있었다.

마르부르크대학교에서 강의하던 시기에 하이데거의 인생에서 드문, 호사가들의 입에 오를 사건이 하나 일어났다. 바로 당시 18세에 불과했던 한나 아렌트Hannah Arendt와의 만남이었다. 당시 젊은 교수 하이데거는 폭발적인 인기를 누렸다. 강의실에 학생이 구름같이 모여들었고, 카리스마 넘치는 강의는 학생들이 그의 특이한 몸짓을 하나하나 따라 할 정도로 대단한 영향력을 발휘했다. 그는 자기 집으로 학생들을 초대하여 함께 숙박하면서 친밀하게 지냈다. 하이데거가 철학하는 방식으로부터 학생들은 실존하는 사유의 역동성을 고스란히 느꼈고, 그러면서도 냉철한 개념에 따라 사유해야 한다는 것을 배웠다. 1924년 아렌트 또한 그렇게 하이데거의 강의에 매료되어 그를 숭배하다시피 한 학생 가운데 하나였다.

아렌트는 지극히 총명하고 외적으로도 남다른 매력을 발산하는 인상 깊은 학생이었다고 한다. 하이데거는 유독 눈에 띄는 이 학생과 친밀한 대화를 나누기 시작했고, 둘 사이는 어느덧 깊은 관계로 발전했다. 아렌트는 자신보다 열일곱 살 많은 유부남 철학 교수에게 빠져들었고, 하이데거 역시 자신과 정신적 교감을 나눌 수 있는 지적 매력을 지닌 어린 학생으로부터 헤어 나오지 못했다. 그렇게 둘은 비밀스러운 관계를 맺기 시작했다. 이들은 철저하게 남들의 눈을 피하려고 애쓰면서도 빈번히 만났다. 하지만 이러한 잦은 만남은 약 1년 정도만 지속되었다. 1925년 초 하이데거는 (추정컨대 그 관계에 부담을 느껴서) 아렌트에게 하이델베르크Heidelberg대학교의 야스퍼스에게서 수학할 것을 권했고, 이에 따라 아렌트는 그리로 떠났다. 하이델베르크로 떠난 이후에도 둘의 밀회는 간간이 이루어졌다. 심지어 아렌트가 다른 남자를 사귀거나 결혼했을 때조차 그 관계는 끊어지지 않았다. 물론 시간이 흐르며 점차 관계의 의미는 변모했을 것이다. 야스퍼스의 경우처럼 하이데거의 나치 참여로 인해 관계가 소원해진 십여 년간의 시기를 제외하면, 이 둘의 인간적 유대는 거의 한평생 지속된다.

둘 사이의 서신을 면밀히 조사했던 엘즈비에타 에팅거Elzbieta Ettinger의 분석에 따르면, 하이데거는 둘의 관계를 철저히 비밀로 하기 위해 아렌트에게 복잡하고 까다로운 행동 수칙을 지키길 요구했고 아렌트는 그 요구에 순순히 응했다.[6] 아렌트는 자신의 처지에 괴로워하면서도, 하이데거에 대한 순수한 사랑을 포기할 수 없었다. 이때 하이데거의 처신은 어쩌면 전형적인 불륜 남성의 태도를 연상케 한다. 사실 하이데거는 1920년대부터 엘리자베트 블로흐만Elisabeth Blochmann이라는 또 다른 여성과도 단순한 우정 이상으로 보이는 깊은 관계를 거의 평생 유지했다.

1920년대 중반에 하이데거는 방학 때마다 프라이부르크 인근의 산골 마을 토트나우베르크Todtnauberg로 가서 원고 집필에 몰두했다. 자연경관이 아름다운 그곳에 아내가 지어 준 오두막에서, 하이데거는 맑은 산 공기를 마시고 농부들과 함께 부대끼며 이후에 《존재

---

6 엘즈비에타 에팅거, 《한나 아렌트와 마틴 하이데거》 개정판, 황은덕 옮김, 산지니, 2024, 49~61쪽 참조. 에팅거의 저술은 아렌트와 하이데거의 관계를 파악하기 위해 유용하나, 하이데거에 관한 서술은 다소간 편파적이고 악의적인 면도 없지 않다. 특히 하이데거의 나치 개입에 관한 해석은 문제가 있어 보인다.

와 시간》으로 발표될 원고를 썼다. 이 저작의 출간에는 적잖은 우연이 작용했다. 지금도 독일 대학은 기본적으로 국립이지만, 당시에는 특히 공적 성격이 강해서 교수 임용에 문화부가 깊이 관여했다. 마르부르크대학교 철학과에서 하이데거를 정교수로 승격 임용하겠다고 신청했을 때, 문화부는 그의 저술 업적이 부족하다는 이유로 거절했다. 이에 따라 하이데거는 당시 집필하던 원고를 미완성 상태로 서둘러 출판할 수밖에 없었다. 그렇게 1927년 《존재와 시간》은 후설이 편찬하는 학술지 《철학과 현상학 연구 연보Jahrbuch für Philosophie und Phänomenologische Forschung》의 별쇄본으로 출판되었다. 이렇게 탄생한 저작이 20세기 철학사에 가장 위대한 저작 가운데 하나가 되었다는 사실은 역사의 아이러니처럼 보인다. 물론 그 덕에 하이데거는 정교수직을 차지할 수 있었다.

《존재와 시간》에 담긴 실존철학적 모티프는 분명 1920년대 독일 현실의 시대적 요구와 무관하지 않다. 당시 독일은 패전에 따라 경제적으로 곤궁해졌을 뿐만 아니라, 정신적으로도 피폐하고 문화적으로도 암울했다. 반유대주의와 인종주의가 득세했고, 사람들은 온갖 유사종교에서 구원을 찾고자 했다. 이러한 시대적 배경 속에서 하이데거가 묘사한 일련의 주제, 즉 실존의 부담 성격, 불안과 무, 본래성과 비非본래성, 세인世人, 퇴락, 양심의 부름, 죽음으로의 선구, 결단성 등은 당시 독자의 심금을 울리는 강렬한 실존적 파토스Pathos를 선사했다. 하이데거는 유사종교와 달리 그 어떤 영원불변한 안식처도 제공하지 않았다. 하지만 은연중에 현존재의 본래성을 회복해야 한다고 주문했다. 그것은 삶에 부동의 의미를 마련하는 확고한 토대 따위는 아니었지만, 범상한 삶의 무의미와 씨름할 수 있게 해 주는 원천이었다.

《존재와 시간》은 즉각적인 반향을 가져왔다. 하이데거의 명성은 순식간에 독일 전역으로 퍼졌다. 그렇게 하이데거는 30대 후반의 나이에 일약 독일 철학의 거장 반열에 올랐다. 1928년 때마침 스승 후설이 프라이부르크대학교에서 퇴임하면서, 자신의 후임으로 하이데거를 불러들였다. 하이데거는 기꺼이 초빙에 응해 10대 시절부터 오랫동안 지냈던 프라이부르크로 돌아왔다. 그 이후 하이데거는 여생을 그곳에서 보내게 된다.

4 / 나치 참여의 오명

《존재와 시간》은 그 서론에서 존재의 의미를 묻는 기초존재론을 제시했다. 하지만 그 본론은 사실상 인간 현존재에 대한 분석으로 채워졌다. 이 때문에 독자는 하이데거가 이후에 인간이란 무엇인지에 관한 체계적인 설명을 제시하리라고 기대했다. 하지만 하이데거는 2년 뒤 《칸트와 형이상학의 문제Kant und das Problem der Metaphysik》(1929)를 출간하면서 자신에 대한 이러한 기대가 잘못이라고 에둘러 밝혔다. 그는 이 책에서 칸트의 초월철학에 대한 독특한 해석을 제공하면서, 자신의 관심사는 형이상학 문제라고 피력했다.

프라이부르크대학교로 돌아온 하이데거는 일련의 중요한 강연과 강의를 선보였다. 취임 강연 〈형이상학이란 무엇인가? Was ist Metaphysik?〉(1929)부터, 〈근거의 본질에 관하여 Vom Wesen des Grundes〉(1929), 〈진리의 본질에 관하여 Vom Wesen der Wahrheit〉(1930) 같은 강연, 그리고 1929~1930년 겨울학기의 방대한 강의인 《형이상학의 근본개념들 Die Grundbegriffe der Metaphysik: Welt-Endlichkeit-Einsamkeit》이 특히 중요했다. 이 무렵 하이데거의 명성은 대학가뿐만 아니라 일반 대중에게까지 퍼져 있었다. 그래서 그의 강연에는 전문 철학자뿐만 아니라 일반 시민까지 몰려들었다. 1929년 스위스 다보스대학에서 열린 학회에서, 마찬가지로 당대에 주목받기 시작한 신칸트주의 철학자 에른스트 카시러 Ernst Cassirer와 하이데거가 벌인 칸트 해석 및 인간 인식의 유한성을 둘러싼 논쟁은 여러 언론의 국제적인 취재 대상이었다.

어쩌면 하이데거는 이때부터 자신의 막대한 영향력을 실감하면서, 자신에게 철학을 통해 이루어야 할 역사적 소명이 있음을 서서히 감지했을지도 모른다. 하이데거 자신에게 시대를 움직일 힘이 있고, 또 움직여야 할 책무가 있다는 의식이 자라나지 않았을까? 이미 언급한 바처럼 독일 정신이 위기에 처했다는 의식은 당시 독일에 널리 퍼져 있었다. 바이마르공화국 체제로는 곤란하고 혁신적인 변화가 필요하다는 생각은 정치인, 지식인, 청년, 예술가, 일반 시민이 대체로 공유하고 있었다. 적잖은 지식인이 바이마르식 자유민주주의 체제에서는 대범한 사고와 위대한 정신이 범속하고 평균적인 목소리 속에 파묻히게 된다고 우려했다. 그들에게 평등 이념과 다원주의는 중우정치와 평준화 경향을 의미했다. 이러한 문제의식을 하이데거 또한 공유했으리라는 점은《존재와 시간》에 나타난 세인에 대한 논의에서도 쉽게 감지된다. 하이데거는 독일 민족의 위기의식으로부터 비롯한 역사적 사명을 받아들였을지도 모른다.

하이데거는《존재와 시간》에서 역사성과 민족 개념에 제한적인 역할만을 부여했다. 실존의 본래성에서 핵심을 이루는 '결단성'은 각각의 현존재에게 열린 가능성을 허용한다. 철학적 개념으로서 결단성은 각자에게 무엇을 해야 하는가라는 '내용'에 관한 지침을 줄 수 없다. 단지 현존재가 자기 자신과 자신의 가능성을 대하는 특정한 '태도'를 요구할 따름이다. 하지만 1930년 초부터 하이데거는 이러한 철학의 제약을 풀어 내야 한다고 보았던 듯하다. 당시 저술에서 역사와 민족에 부여된 중심적 역할을 간과하긴 어렵다. 말하자면 하이데거는 이제 철학의 이름으로 민족 공동체를 위한 역사적인 결단을 요구한다. 자프란스키가 적절히 지적하듯이, 1931~1932년 겨울학기 강의에서 하이데거는 플라톤의 동굴 비유를 해석하면서 철학자의 시대적 사명을 숙고했다.[7] 그는 동굴 속 무리를 태양이 비치는 바깥으로 끌고 와야 하는 책무, 곧 선구하고 영도하는 철학자의 책무를 받아들였다. 그는 자신이 "역사 속에서 함께 행동"하는 철학자가 되어야만 한다고 믿었다.[8]

---

7 뤼디거 자프란스키,《하이데거: 독일 철학의 거장과 그의 시대》, 365쪽 이하 참조.

8 전집 34권, 85쪽(《진리의 본질에 관하여: 플라톤의 동굴의 비유와 테아이테토스》, 이기상 옮김, 까치, 2004, 77쪽).

이러한 책무가 현실 정치와 접점을 마련하기까지 오랜 세월이 걸리지 않았다. 1933년 3월 바이마르공화국 체제를 무너뜨리며, 히틀러의 국가사회주의독일노동당(이하 '국가사회주의당'으로 표기) 곧 나치가 실권을 장악했다. 당시 많은 독일인은 나치 혁명이 독일 민족을 구원하리라는 열망에 뜨겁게 사로잡혔다. 그들은 강렬한 공동체적 감정을 함께 느끼면서 대규모 시위에 참여했다. 나치 혁명은 전국적으로 폭넓은 지지를 받으며 이루어졌다. 심지어 나치의 공공연한 반유대주의에도 불구하고, 일부 유대계 독일인조차 나치 혁명을 지지하고 환영했다. 사실 후설을 비롯한 적잖은 유대인이 독일인으로서 정체성과 애국심을 지니고 있었기 때문이다. 말하자면 국가 전체가 나치 혁명에 도취해 있었다. 하이데거는 이러한 시류에 철학자로서 호응했다. 그에게 히틀러의 등장은 역사의 대전환을 예고하는 사건으로 비쳤다. 그는 동굴 밖 환한 햇빛 아래로의 탈출, 비본래성에서 본래성으로의 도약, 곧 인간 실존의 근본적 전환이 나치 혁명을 통해서 가능해지리라는 믿음을 품었다. 〈독일 대학생에게 고함Aufruf an die Deutschen Studenten〉을 비롯하여 1933년에 행했던 여러 강연과 연설 및 사적인 언행에 관한 기록은, 하이데거가 얼마나 전폭적으로 히틀러와 나치를 따랐는가를 적나라하게 보여 준다.

이 무렵 하이데거는 히틀러의 나치 혁명에 대한 수동적 지지에 그치지 않았다. 그는 능동적으로 개입하고 참여했다. 독일 전역의 대학에서 나치 혁명을 일사불란하게 관철한다는 취지의 보임에 가입했고, 그곳에서 대학 교육을 위한 철학적 이념을 제시하고자 했다. 1933년 하이데거는 프라이부르크대학교 총장으로 선출되고, 열흘 뒤에 국가사회주의당에 가입했다. 이 시기 대학은 이미 나치의 교육기관과 다름없었기 때문에, 하이데거의 총장 취임은 그의 적극적인 나치 활동을 의미했다. 특히 총장 취임 연설 〈독일 대학의 자기주장 Die Selbstbehauptung der deutschen Universität〉은 독일 전역의 언론을 통해 나치 혁명의 정신을 적절히 표현했다고 선전되었다.

이 시기 나치 정권은 유대인에 대한 차별 정책을 시행했다. 유대인이 공무원이나 대학교수로 일할 수 없도록 금지하고, 열광적인 나치 지지자가 유대인에게 가하는 테러를 묵인하고 방조했다. 물론 이는 이후에 집단 수용소에서 벌어진 가스 학살 같은 끔찍한 만행에는 미치지 않는 수준의 폭력이었지만, 이미 당시에도 유대인에 대한 테러가 공공연히 자행되었던 것이다. 유대인 외에 마르크스주의자나 사회민주주의자에 대한 탄압 역시 빈번했다. 마르크스 사상을 지지했던 이력이 있는 인물은 주요 보직에서 해임되었다. 이 모든 일은 비밀리에 이루어지지 않았다. 하이데거 역시 결코 모를 수 없었다. 그럼에도 어떻게 이 위대한 철학자는 나치 정권을 적극적으로 지지할 수 있었을까?

당시에 많은 지식인과 철학자가 전체주의 정권을 지지했던 것은 사실이지만, 분명 모두가 그러지는 않았다. 가까웠던 친구 야스퍼스 역시 아니었다. 오히려 야스퍼스는 정치로 오염되어 가는 하이데거와 거리를 두었다. 반면에 하이데거는 히틀러와 국가사회주의당의 등장이 독일 민족을 그 내면에서부터 변혁하는 결정적 계기가 되리라고 진심으로 믿었다. 그리고 그러한 변혁에서 특히 실존적이고 정신적인 부문은 철학자의 소임이고, 바로 자신이야말로 그 적임이라고 믿은 듯하다. 추정일 뿐이지만, 그는 이러한 역사적 대의 앞에서 약간의 희생은 눈감아도 좋다고 자신을 속였을지도 모른다.

1934년 4월, 1년이 채 못 되어 하이데거는 총장직에서 사퇴했다. 여기에는 문화부의 권고가 작용했다. 아마 그 배경에는 여러 사정이 작용하지 않았을까? 무엇보다도 현실 정치는 절대 녹록지 않고, 하이데거는 현실과 자신의 혁명적 사상 사이에서 괴리를 보았을 것이다. 나치에 직접 가담함으로써 자신의 사상을 역사적으로 실현하려는 시도가 무리였음을 깨달았을 것이다. 또 정권 편에서 보면, 하이데거의 사상은 지나치게 순수해서 이데올로기적 활용도가 떨어졌을 것이다.

이로써 대학 제도를 통해 현실 정치에 개입하려던 시도는 그가 원했던 만큼 소득을 얻지 못한 채 끝났다. 하지만 총장직 사퇴가 곧장 나치에 대한 거부를 의미하지는 않았다. 단지 제도와 행정을 통해 현실을 개혁한다는 의미에서의 정치 개입이 자신의 철학적 책무가 아니라는 점, 철학의 영역은 그런 좁은 의미의 정치와 구분된다는 점을 인정했을 뿐이다. 하이데거는 총장 사퇴 이후에도 적어도 몇 년간은 나치 혁명이 독일 민족의 변혁이라는 역사적 사건을 일구어 내리라는 희망을 간직했다. 정치를 통한 역사의 가능성을 존재론적으로 사유하고 해명하는 작업은 여전히 철학의 진정한 과제에 속했다. 하이데거는 이제 현실 정치에 개입하지 않으면서도, 철학적 사유를 통해 인간 또는 독일 민족의 가능성을 근원적으로 일신하는 역사적 사건에 관여할 수 있다고 믿었다.

1930년대 중반에 하이데거는 독일의 민족시인 횔덜린Friedrich Hölderlin을 집중적으로 연구했고, 《형이상학 입문Einführung in die Metaphysik》(1935)이나 〈예술작품의 근원Der Ursprung des Kunstwerkes〉(1935~1936) 같은 주요 저술을 집필했다. 이 두 저술과 1934~1935년 겨울학기의 횔덜린 강의에서, 하이데거는 특히 시인, 철학자, 정치인이 인간의 본래적 행위를 할 수 있다고 보았다. 시인은 언어적 창작을 통해서 민족 세계를 선구적으로 제시하고, 철학자는 사상과 개념을 통해서 역사적 현실의 존재를 파악하며, 정치인은 국가 혁명을 통해서 민족 공동체를 역사적 진리 속에 건립한다.[9] 물론 그는 여느 시인, 여느 철학자, 여느 정치인이 그럴 수는 없으며, 횔덜린 같은 위대한 시인, 하이데거 자신 같은 위대한 철학자, 그리고 히틀러 같은 '위대한' 정치인이 그럴 수 있다고 믿었을 것이다. 하이데거에게 자유주의, 민주주의, 공산주의, 기술만능주의, 산업화, 도시화 등은 모두 극복해야 할 근대 문명의 양상에 불과했다. 근대 문명으로 황폐해진 세계의 구원은 시인, 철학자, 정치인이 제각기 따로, 하지만 결국 함께 떠맡아야 할 민족사적 과제였다.

그러나 하이데거가 자신의 정치 참여 실패로 배운 점 또한 있었

---

9 전집 5권, 49쪽(〈예술작품의 근원〉, 《숲길》 개정판, 신상희 옮김, 나남출판, 2020, 77쪽); 전집 39권, 14쪽(《횔덜린의 송가: 게르마니엔과 라인강》 개정판, 최상욱 옮김, 서광사, 2009, 37~38쪽); 전집 40권, 66, 166쪽(《하이데거의 형이상학 입문》 개정판, 박휘근 옮김, 그린비, 2023, 118, 284쪽) 참조.

다. 그는 민족이나 인류의 역사적 변혁이란 개인이나 집단이 단호하게 결심한다고 해서 단시간에 이루어낼 수 있는 일이 아니라고 확신하게 되었다. 또한 이러한 확신은 그가 《존재와 시간》에서 묘사한 결단성 같은 의지적 요소를 멀리하게 되는 후기 사상으로의 '전회'로 점차 나아가는 데도 적잖은 영향을 끼쳤을 것이다.

1930년대 후반 저술에서부터 하이데거는 고대 그리스에서 시작된 서양 형이상학의 역사 전체를 극복하고, 존재를 근원적으로 달리 경험하게 할 새로운 '시원'을 여는 과제를 자신에게 부과했다. 그리고 극복해야 할 서양 형이상학 역사의 최종 형태를 니체가 제시한 '힘에의 의지'의 형이상학이라고 보고, 1930년대 후반 여러 차례의 강의를 통해 니체와 대결했다. 나치의 침략 전쟁이 가시화되는 1940년 전후에 이르면, 이제 나치 또한 서양 형이상학사의 끝자락에 기원을 둔 근대 형이상학적 파국의 한 형태로 재해석된다. 즉 한때 나치 가담자였던 철학자에게, 이제 나치즘은 독일 민족의 역사적 변혁을 위한 계기가 아니라 근대 기술 체제의 병리적 현상의 하나로 재해석되는 것이다.[10]

독일 패전 이후 연합군 군정청이 들어서면서, 독일은 미국, 영국, 프랑스, 소비에트연방 4개국에 의해 분할 통치된다. 하이데거가 있던 프라이부르크에서는 프랑스 군정 당국의 주도 아래 나치 정화위원회가 시작되었다. 여기서 나치 참여자에 대한 심의와 처벌이 내려졌다. 하이데거 또한 예외일 수 없었다. 그는 군정 당국

10 이 시기 하이데거의 나치즘 비판과 관련해서는, 박찬국, 《하이데거와 나치즘》, 문예출판사, 2001, 283~303쪽 참조.

이나 대학위원회에서 열린 여러 심의와 조사에서 진실한 자기반성을 보여 주었을까? 여러 기록을 살펴보면 그렇지 않았던 듯하다. 그의 태도는 자신의 나치 참여가 얼마나 커다란 역사적 과오인지에 대한 참회보다, 당시에는 그것이 불가피한 선택이었다는 자기 변명에 더 가까워 보인다. 어쩌면 하이데거는 자신의 행위에 대한 죄의식과 죄책감이 아니라, 자신이 쌓아온 명성과 안정된 직업을 잃을 수도 있다는 위기감만을 절박하게 느꼈을지도 모른다. 어쨌든 그는 심의 결과에 따라 교수직을 박탈당했다.

5 / 나치 참여에 대한 평가

하이데거의 나치 참여를 어떻게 평가해야 할까? 이 문제와 관련해 방대한 문헌이 쏟아졌다.[11] 누군가는 하이데거의 사상이 나치즘과 아무런 관련이 없다고 평가하고, 또 다른 누군가는 하이데거가 뼛속 깊이 나치였고 그의 사상 핵심에 나치즘과 전체주의가 자리 잡고 있다고 본다. 아마도 우선 이런 두 극단은 피하는 것이 상책이겠다. 하이데거는 분명 자신의 철학적 신념에 따라 나치에 가담했다. 하지만 그렇다고 해서 그의 사상이 근본적으로 그저 나치즘에 불과하다는 주장은 과도하다.

11 이에 대해 개괄하는 국내에서 가장 권위 있는 연구서로는, 박찬국, 《하이데거와 나치즘》 참조.

여기서는 두 가지 관점으로 평가하고자 한다. 하나는 한 인간으로서 하이데거에 대한 도덕적 관점이고, 다른 하나는 하이데거의 철학 사상과 나치즘 사이의 관계에 대한 학문적 관점이다. 개인에 대한 평가라는 관점에서 하이데거는 도덕적 감수성이 무딘 인물이었다고 할 수 있다. 그는 예컨대 유대인인 옛 연인 아렌트, 아내가 유대인이었던 친구이자 동료 야스퍼스, 그리고 역시 유대계 혈통이었던 스승 후설 같은 자신과 무척 가까웠던 인물들이 1933년 이후에 얼마나 커다란 고통을 겪어야만 했는지에 대해 무감각했고 또 그들에 대해 무책임했던 것 같다. 아렌트는 고국을 떠나야만 했고, 후설은 강연 및 저술 출판을 금지당했으며, 야스퍼스 역시 여러 억압에 시달리다 결국엔 강제 퇴직당했고 그의 아내는 여러 차례 생명의 위협을 받았다. 이 모두가 유대인을 억압하고 차별하는 나치의 폭력적 정책으로 발생한 결과였는데도, 하이데거는 기꺼이 나치에 동참하고 지지했다. 더욱이 하이데거는 당시 프라이부르크 대학교 총장이었기 때문에, 최소한 후설에게 학계에서 쫓겨난다는 소식을 미리 알려서 대비하게끔 도와줄 수 있었다. 그러나 그렇게 하지 않았다. 혹시 대의를 위한 소수의 희생은 불가피하다고 생각했던 걸까? 만일 마음 깊이 그런 생각을 품었다면, 그러한 전체주의적 사고방식 자체가 이미 부도덕하다고 지적할 수 있을 것이다. 또 하이데거는 자신이 믿던 '대의', 곧 민족 공동체의 역사적 변혁을 히틀러의 국가사회주의당이 이루리라는 기대가 터무니없는 환상에 불과함을 늦어도 1940년대 초중반에는 깨달은 듯하다. 그랬다면 그때부터라도 자신의 정치적 오판과 착각에 대해 도덕적 수

치심을 느꼈어야 마땅하지 않을까? 그에 걸맞은 참회의 태도를 보였어야 하지 않을까? 하지만 그는 사실상 단 한 번도 자신의 과오를 반성한다고 공개 표명한 적이 없다. 한참 세월이 흘러 1966년 독일의 시사 주간지 《슈피겔Der Spiegel》과의 인터뷰처럼 좋은 기회가 마련되었을 때조차도 마찬가지였다. 더욱이 당시 하이데거와 주변 인물 사이의 개인 서신이나 대화 기록을 보면, 그는 종종 반유대주의적이거나 전체주의적으로 비치는 언행을 하기도 했다.[12] 이런 모든 점에서 당시 하이데거가 한 인간으로서 내보였던 성품이나 태도는 도덕적 비난의 여지가 상당해 보인다.

철학 저술은 그 저자의 정신 속 어떤 중대한 측면이 표현된 결과라고 할 수 있다. 하지만 철학과 인격을 동일시할 수는 없다. 한 인물의 마음 깊은 곳에 인종적·민족적 편견과 차별 의식이 자리잡고 있어 때때로 언행에서 그런 면모가 표출된다고 하더라도, 그가 펴낸 철학 저술은 인종주의나 민족주의와 무관할 수 있다. 그런 점에서 한 인물의 일대기를 살펴보는 일은 그의 철학을 이해하는 데 어디까지나 간접적인 도움만 줄 수 있을 뿐이다.

요컨대 앞에서 논한 개인 인격에 대한 도덕적 평가 문제는 하이데거 철학 자체가 나치즘의 위험성을 함축하는지의 문제와 별개로 취급해야 한다. 그렇다면 이제 이렇게 물어야 한다. 그의 철학 저술에서 인종주의나 반유대주의 또는 다수를 위한 소수의 희생 같

---

12 노년의 야스퍼스는 아렌트에게 보내는 편지에서, 1930년대 하이데거가 유대인을 무례하고 차별적으로 대했던 사례를 일일이 열거한다. 엘즈비에타 에팅거, 《한나 아렌트와 마틴 하이데거》, 개정판, 201쪽 참조.

은 전체주의적 사고를 읽어낼 수 있는가? 적어도 주요 저작을 기준으로 답하건대, 그렇지 않아 보인다. 오히려 반反인종주의에 대한 언급은 종종 찾아볼 수 있다. 또한 그가 1930년대 초중반 몇몇 글에서 민족 공동체의 역사적 운명을 거론한 것은 사실이지만, 이는 예컨대 전쟁을 통해 다른 민족을 폭력적으로 제압하기를 정당화하는 것과는 거리가 멀다. 오히려 그는 각 민족의 고유한 역사적 전개를 중시하고, 그로 인해 생겨나는 경쟁적 관계가 서로를 정신적으로 발전시킬 수 있다고 보았다. 2014년에 출간되기 시작하여 많은 논란을 불러일으킨 《검은 노트Schwarze Hefte》를 비롯하여 1933년 전후의 정치적 연설문이나 사적인 기록에서 전체주의적이고 반유대주의적인 사고가 물씬 드러나는 진술이 발견되지만, 인격이 가감 없이 드러나는 그런 잡문은 정제된 정신의 표현인 주요 철학 저작과는 엄격하게 구별되어야만 한다. 따라서 하이데거의 나치 참여를 이유로 그의 철학 사상 자체가 나치즘이라고 일축하면서 그의 철학 저술을 무가치하거나 위험하다고 보는 것은 성급하고 단편적인 결론이다. 맥락이 완전히 같지는 않지만, 아리스토텔레스의 《정치학Politiká》에 노예에 대한 차별 의식이 발견된다고 해서 그의 정치철학 자체가, 심지어 그의 철학 전체가 무가치하다고 결론 내리는 일은 섣부르고 어리석지 않을 수 없다.

나치를 신봉하던 시기의 하이데거가 나치가 선전하는 이념에서 자기 사상과 일치하는 면모를 보았던 것은 명백하다. 위대한 것에 대한 동경, 계산적 사고 및 행동에 대한 낮은 평가, 기술 문명과 산업화에 대한 경고, 자유주의가 동반하는 천민성과 오락성에 대한 비판, 쳇바퀴 돌 듯 진부한 도시인의 삶에 대한 문제의식, 작금이 민족사적 퇴락의 시대라는 위기의식, 이 모든 위기를 정치 혁명을 통해 단박에 극복할 수 있다는 발상, 민족의 역사적 사명 의식, 전원적 삶에 대한 낭만주의적 향수 등이 그렇다. 그러나 이런 사상적 요소가 나치즘의 핵심인지, 아니면 정치 혁명을 통해 가져오겠다는 미래 사회에 대한 선전용에 불과하고 실제 나치즘을 이끌었던 요소는 오히려 인종주의, 국수주의, 민족주의, 애국주의, 전체주의, 제국주의, 군국주의 등의 이데올로기가 아니었는지 숙고해 보아야 한다.

아마 나치즘에는 양면의 요소가 모두 있었다는 판단이 공정할지도 모른다. 위대한 것에 대한 동경을 비롯하여 앞서 나열한 사상적 요소가 하이데거를 비롯한 많은 지식인이 나치를 지지하게 된 배경이었을 것이다. 아마도 그들은 그러한 요소에 현혹되어, 마찬가지로 나치즘에 내재한 인종주의와 전체주의 같은 이데올로기적 요소의 위험성을 충분히 알아차리지 못했거나 자기기만적으로 간과했을 것이다. 그러나 전자의 사상적 요소가 후자의 이데올로기적 요소를 반드시 함축한다고 보기는 어렵다. 그렇다면 하이데거 같이 전자의 사상적 요소를 내포한 철학이라고 해서, 곧장 그 자체로 문제적이라고 비난할 수도 없다.

앞서 언급한 대로 1930년대 후반부터 하이데거는 나치즘을 근대 기술 체제의 일환으로 폄하하면서 자기 사상과 구별했다. 물론 이 시기 하이데거의 사상에도 여전히 위대한 것에 대한 동경을 비롯하여 앞서 본 사상적 요소가 고스란히 들어 있다. 그럼에도 하이데거가 나치즘을 비판할 수 있었던 이유는 자신이 믿었거나 희망했던 나치의 이념과 실제로 확인된 나치의 현실 사이에서 명백한 괴리를 보았기 때문일 것이다. 덧붙이건대 야스퍼스가 한때 하이데거와 더불어 투쟁 공동체를 꿈꿀 수 있었던 이유도 실은 앞서 열거했던 사상적 요소 가운데 상당수를 공유했기 때문이었다. 그런데도 야스퍼스가 하이데거와 달리 나치에 동참하지 않았던 것은(아내가 유대인이라는 개인적 사정을 논외로 하면), 나치가 선전하는 이념 너머의 실체를 그가 좀 더 냉정하게 꿰뚫어 보았기 때문일 것이다.

위대한 것이든 민족이든 그 어떤 사명 의식을 관철하기 위해서라면, 타인이나 타민족의 자유를 억압해도 좋다는 식의 전체주의적 사상이 하이데거 철학에 들어 있다고 보기는 어렵다. 나치즘을 역사적 운명으로 받아들이고 철학자로서 그 속에 뛰어들어야만 한다는 망상이 가장 심했던 시기, 곧 1933~1934년의 정치적 연설문이나 개인 메모에는 상대적으로 더 권위주의적이고 더 전체주의적이며 더 인종주의적으로 들리는 구절이 발견된다. 하지만 그것은 하이데거 사상 전반에서 지엽적이거나 그저 무의미한 부분을 차지하는 잡문으로 간주하는 편이 합당할 것이다.

그러나 이 모든 사정에도 불구하고 다른 관점에서 더 주의가 필요한 측면도 있다. 지금까지 논의에 따르면, 하이데거의 사상이 본질적으로 나치즘의 문제적 요소를 함축하고 있지는 않다. 하지만 반대로 그의 사상이 나치즘의 폭력적 면모, 예컨대 1933년에도 이미 성행했던 유대인이나 공산주의자에 대한 폭압과 테러 같은 역사적 대의를 명분으로 한 소수의 희생을 원천적으로 방지할 수 있는 철학적 근거를 제공해 주는가라고 묻는다면, 그렇다고 답하기 어렵다. 만일 그랬다면 하이데거의 나치 참여란 애당초 불가능했을 것이다. 결국 그의 사상에 위험한 점이 있다면, 그 사상이 그러한 폭력을 권하지는 않지만 철저히 금하지도 않는다는 사실, 따라서 어느 특정한 시대적 상황에서 운 나쁘게도 그런 폭력에 대한 동조와 방조에 휩쓸릴 수도 있다는 사실이다. 달리 말해서 모든 인간의 자유와 권리를 동등하게 옹호하는 민주주의적 신념은 그의 사상에 본질적이지도 않고, 그 사상 안에 정초되어 있지도 않다.

물론 다시 이렇게 반문할 수도 있다. 과연 민주주의적 신념을 철학적으로 정초하는 사상이나 이념이 전체 철학사의 수많은 사조 가운데 얼마나 되겠느냐고. 이러한 반문은 어느 정도 정당해 보인다. 하이데거의 철학만이 아니라 키르케고르나 니체의 철학도 그런 근거를 제공하지는 않는다. 또 대표적인 윤리 사조인 공리주의도 늘 다수의 복지를 위한 소수의 희생을 정당화한다는 비판에 시달리니 사정이 딱히 나을 것도 없다. 아리스토텔레스와 덕 윤리 전통조차도 이런 비판에서 완전히 벗어나진 못한다. 구조주의나 포스트모더니즘도 마찬가지고, 휴머니즘적 형태가 아닌 마르크스주의도 사정이 다를 것 없다. 반면에 자유주의 계약론 전통이나 칸트의 실천철학 또는 칸트의 보편주의 윤리를 현대적으로 계승하는 하버마스Jürgen Habermas의 철학은 이 문제에서 비교적 자유롭다.

이처럼 철학 사조가 일반적으로 폭력에 대한 엄격한 금지를 윤리적으로 정초하고 보증하지는 않는다. 하지만 전체주의 같은 폭력의 금지가 필수적이거나 중대할수록, 하이데거를 비롯하여 그러한 금지를 보증하지 못하는 철학은 그만큼 불완전하다고 평가해야 마땅할 것이다. 이는 하이데거 철학으로부터 인간 삶과 사회에 대한 모든 지침을 얻어낼 수 있으리라고 기대해서는 안 된다는 뜻이기도 하다. 요컨대 우리가 민주주의 이념을 우리 사회의 기본 구조로서 받아들이는 한, 아무리 대단한 통찰과 시야를 마련해 준다고 할지라도 하이데거의 철학은 여전히 도덕적으로나 정치적으로 불완전하기에 그 보완이나 개정이 필요한 셈이다.

6 / 전후부터 말년까지

나치 가담자를 심판하는 정화위원회에서 하이데거는 비난과 추궁에 시달렸다. 어떻게든 자신을 방어하고 변호해야만 하는 궁색한 처지에 몰렸다. 1946년 봄, 한때 독일 철학의 미래를 이끌어 가리라고 모두에게 주목받던 철학자는 대학에서 쫓겨나고 말았다. 직업을 잃고 경제적인 곤경에 직면했을 뿐만 아니라 사회적 지위와 명성 또한 크게 실추되었다. 이는 하이데거 개인에게 극심한 고통을 안겼던 듯하다. 자프란스키의 보고에 따르면, 그는 한 차례 졸도하고 요양소 생활을 겪어야만 했다.

하지만 같은 해 여름, 하이데거는 어찌 보면 강의 의무가 없고 자신에 대한 사회적 관심이 줄어든 덕분에 새로운 작업에 도전할 수 있었다. 그는 토트나우베르크 오두막에서 중국인 학자 폴 시이샤오Paul Shih-yi Hsiao와 함께 노자의 《도덕경》 일부를 번역하는 여유 있는 시간을 보냈다. 이 무렵 하이데거의 도가 사상에 관한 관심이 그저 일회적이고 우연한 사건일 뿐인지 아니면 그의 후기 사상에 어느 정도 영향을 미쳤는지에 대해서는 견해가 엇갈린다.[13]

강제 퇴직 이후 하이데거가 발표한 첫 번째 중요한 저술은 〈휴머니즘 서간Brief über den "Humanismus"〉(1946)이다. 이 글은 나중에 프랑스 철학계에서 하이데거 철학이 수용되는 데 결정적인 역할을 맡게 될 장 보프레Jean Beaufret에게 보내는 편지 형식을 취했다. 당시 하이데거 철학에 매료되었던 보프레는 '휴머니즘'이라는 낱말이 어떻게 새로운 의미를 얻을 수 있을지를 하이데거에게 물었다. 보프레의 물음은 1945년 10월에 열렸고 1946년에 책으로 발간된 사르트르의 유명한 파리 강연 《실존주의는 휴머니즘이다L'existentialisme est un humanisme》를 배경에 둔다. 이 강연에서 사르트르가 실존주의를 새로운 의미의 휴머니즘으로 제시했기 때문이다. 사르트르에 따르면, 인간은 자신의 결단과 '기획투사'를 통해서 인간 가치를 새롭게 창조할 수 있다. 그는 이러한 가능성을 제시하는 자신의 철학이야말로 휴머니즘이라고 주장했다. 또한 휴머니즘에 대한 논의의 더 넓은 역사적 배경에는 물론 당시가 제2차대전 이후라는 점이 있었다. 전쟁의 참상에 대한 비판적 반성이 휴머니즘을 소환했던 것이다. 하지만 하이데거는 보프레의 기대와 달리 휴

---

13 하이데거와 도가 철학의 근친성에 대한 포괄적 연구로는, 윤병렬, 《하이데거와 도가의 철학》, 서광사, 2021 참조.

머니즘을 끌어안지 않았다. 마르크스적이든 사르트르적이든 기독교적이든, 어떤 형태의 휴머니즘과도 거리를 두었다. 하이데거는 휴머니즘 또한 서양 형이상학사의 한 지류일 뿐이라고 보았다. 형이상학사 전체의 극복이 과제였던 철학자에게는 휴머니즘 또한 극복되어야 할 사조였던 것이다. 그에 따르면 인간의 본질은 인간이 우주의 중심을 차지한다는 위상으로부터가 아니라, 오히려 인간이 존재자 전체의 존재에 귀속된다는 사실로부터 탐구되어야만 한다. 그는 인간의 진정한 존엄 또한 이로부터 나올 수 있다고 보았다.

쫓겨난 하이데거는 수년간 대학이 아닌 곳에서 강연할 기회를 모색해야만 했다. 그러다 보니 그와 별로 어울려 보이지 않는 곳에서도 강연을 했다. 독일 북서부 도시 브레멘에는 오랜 역사를 지닌 부유한 사업가들의 사교 모임 '브레멘 클럽Club zu Bremen'이 있었는데, 1949년 하이데거는 이곳에서 여러 차례 강연했다. 이때 연속 강연 〈사물Das Ding〉, 〈몰아세움Das Ge-stell〉, 〈위험Die Gefahr〉, 〈전회Die Kehre〉는 하이데거 후기 사상의 골자를 잘 보여 준다. 또한 그는 프라이부르크 인근 깊은 산속에 자리한 호화로운 요양원에서도 몇 차례 강연을 열었다.

하이데거와 개인적으로 친밀하면서 철학사적으로도 중요한 업적을 남긴 인물로 후설, 야스퍼스, 아렌트를 꼽을 수 있다. 공교롭게도 이 셋은 모두 나치 정권 아래에서 핍박받던 유대계이거나 배우자가 유대계였다. 후설은 1938년에 생을 마감했지만, 아렌트와 야스퍼스는 전쟁 후에도 살아남아 나치의 폭력을 비판적으로 성찰할 수 있었다. 제자와 스승 사이이기도 한 이 둘은 전후에도 서신을 교환하면서 인간적 유대를 단단히 맺었다. 아렌트는 야스퍼스를 평생 존경했던 것 같다. 그들에게는 하이데거와 밀접한 사이였으나 이후 관계가 악화되었다는 공통점 또한 있었다. 그들은 나치에 가담한 하이데거를 도덕적으로 비난하면서도, 여전히 하이데거가 대단한 철학적 통찰력을 갖춘 인물이라고 높이 평가했고 또 그에 대한 모종의 인간적 미련이 남아 있었다는 점에서도 비슷했다.

1949년 초 야스퍼스는 하이데거가 명예교수로 복직하여 강의를 재개할 수 있도록 힘을 보탰다. 당시 프라이부르크대학교 총장에게 하이데거가 철학적으로 중대한 인물임을 적극적으로 알리려 애쓴 것이다. 이를 계기로 둘 사이에 서신 교환이 다시 시작되었다. 물론 젊은 시절만큼 가까운 우정을 회복하는 일은 불가능했다. 둘 사이에는 계속해서 앙금이 남아 있었다. 야스퍼스는 하이데거와 친교를 맺은 이후 꾸준히 하이데거의 사상과 언행에 대한 평가를 메모로 남겼는데, 이는 그의 사후인 1978년에 《마르틴 하이데거에 관한 메모Notizen zu Martin Heidegger》라는 제목으로 출간되었다.

미국으로 망명한 아렌트는 저널리즘 작가이자 정치철학자로서 명성을 쌓았다. 아렌트와 하이데거의 관계는 1950년 초에 다시 시작되었다. 독일을 방문했던 아렌트를 하이데거가 집으로 초대하면서 하이데거의 부인 엘프리데와 함께 삼자대면을 하게 된 것이다. 이제는 모든 사정을 다 아는 엘프리데와 함께한 그 자리는 틀림없이 불편했을 것이다. 하지만 야스퍼스와 달리 아렌트는 하이데거에게 다시 마음의 문을 열었다. 몇 번의 우여곡절 끝에 결국 둘은 친교, 혹은 어쩌면 그 이상으로 여전히 사랑이 뒤섞인 모호한 감정의 관계를 다시 회복할 수 있었다. 아렌트는 하이데거의 저작이 미국에 번역 출간될 수 있도록 도움을 아끼지 않았다. 출판사를 물색하고 번역을 직접 감수했다. 생일에 서로에게 축하 편지를 보내고, 말년에는 부부 동반 모임까지 즐겼다.

쫓겨난 뒤 5년이 지난 1951년 겨울에야 하이데거는 프라이부르크대학교에 돌아와 명예교수로 다시 강의할 수 있도록 허가받았다. 그렇게 복귀하고 개설한 첫 강의가 이후에 전집 8권으로 출간되는 《사유란 무엇인가Was heisst Denken?》이다. 또한 전집 10권 《근거율Der Satz vom Grund》은 1955~1956년 겨울학기에 개설한 마지막 대학 강의를 출간한 것이다. 하이데거는 두 강의록을 모두 생전에 출간했다. 이는 그가 두 저작을 철학적으로 중요하게 여겼음을 시사한다.

1955~1956년 겨울학기 강의를 마지막으로 하이데거는 대학 정규 강의를 더 이상 맡지 않았다. 이때 나이가 이미 67세다. 노년에도 하이데거는 왕성한 연구 의욕을 보였으며, 여러 곳에서 자신의 연구 성과를 발표하고 다른 학자들과 함께 세미나를 진행했다. 1953년 뮌헨에서 열린 강연 〈기술에 대한 물음Die Frage nach der Technik〉도 하이데거 후기 사상에서 특히 중요하다. 이 강연에서 그는 후기 사상에서 중요했던 존재의 참다운 경험, 그리고 그 경험을 점차 불가능에 가깝게 만드는 현대 기술의 본질을 해명하고자 했다. 그 이후에는 독일 바깥으로 나가 세미나를 열었다. 프랑스 시인 르네 샤르René Char가 프랑스 남부 르 토르Le Thor의 자기 집으로 하이데거를 초대하여, 1966년부터 몇 차례에 걸쳐 세미나가 열렸

다. 참석자들은 쉬는 시간에 화가 세잔이 산책했던 오솔길을 따라 산책할 수 있었다고 한다. 또 하이데거의 철학에 깊이 감화되었던 스위스의 정신의학자 메다르트 보스Medard Boss 역시 졸리콘Zollikon의 자기 집으로 하이데거를 초대하여 여러 차례 세미나를 열었고, 자기 제자인 의대생 및 동료 의사와 함께 하이데거의 말을 경청했다. 하이데거는 당시 세미나를 통해 자기 철학이 정신 질환으로 고통받는 사람에게 실용적으로 도움을 줄 수 있음을 확인했다고 여겼다.

하이데거는 해외여행을 즐겼던 인물은 결코 아니었다. 토트나우베르크의 오두막이면 족했다. 그곳에서 독서와 집필은 물론 휴양도 가능했다. 아니면 이따금 동생 프리츠가 여전히 살던 고향 메스키르히를 찾아가곤 했다. 하지만 예외적으로 말년에 하이데거는 그리스를 여러 차례 여행했다. 자신이 '최초의 시원'이라고 일컬었던, 서양 철학과 서양 민족의 역사가 출발했던 그곳을 1962년 아내와 함께 처음 방문한 뒤 세 차례나 더 다녀갔다. 하이데거는 관광산업으로 번창하는 그리스에 실망하기도 했지만, 자신이 생각했던 대로 위대한 역사를 간직한 현장에서 많은 것을 느꼈던 듯하다.

1976년 5월 26일, 위대한 독일 철학자는 86세를 일기로 사망했다. 장례식은 자신의 마음속에 늘 남아 있던 고향 메스키르히에서 자신이 오랫동안 담을 쌓고 살았던 가톨릭의 방식으로 거행되었다. 칸트나 헤겔 그리고 후설을 비롯하여 독일 철학사에서 주류를 차지했던 철학자 대다수처럼, 하이데거는 제2차대전 이후의 짧은 시기를 제외하면 대학교수로서 안정적이고 순탄한 삶을 살았다.

즉 거의 평생 강의하고 연구하고 집필하는 데 몰두하며 지냈다. 쇼펜하우어, 키르케고르, 니체, 비트겐슈타인 그리고 프랑스의 사르트르나 푸코같이, 거칠게 좌충우돌하면서 격렬하고 파토스 넘치는 인생을 보내지는 않았다. 하지만 그의 일대기에서 아렌트와의 연애사나, 나치 가담이라는 정치 사건은 많은 논란을 불러일으켰다.

제2부

하이데거의 전기 철학

1 존재물음의 기획

《존재와 시간》의 문제의식

《존재와 시간》은 현대 철학에 막대한 영향을 미친 대작이다. 이 책에서 우리는 수많은 생각거리를 발견할 수 있다. 그중에는 하이데거 자신이 이론 수준으로 정교하게 제시한 아이디어도 있고, 반대로 그저 함축적인 언어로 착상 수준으로만 남겨 놓은 아이디어도 있다. 독자로서 우리는 이 작품에서 형이상학, 존재론, 인식론뿐만 아니라 논리학, 윤리학, 정치철학까지 아우르는 다양한 철학적 문제의식을 발견할 수 있다. 물론 하이데거 자신이 그다지 깊이 다루지 않은 문제의식을 포함해서 말이다.

그렇더라도 《존재와 시간》 전체에 스며 있는 핵심적인 문제의식은 몇 가지 선별할 수 있다. 특히 세 가지를 꼽을 수 있을 것이다. 첫째는 이 저작을 일반 독자에게도 유명하게 만들어 준 생철학적·실존철학적 문제의식이다. 한때 하이데거는 개념의 일반성으로 포획할 수 없는 인간의 고유한 개별성을 가리키기 위해 딜타이의 생生철학을 연상시키는 '삶Leben'이라는 용어를 사용하곤 했다. 이러한 삶은 단순히 이론적 개념으로 파악될 수 없다. 삶은 살아지는 것이자 스스로 살아 내는 것이다. 이론적으로 거리를 둔 채 여느 대상을 관찰하듯이 삶을 파악하려는 시도는 실패할 수밖에 없다. 삶을 철학적 주제로 삼으려면, 철학 개념을 통해 각자가 자기 삶이 어떻게 일어나고 수행되는가를 몸소 확인할 수 있어야 한다.

하이데거는 그러한 기능을 하는 개념을 고안하고자 했다.

하이데거는 생철학적 문제의식에 키르케고르의 실존철학적 발상을 접목한다. 반복되는 일상 속에서 우리의 삶 또는 실존Existenz은 그 유일무이한 개별성을 자각할 겨를 없이 바삐 진행된다. 우리는 일상적이고 사회적인 삶 속에서 이런저런 일거리를 해치우느라 정신없다. 일정한 사회적 역할을 수행해 나가며 소모되는 삶의 형태에서, 우리는 사실상 다른 누군가에 의해 대체될 수 있는 평균적인 사람으로 살아간다. 여기서 우리는 실존하되 제대로, 곧 '본래적으로' 실존하고 있지는 않다. 살아 있긴 하되 죽어 있는 듯한 삶이다. 이러한 문제의식에서 하이데거는 키르케고르적인 실존의 도약으로부터 영감을 얻는다. 즉 인간은 실존적 각성을 통해서 자기 삶의 형태를 근본적으로 바꿀 수 있다는 것이다. 그러나 하이데거가 보기에 키르케고르의 문학적 문체에는 그러한 각성을 해명하는 정교하고 엄격한 개념이 없다. 그래서 하이데거는 어떻게 인간이 자신의 실존을 본래적으로 회복할 수 있는가를 개념적으로 명료화하는 문제를 자신의 철학적 과제로 받아들인다.

둘째로, 하이데거는 데카르트부터 칸트를 거쳐 자신의 스승인 후설까지 이어져 온 의식철학 전통을 극복하고자 한다. 하이데거는 《존재와 시간》에서 '삶' 대신에 '현존재Dasein'라는 용어를 사용한다. 이 역시 '삶'이라는 딜타이의 용어가 본래 생생한 의식, 곧 매번 각기 다른 체험이 변전하면서 흘러가는 의식에 근간을 두고 있기 때문일 것이다. 하이데거의 저 유명한 '세계-내-존재In-der-Welt-sein' 개념은 근대 의식철학적 전통에서 사유되던 의식, 자아,

주체 개념에 대한 대안으로서 제시되었다. 전통적 개념을 따르자면 우리 각자는 적어도 '그 자체만' 놓고 볼 때 세계로부터 독립적이다. 물론 우리가 세계 및 타인과 무수한 관계를 맺고 있음을 의식철학 전통의 어떤 사상가도 부인하지 않는다. 그러나 우리의 본질은 지각하고 사고하고 느끼는 다양한 작용의 중심, 또는 그러한 작용을 총괄하는 순수한 의식일 뿐이다.

이에 대해 하이데거는 근대 의식철학 전통에서 우리 자신을 가리키기 위해 고안된 온갖 개념이 존재론적으로 잘못되었다고 비판한다. 그리고 그 잘못된 개념 때문에 의식철학 전통에 속하는 사실상 모든 사상가가 '그 자신 안에 머무는 의식이 어떻게 자기 밖의 세계로 넘어가 세계를 인식할 수 있는가'라는 이른바 '외부세계' 문제에 빠져들고 만다고 본다. 《존재와 시간》에서 하이데거가 떠맡았던 중대한 과제 하나는 데카르트에게로 소급되는 이러한 거대한 철학사적 흐름을 물리치는 것이었다. 여기에서 하이데거는 후설조차도 데카르트주의로부터 자유롭지 못하다고 간주하는데, 이는 하이데거와 후설의 철학적 관계에 관한 연구에서 언제나 논란거리이다.

셋째로, 하이데거는 아리스토텔레스의 '존재물음Seinsfrage'을 더욱 근원적으로 반복하고자 했다. 아리스토텔레스에 따르면 여타 모든 학문은 특정 분야에서 존재하는 대상을 다룬다. 하지만 여느 학문은 그것이 다루는 대상이 존재한다는 사실을 자명하게 받아들일 뿐이지, 존재자 그 자체를 주제로 삼지 않는다. 생물학은 생물을 살아 있는 한에서 고찰할 뿐이지 존재하는 한에서 고찰하지 않고, 수학이나 법학도 마찬가지다. 이에 반해서 온갖 존재하는 것을 바로 존재하는 한에서 고찰하는 학문, 곧 여타 모든 학문에서 자명하다고 가정되는 존재를 다루는 학문을 아리스토텔레스는 '제1철학prote philosophia'이라는 이름 아래 탐구했다. 이는 이후에 형이상학 또는 존재론이라고 불리게 된다. 아리스토텔레스는 '존재한다'라는 말에 여러 의미가 있다고 보았다. 그리고 그 다양한 의미가 모두 하나의 의미로 수렴된다고 보았으니, 그 1차적 의미가 바로 '실체ousia'다. 즉 1차적으로 존재하는 것은 철수나 인간이지, 이러한 실체에 가변적으로 귀속될 수 있는 키가 '크다'거나 피부가 '희다' 같은 속성이 아니다.

하이데거는 아리스토텔레스가 2천 3백여 년 전에 제시했던 존재론적 물음을 당대의 역사적 조건 속에서 새롭게 던지기를 원했다. 그가 보기에 아리스토텔레스와 그의 스승 플라톤이 일군 고대 그리스 형이상학은 서구 형이상학 역사 전체를 그 근저에서 지배했다. 물론 우리는 철학사에서 플라톤과 아리스토텔레스에 대한 숱한 논박을 발견할 수 있다. 하지만 하이데거가 보기에 결정적이고 또 아주 근본적인 점에서 서구 형이상학사 전체는 늘 고대 그리스의 형이상학을 따랐다. 바로 형이상학사 전체에서 어떤 것이 '존재한다'라는 말은 언제나 실체적으로 존재한다는 뜻이었거나, 아니면 최소한 그런 뜻에 뿌리를 두었다는 점에서 그렇다. 존재한다는 것은 암묵적으로 '지속해서 자기동일적으로 머무는 식으로 눈앞에 있음'이라는 뜻으로 통용됐다. 아리스토텔레스의 존재론은 간단히 말해 실체존재론이고, 이후 철학사는 기본적으로 존재 개념을 실체 개념에 따라서 사유했다. 그러나 하이데거에게 이는 존재 개념의 협소화나 다름없었다. 그는 '존재한다'라는 말은 도대체 무엇을 뜻하는가를 새로이 물음으로써 서양 철학사에 뿌리 깊은 실체존재론적 고정관념을 넘어서길 원했다.

《존재와 시간》을 비롯한 전기 하이데거의 사상에서 이러한 세 문제의식은 핵심적이다. 이 세 가지로 그 사상을 다 설명할 수는 없더라도 말이다. 또한 세 문제의식은 서로 밀접히 연관되어 있다. 우리 자신이 여타 모든 대상과 달리 고유한 실존이라는 존재양식을 지닌다는 통찰은, 서양 형이상학사를 지배한 실체 개념으로는 우리의 실존을 파악할 수 없다는 통찰과 맞닿아 있다. 또 우리를 자아, 의식, 주체 같은 근대 의식철학적 개념으로 파악해서는 안 된다는 문제의식은, 우리의 존재양식이 실존이라는 통찰 그리고 존재 일반이 실체 개념으로 환원될 수 없다는 통찰과 연결된다. 하이데거가 보기에 자아, 의식, 주체 개념의 근저에는 언제나 실체 개념이 아른거리고 있기 때문이다.

존재물음

세 문제의식 가운데에서도 가장 우선적인 것은 존재물음의 회복이다. 하이데거가 《존재와 시간》에서 분명하게 밝히는 자신의 문제의식은 오직 존재물음뿐이다. 다른 두 문제의식은 존재물음의 회복이라는 자신의 제1과제 속으로 포섭된다.

《존재와 시간》의 첫머리에서 하이데거가 내놓는 주장은 자못 도발적이다. 그는 서양 형이상학사 전체에서 존재물음이 망각되었다고 주장하기 때문이다. 정확히 말해 그는 플라톤과 아리스토텔레스에 대해서는 약간 다른 태도를 보인다. 그에 따르면 고대 그리스의 두 거목은 여전히 존재물음 속에서 탐구했다. "존재물음이 그들의 탐구를 숨 가쁘게 만들었다."[1] 플라톤과 아리스토텔레스는 '존재한다'라는 사실 앞에서 경탄하는 마음으로 존재물음에 사로잡혔고, 이것이 그들의 탐구를 추동했다. 하지만 이는 그들이 존재물음을 주제로 삼아 고찰했다는 뜻은 아니다. 그들에게 존재물음은 탐구의 배경에 말하자면 희석된 채로 머물러 있다. 하지만 중세를 거쳐 헤겔까지 이어진 서양 형이상학자들에게서 존재물음은 그런 배경에조차 남아 있지 않다. 존재가 근본적으로 물어야 할 사태라는 문제의식은 자취를 감춘다. 고대 그리스 사상가와 달리, 이들에게는 존재물음이 그야말로 망각 속으로 빠져들었다.

이러한 '존재물음 망각'은 앞서 언급한 하이데거의 문제의식을 특별히 고려하지 않는다면 무척 납득하기 힘든 주장이다. 아리스토텔레스 자신은 물론이거니와 그 이후로 토마스 아퀴나스, 데카르트, 칸트, 헤겔 같은 철학사의 거장이 존재 개념을 둘러싸고 그토록 많은 사상과 담론을 내놓지 않았던가? 또 하이데거와 동시대에도 여러 철학자가 나름의 존재론과 형이상학을 전개하지 않았는가? 형이상학의 근간이 존재론임을 고려할 때, 도대체 서양 형이상학사에서 존재물음이 망각되었다는 말은 무슨 뜻인가?

하이데거는 물론 형이상학사에서 존재 개념이 다양하게 발전하고 변주되었음을 잘 안다. 하지만 그 다양한 존재 개념은 결국 고

---

1 전집 2권, 2쪽(《존재와 시간》 개정판, 이기상 옮김, 까치, 2025, 17쪽).

내 그리스 형이상학에서 제시된 실체성 내지 지속적 현전성 개념에 뿌리를 둔다고 본다. 이데아idea와 우시아ousia, 본질本質, essentia과 실존實存, existentia, 사물res, 대상성, (라이프니츠의) 모나드monad, (헤겔의) 정신, (셸링, 쇼펜하우어, 니체 등의) 의지 등, 존재나 존재의 근본을 파악하려는 온갖 형이상학적 개념도 다 마찬가지다. 이는 그간 형이상학적 탐구가 존재물음을 철저히 던지지 않고, '존재자가 존재한다'라는 말은 '존재자가 실체적 방식 또는 자기동일적인 지속적 현전의 방식으로 존재한다'를 뜻한다는 고정관념을 전통으로부터 부지불식간에 수용한 채 진행되었다는 의미이다. 하이데거는 이런 맥락에서 존재물음 망각을 주장한다. 그와 더불어 '존재한다'가 그저 자명한 말일 뿐이라고 편협하게 생각하지 말고, 그 의미를 근본부터 철저히 새롭게 물어야 한다고 요구한다.

이렇게 요구할 때 하이데거는 실체적 존재로 포섭될 수 없는 존재양식의 가능성을 염두에 두고 있다. 이렇게 존재물음을 새로이 제기해야 한다고 보는 이유는, 일단 그가 보기에 실체적 존재양식과 본질적으로 다른 존재양식이 여럿 있기 때문이다. 좀 거칠게 말하자면 'x가 있다'라고 말할 때, 'x'의 종류에 따라 '있다'의 의미가 달라진다는 것이다. '인간이 있다', '생명체가 있다', '물체가 있다', '도구가 있다', '수가 있다', '예술작품이 있다', '건물이 있다', '신이 있다', '국가가 있다' 등에서 '있다'는 매번 각기 다른 존재양식을 가리킨다.

우리는 통상 이런 다양한 존재양식을 이해하지만, 개념적으로 구별하여 파악하지는 못한다. 이 모든 '있다' 각각이 지니는 의미

차이를 식별하지 못하는 것이다. 이처럼 무분별한 수준의 이해는 사유에 친숙한 실체존재론적 범주로 쉽게 휩쓸린다. 실체, 속성, 관계, 생성, 변화, 원인, 결과, 상호성 같은 전통 존재론에서 쓰는 용어는 모두 실체존재론적 범주에 속한다. 하지만 하이데거가 보기에는 앞서 거론한 예시 가운데 물체 외의 존재자에 대해서 그 범주를 적용하는 것은 (때로 불가피하고 때로 무척 유용하기도 하지만) 존재론적으로 부적합하다. 예컨대 '인간은 있다'라는 말을 실체존재론적 범주에 따라 해석하면, 인간에 고유한 존재양식인 실존을 놓치고 만다. 부적합한 범주 사용은 존재론적 왜곡을 낳는다. 존재물음은 이러한 존재론적 왜곡을 방지하기 위해서 필수적이다.

1930년대 중반까지 여러 저작과 몇몇 후기 저작에서 하이데거가 다양한 존재양식을 각각 존재론적으로 어떻게 파악하는가를 살펴볼 수 있다. 《존재와 시간》(1927)에서 도구의 존재양식과 인간의 존재양식이 탐구된다. 1929~1930년 겨울학기 강의록인 《형이상학의 근본개념들》에서 동물의 존재양식이 탐구된다. 〈예술작품의 근원〉(1935~1936)에서는 사물, 도구, 예술작품의 존재양식이 새로운 방식으로 논의된다. 후기 저작 중에는 〈건축함 거주함 사유함Bauen Wohnen Denken〉(1951)에서 건축물의 고유한 존재양식이 탐구되고, 〈사물〉(1950)에서는 사물의 고유한 존재양식이 다시 완전히 새롭게 탐구된다.

그러나 하이데거가 《존재와 시간》뿐만 아니라 이후 저작에서도 계속해서 자신의 핵심 과제로 삼은 것은 단지 다양한 존재양식의 탐구가 아니다. 하이데거는 《존재와 시간》에서 자신의 과제가 '존재의 의미'에 대한 탐구라고 여러 차례 밝힌다. 아리스토텔레스가 여타 모든 학문의 기초가 되는 제1철학을 제시했듯이, 하이데거는 이처럼 존재의 의미를 밝히는 작업이 다양한 존재양식의 탐구와 여타 실증 학문의 기초에 해당한다고 본다. 그래서 존재 의미에 대한 자신의 탐구를 '기초존재론Fundamentalontologie'이라고 부르며 자신의 과업으로 받아들인다.

그렇다면 하이데거가 존재 또는 존재 의미에 관해 묻는다고 할 때 정말로 물었던 것, 나아가 답변으로서 기대했던 것은 대체 무엇인가? 당연히 전통 존재론에서 이해된 실체적 존재양식은 아니다. 그렇다고 실체적 존재양식이 아닌 여타의 특정한 존재양식도 아니다. 오히려 특정한 존재양식으로 국한될 수 없는 존재의 의미를 물었던 것이다. 그렇다면 여러 존재양식에 공통되는 존재 개념을 찾으려고 했던 걸까? 실체적 존재양식, 실존적 존재양식, 도구적 존재양식 등을 모두 포괄하는 가장 일반적인 존재 개념? 마치 개, 고양이, 인간이라는 여러 종種을 포괄하는 상위 개념으로서 포유류를 정의하듯이? 하지만 하이데거는 존재의 일반성은 유類 개념 같은 것이 아니라고 본다. 그러니 그가 일반적인 무엇을 찾고자 할지라도, 그 일반성을 종과 유의 비유로 파악하려는 시도는 부적절하다.

하이데거의 기초존재론은 완수되지 못했다. 뒤에서 더 자세히 다루겠지만, 《존재와 시간》은 미완성 저작이다. 단순히 시간이 부족해 나머지 부분을 쓰지 못했던 것은 아니다. 하이데거는 몇 차례 시도 끝에 기초존재론 기획을 계속 이어 가는 대신에 다른 '사유의 길'을 걷기로 결정했다. 이것이 이른바 하이데거 사상의 '전회Kehre'다. 그는 자신의 본래 기획을 성공리에 완수할 수 없다고 판단했다. 그러니 기초존재론은 단순히 중단된 것이 아니라 좌초되었다. 달리 말해서 그는 존재의 의미에 대한 물음의 답변을 본래 기획대로 제시할 수 없었다. 우리가 하이데거로부터 그 물음의 답변까지 들을 수 있었다면 그가 무엇을 묻고자 했는지도 분명해졌을 테지만, 이는 결국 이루어지지 않았다. 그래서 그가 어떤 답변을 기대했는지도 가늠하기 어렵다.

그렇지만 중요한 단서는 있다. 바로 '존재와 시간'이라는 제목 자체다. 온갖 다양한 존재자가 '존재한다'라고 말할 때 그 각각의 존재양식 역시 다양하게 갈라진다. 하지만 그 모든 존재자는 아무튼 존재한다는 점에서 일치한다. 하이데거는 사물, 도구, 인간 등 온갖 존재자에게 차이가 있음에도 불구하고, 그 모두에 대해 '존재한다'고 말할 수 있게 하는 통일적인 무엇이 있다고 보았다. 그리고 그 무엇을 '존재 의미'라고 부른다. 이는 '존재하다'라는 말을 이해할 수 있게 하는 '토대'를 가리킨다. 어느 존재양식을 지닌 존재자에 대해서든 간에 그것이 '존재한다'라고 말할 때, 그렇게 말해진 존재를 우리가 이해할 수 있게 해주는 지평Horizont이 바로 존재 의미다. 그리고 하이데거는 존재 의미를 '시간'에서 찾을 수 있으리라고 믿었다.

하이데거가 존재를 이해할 수 있게 해주는 지평으로서 시간을 제시한 데는 몇 가지 철학사적 근거가 있다. 첫째로, 고대 그리스 사상가들이 존재를 가리켰던 용어 '우시아ousia'를 하이데거는 '파루시아parousia'와 사실상 동일시하는데, 파루시아는 현전 또는 현존성Anwesenheit을 뜻한다. 그러니 고대 그리스에서 존재는 현존성을 뜻했던 셈인데, 현존성은 명백히 현재라는 시간 국면으로부터 이해된다. 둘째로, 철학사에서 존재 또는 존재자의 영역을 여러 범주로 분류할 때 통상 시간 개념이 그 기준 역할을 했다. 예컨대 플라톤 이래로 존재자는 감각적 사물같이 '시간적인 것'과 이데아같이 '초시간적인 것'으로 분류되었다. 또 20세기 초 독일 철학계에서는 시간에 따라 명제를 분석하는 방식이 널리 받아들여졌다. 즉 명제의 발화는 매번 시간적인 데 반해, 그렇게 발화된 명제의 의미는 시간과 상관없이 타당하다는 것이다. 이는 하이데거에게 중요한 점을 비춰 주었다. 즉 비록 이제까지 철학사에서 '존재와 시간'의 연관이 명료하게 파악되지는 못했으나, 이처럼 시간이 존재자의 영역 구별에서 기준이 된다는 사실 자체가 이미 그 연관을 암묵적으로 드러내고 있다는 것이다.

다만 하이데거는 철학사에서 확인되는 이러한 시간 개념이 통속적이라고 간주한다. 또 그러한 통속적 시간 개념으로부터는 실체성으로서의 존재양식만 발견할 수 있을 뿐이라고 본다. 그가 존재 의미를 시간에서 찾겠다고 했을 때, 여기서 '시간'은 철학사에서 흔히 확인되는 통속적 시간 개념과 구별된다. 하이데거는 실제로 《존재와 시간》의 후반부에서 통속적 시간 개념의 근원에 해당하는 시간 개념을 현존재의 존재를 탐구함으로써 밝혀냈다고 보고, 이를 '시간성Zeitlichkeit'이라고 부른다(이 개념에 대해서는 이후에 살펴볼 예정이다). 그리고 이로부터 결국 존재 의미에 대한 해명을 착수할 수 있으리라고 전망한다. 또한 그는 이처럼 현존재의 시간성으로부터 밝혀지는 존재 의미를 '존재시성存在時性, Temporalität'이라고 부른다.[2] 따라서 '존재와 시간'은 존재 의미를 존재시성에 따라서 규명하려는 기획이라고 요약할 수 있다.

이러한 기획은 완수되지 못했다. 따라서 존재 의미를 존재시성과 관련하여 파악하려는 시도가 무엇을 뜻하는지도 불분명하다. 다만 느슨하게 설명하자면, 하이데거가 그 기획을 통해 '존재자가 존재한다'라는 사실은 현존재와 관련하여 시간적으로 이해해야 하는 사건을 가리킨다고 말하고 싶었음은 분명하다. 존재자의 존재는 현재와 비非현재, 현존과 부재의 교차에 현존재가 관여하는 동적인 사건이다. 이러한 생각은 '전회' 이후에 더욱 발전하게 된다.

《존재와 시간》은 전기 하이데거의 철학적 기획 가운데 일부만을 성취했다. 존재 의미를 규명하는 작업은 완수하지 못했지만, 실체적 존재양식으로 환원될 수 없는 존재양식을 밝히는 데는 성공했다. 또한《존재와 시간》에 담긴 철학적 논의는 전체 기획의 좌초와 무관하게 살펴볼 가치가 충분하다. 무엇보다도 앞서 언급한 세 문제의식 가운데 앞선 두 가지, 곧 실존철학적 문제의식과 의식철학 극복이라는 과제에서 탁월한 성과를 남겼다. 나아가 시간이라는 지평으로 존재 의미를 규명하겠다는 시도는 포기했지만, 결국에는 '전회'를 통한 새로운 사유의 길을 모색하는 데 자양분이 되었다.

---

2 존재시성은 시간성과 다르지 않다. 다만 '시간성'이 현존재의 존재 구조의 통일적 기반을 가리킨다면, '존재시성'은 이러한 시간성을 존재이해를 위한 지평으로 파악할 때 쓰인다. '존재시성'으로 번역되는 'Temporalität'는 본래 'Zeitlichkeit'의 라틴어 표기이다.

기초존재론 기획

기초존재론은 존재 일반의 의미를 해명하는 작업이다. 이를 위해서 하이데거는 두 부분으로 구성된 방대한 저술을 계획했다. 우선 제1부는 하이데거 자신의 철학적 분석을 담고자 했다. 이는 다시 세 편으로 구성되는데, 그 가운데 제1~2편이 '현존재 분석론'으로서 오늘날 우리가 알고 있는《존재와 시간》에 해당한다. 제1편은 현존재의 존재를 구성하는 여러 계기 및 그 통일적 연관을 분석하고, 제2편은 그러한 통일성의 근거가 시간성임을 밝힌다. 존재물음 기획에서 결정적이었을 제3편 '시간과 존재'는 제2부와 더불어 실현되지 못했다. 제2부는 '철학사의 해체'라는 제목 아래 특히 칸트, 데카르트, 아리스토텔레스와 대결하여 자신의 철학적 탐구를 보완하고 확증하고자 했다.

출간된《존재와 시간》에서 하이데거는 존재 일반이 아니라 현존재의 존재를 분석하고 그 의미를 해명한다. 이는 그가 현존재의 존재 의미에 대한 해명이 존재 일반의 의미를 해명하기 위한 출발점이라고 보기 때문이다. 하지만 현존재, 곧 인간에 대한 존재론적 분석이 기초존재론의 출발점이어도 되는가? 혹시 여기서 하이데거가 인간중심주의에 빠져 있는 건 아닌가? 혹시 그도 자신이 비판했던 근대 의식철학의 주관주의적 전통으로부터 실은 벗어나지 못했던 것 아닌가?

현존재 분석론이 기초존재론의 출발점이 된다고 해서, 섣불리 인간중심주의나 주관주의라는 프레임을 씌운다면 불필요한 오해만 양산할 것이다. 그럼에도 현존재로부터 존재물음을 착수하는 절차에서 근대 주관주의 전통의 흔적과 비슷한 무언가를 발견할 수 있는 것 또한 사실이다.[3] 칸트와 후설의 초월철학은 주관의 선험적 능력으로부터 사물의 존재를 해명하라고 요구한다. 이러한 사조에 따르면 사물의 인식 가능성이 주관의 선험적 능력에 달린 한, 사물의 존재를 주관으로부터 독립된 방식으로 밝히려는 시도는 어불성설이다. 사물이 이렇게 또는 저렇게 존재한다는 사실은 칸트가 말하듯이 시공간이라는 직관 형식 및 사고의 근본개념(곧, 범주)에, 또는 후설이 말하듯이 의식의 지향적 구조에 의존한다. 그래서 초월철학에서 존재론은 주관에 대한 분석에서 출발할 수밖에 없다. 전기 하이데거가 이러한 초월철학 사조로부터 막대한 영향을 받았음은 명백하다. 그는 초월철학 사조로부터 탐구의 진행 절차를 받아들인다.

존재의 의미에 대한 탐구는 어떤 방식으로 진행해야 할까? 물음의 대상은 존재다. 하지만 존재는 어떤 존재자의 존재일 따름이다. '존재자의 존재'가 아닌 '존재'는 아직 하이데거의 철학적 상상 속에 들어오지 않았다. 그렇다면 존재 일반의 의미를 탐구하고자 할 때도 우선은 어떤 존재자를 붙들고 그것의 존재를 탐구해야 한다. 그렇다면 어떤 종류의 존재자가 최초의 탐구 대상이어야 할까?

하이데거의 답변은 우리와 같은 현존재가 그 대상이라는 것이다. 현존재는 존재자가 이렇게 또는 저렇게 존재한다는 것을 이해

---

3 어쩌면 하이데거 사상에 대해 조심스럽게 "인식론적 인간중심주의"라고 부를 수도 있을 것이다. Gerhard Thonhauser, *Heideggers "Sein und Zeit": Einführung und Kommentar,* Berlin: J. B. Metzler, 2022, 51쪽 참조.

하는 존재자다. 현존재는 '존재이해Seinsverständnis' 속에서 존재한다. 즉 현존재의 존재 자체가 존재론적이다. 우리는 이런저런 존재자를 마주치고 그것을 이러저러한 식으로 경험하고 다룬다. 하이데거에 따르면 이러한 존재자와의 관계 근저에는 언제나 막연하나마 존재이해가 깔려 있다. 존재이해가 없다면 존재자를 존재하는 것으로서 마주칠 수조차 없다. 이렇게 존재이해가 깔려 있다는 사실이 모든 존재론적 탐구의 실마리가 되어야만 한다. 그래서 하이데거는 현존재의 존재론적 우위를 주장한다.

따라서 존재이해의 장소인 현존재에 대한 존재론적 탐구가 존재 의미를 탐구하는 기초존재론의 첫 단계다. 존재물음은 현존재 분석론에서 출발해야 한다. 분석론의 결과로 현존재의 존재 의미가 시간성으로 밝혀진다. 이것이 출간된 《존재와 시간》의 결론이다. 이어지는 작업에서 시간성은 존재이해가 이루어질 수 있게 하는 '지평'으로 밝혀져야 한다. 이는 그것이 존재시성을 통해 존재 일반의 의미를 규명하는 일이기도 해야 한다는 뜻이다. 하지만 앞서 언급한 바대로 이를 해명하는 후속 작업은 완수되지 못했다.

해석학적 현상학

하이데거는 현존재의 존재를 분석함으로써 존재 의미를 탐구하는 기초존재론을 추구했다. 그렇다면 기초존재론은 어떠한 사유 방법으로 전개할 수 있는가? 하이데거는 현상학이라고 답한다. 법학, 신학, 수학, 생물학, 심리학 등과 달리, '현상학'은 탐구 주제나 대상에 따른 명칭이 아니다. 그 명칭은 탐구의 주제가 아니라 방법을 가리킨다. 그래서 하이데거의 철학은 주제상 존재론이되, 방법상 현상학이다. 하이데거는 현상학이 곧 존재론이라고도 말한다.

후설이 제창한 현상학은 당시 독일 철학계에서 방대한 사조를 형성했다. 여러 철학자가 현상학이라는 이름을 내걸고 다양한 주제를 다양한 방식으로 탐구했다. 이처럼 다양한 지류로 뻗어나간 그 모든 '현상학'을 느슨하나마 하나의 운동으로 묶어 주는 표어가 있다면, 바로 '사태 자체로!Zu den Sachen selbst!'일 것이다. 이 표어는 현상학이 요구하는 바를 간결히 담고 있다. 즉 현상학은 겉보기에 그럴듯하나 엄격히 입증되지 않은 개념이나 가설의 수용, 공허한 추상으로 흘러가는 복잡다단한 논증, 현실을 조명하는 데 아무짝에도 도움이 안 되는 사변적 체계의 구축 등을 거부하면서, 지금 여기에서 직접 마주하는 현실의 사태에 집중하라고 요구한다.

그러나 어찌 보면 이는 모든 학문적 탐구의 기본 요건에 해당하는 듯싶다. 현상학이란 무엇인가를 해명하려면 이 표어에 대한 해설 이상이 필요하다. 그래서 하이데거는 '현상학Phänomenologie'에 대한 어원 분석을 시도한다. '현상학'은 '현상現象'과 '학學', 고대 그리스어로 '파이노메논phainomenon'과 '로고스logos'로 이루어진다. 우선 하이데거에 따르면 '파이노메논', 곧 현상이란 자신을 드러내는 것이다. 그는 고대 그리스인에게 현상이란 곧 존재자였다고 덧붙인다. 자신을 드러내는 것으로서 현상은 통상 이 사람, 저 나무와 같은 존재자다. 다음으로 '로고스'는 근거, 설명, 정의, 이성 등 다양한 의미로 해석되었다. 하지만 하이데거는 그 근본 의미는 '말'이며, 다른 의미는 모두 그로부터 파생되었다고 주장한다.

하이데거에 따르면, 말은 화자와 청자에게 말해지는 대상을 드러내어 보이도록 하는 기능을 한다. 이러한 말의 기능은 특히 진술문에서 두드러진다. 감탄문이나 명령문에도 무언가가 드러나도록 하는 효과가 다소간 있지만, 진술문처럼 그 대상을 적시하여 보이도록 하지는 못한다. 이것이 모든 학술 작업을 진술문으로 저술하는 이유다. 이처럼 '로고스'는 원래 존재자를 적시하여 보이도록 하는 말의 기능을 뜻하며, 이로부터 근거, 설명, 정의 등의 의미가 파생되고, 나아가 이성이라는 의미까지 번져 갔다.

이러한 어원 분석에 따라 하이데거는 우선 현상학이란 '자신을 드러내는 것을 그것이 그 자신으로부터 드러나는 바 그대로 보이도록 함'이라고 형식적으로 정의한다. 이러한 정의가 그저 형식적인 이유는 아직 '자신을 드러내는 것'이 무엇인지가 밝혀지지 않았기 때문이다. 여기서 '자신을 드러내는 것'을 이런저런 존재자로 해석한다면, 어떤 종류나 영역의 존재자를 왜곡과 기만 없이 적시하는 모든 학문을 현상학이라고 부를 수 있을 것이다.

하지만 학문이 진정으로 적시해야 하는 것은 이미 그 자체로 잘 드러나 있는 현상이 아니다. 반대로 은폐되고 망각되다시피 하여 그에 대한 물음을 던질 여지조차 없어져 버린 현상이야말로, 현상학이 명시적으로 드러내어야 할 주제다. 물론 하이데거에게 그러한 현상은 존재자가 아니라 존재다. 따라서 현상학은 곧 존재론이다. 현상학은 망각 속으로 빠져 버린 존재를 그 자체로부터 드러나 보이도록 한다. 즉 존재를 둘러싼 은폐, 왜곡, 위장을 걷어 내야만 한다.

이러한 현상학은 다시 해석학의 형식을 취한다. 기초존재론에 관한 논의에서 살펴보았듯이, 현상학의 주제로서 존재를 향한 탐구는 현존재 분석론에서 출발해야 한다. 현존재는 존재를 이해하는 유일한 존재자이기 때문이다. 현존재는 자신을 포함한 이런저런 존재자를 마주치고 경험하고 상대하면서 늘 이미 그것이 존재함을 이해했을 수밖에 없다. 비록 일상에서 이러한 이해는 여러 존재 양상을 구별하지 못하는 흐리멍덩한 수준이지만, 그것이 개념적 수준의 파악을 위한 출발점이다. 존재론으로서 현상학은 이처럼 막연하고 불분명하게 이해된 존재를 명료하고 분명하게 개념 파악된 존재로 전개하는 작업이다. 이를 통해서 존재의 의미가 선명해진다. 이러한 과정, 곧 막연히 이해된 바를 개념적으로 '분절'하고 '규정'하여 '적시'하는 과정이 바로 해석이다. 그래서 하이데거의 현상학은 해석학적 현상학이다.

실제로 하이데거는 《존재와 시간》을 해석학적 현상학의 방법을 통해서 저술했다. 현존재는 다른 유형의 존재자만이 아니라 자기 자신과 같은 유형의 존재자(곧, 현존재)와의 교섭에서도 언제나 이미 그 존재함을 이해했다. 세계-내-존재, 염려Sorge, 이해, 기투企投, Entwurf, 기분Stimmung, 피투성被投性, Geworfenheit, 퇴락Verfallen, 배려Besorgen, 시간성, 역사성Geschichtlichkeit 등 현존재 분석론에서 등장하는 개념들은 현존재의 존재 구조를 분절하는 여러 규정으로서, 모두 존재이해를 해석해 낸 결과물이다. 이 개념들은 현존재가 자신과 같은 유형의 존재자(곧, 현존재)의 존재에 대해 막연히 이해하던 바를 명료하게 분절하고 파악함으로써 얻어진다. 일련의 진술을 통해 그러한 개념들의 질서를 정립함으로써 현존재 분석론이 수립된다.

현상학은 학學, 곧 로고스로서 진술의 형식을 취할 수밖에 없다. 현상학적 진술은 존재이해의 개념적 해석이다. 그 진술은 사태가 그 자체로부터 드러나도록, 은폐 및 위장과 싸워야만 한다. 하지만 일단 그러한 싸움으로 쟁취한 결실은 진술문 형태로 여러 사람에게 전달되는 과정에서, 원래 진술이 사태를 조명했던 힘을 다시 상실할 수 있다. 말에서든 글에서든, 토론에서든 책에서든, 진술이 문장으로 공유되는 과정에서 내용 이해가 부실하고 공허해질 수 있다. 즉 현상학적 진술이 '빈말Gerede', 곧 철학적 잡담으로 전락할 수 있다. 하이데거는 이러한 위험을 막기 위해 부단한 자기비판이 필요하다고 본다. 현상학적 진술이 계속되는 전달 과정을 거치면서 원래 지녔던 사태 적시의 힘을 잃을 수 있기 때문에, 송신자와 수신자는 모두 자기비판을 통해 그 힘을 보존하고자 애써야 한다. 그러지 않으면 현상학도 잡담으로 바뀔 수 있다. 이것은《존재와 시간》의 저자가 독자에게 전하는 경고 또는 권고다.

2 / 현존재와 세계

실존과 각자성

기초존재론의 첫 과제는 현존재의 존재에 대한 분석이다. 이를 위해 하이데거는 맨 먼저 분석의 실마리가 되어 줄 현존재의 존재론적 특징 두 가지를 제시한다. 첫째, 현존재의 본질은 '실존'에 놓여 있다. 둘째, 현존재는 종이나 유 같은 일반자의 개별 사례로 파악될 수 없는 '각자성各自性, Jemeinigkeit'이라는 특징을 지닌다. 실존과 각자성이라는 두 특징은 서로 밀접히 연관된다.

첫 번째 특징인 '실존'은 현존재의 존재에서 중요한 점은 그것이 무엇인지 또는 종으로서 어떤 본성을 지니는지가 아니라, 그것이 존재한다는 사실 자체임을 가리킨다. 여타의 존재자, 이를테면 나무, 집, 책상 같은 경우에 그 존재를 이루는 핵심은 그것이 무엇인가를 알려 주는 고정된 내용이다. 그 내용은 아리스토텔레스식 정의를 통해서 종차種差와 최근류最近類의 결합으로 설명할 수 있다. 인간도 흔히 그에 따라 설명되곤 한다. 일단 인간이 속하는 가장 가까운 집합, 곧 최근류를 명시한다. 즉 인간은 동물이라는 유類에 속하는 하나의 종種이다. 다음으로 그 유에 속하는 다른 종들과의 차이를 나타내는 본성, 곧 종차를 추가한다. 즉 인간이라는 종은 이성적이라는 점에서 동물류에 속하는 여타 종과 다르다. 이렇게 인간이라는 존재가 설명되는 것이다. 예컨대 '인간은 이성적 동물이다', '인간은 신을 닮은 피조물이다' 같은 정의가 그처럼 종적 본성을 적시하는 설명 방식의 예다. 하이데거는 우리 자신, 곧 현존재가 이러한 정의의 틀로 설명될 수 없다고 본다. 비록 인간에 대한 그러한 설명이 일정한 한계 내에서 유효하다고 할지라도 존재론적 설명으로는 부적절하다는 뜻이다.

하이데거가 '인간' 대신 '현존재'라는 용어를 내세우는 이유도 이러한 맥락에서다. 《존재와 시간》에서 하이데거는 '인간'이라는 용어를 거의 사용하지 않는다. 한 그루의 나무나 한 마리의 개에 대해서는 '나무'나 '개' 같은 명칭을 사용하더라도 존재론적으로 별문제 없다. 그와 같은 존재자의 존재에서 핵심적인 것은 그 무엇이라는 본성인데, 이런 명칭은 그 개별 존재자가 무엇인가를 적시하기 때문이다. 하지만 우리 같은 존재자에 대해서 '인간'이라는 명칭을 사용하면 존재론적으로 오해를 불러일으킨다. '인간'은 '나무'나 '개'처럼 하나의 존재자에 대하여 그것이 무엇인지를 적시하는 명칭이다. 철수나 영희를 '인간'이라고 부를 때, 우리는 그 존재자가 무엇인지를 종적으로 규정한다. 하지만 이는 존재론적으로 부적절하다. 철수나 영희, 곧 우리 같은 존재자의 존재에서 핵심은 그것의 무엇임 또는 그것을 정의하는 종적 본성에 놓이지 않기 때문이다. 반면에 철수나 영희에 대해 '현존재'라는 명칭을 사용할 때, 이는 그저 그 존재자가 거기에 존재한다는 사실을 가리킬 뿐이다. '현존재'는 독일어 'Dasein'의 번역어로서 문자 그대로 보면 '거기에 있음' 정도를 뜻한다. 그러니 우리 같은 존재자에 대해서는 '인간'보다 '현존재'라는 명칭이 훨씬 더 잘 어울린다고 할 수 있다.

현존재의 존재론적 핵심은 그것이 무엇인지를 규정하는 종적 본성이 아니라, 그것이 존재한다는 사실 자체에 놓인다. 물론 앞으로 상세히 밝혀야 할 중요한 문제는 '현존재가 존재한다'라는 말에서 '존재한다'는 '나무나 책상이 존재한다'라는 말에서 '존재한다'와 근본적으로 달리 파악되어야 한다는 점이다. 하이데거는 그 둘의 구별을 분명히 하기 위해서 각각 '실존Existenz'과 '눈앞에-있음Vorhandensein'이라는 용어를 사용한다.[4] 내가 주위에서 발견되는 사물, 예컨대 여기 앞에 놓인 노란색 표지의 책을 지각할 때 그것은 '눈앞에-있다.' 어떤 것이 꼭 문자 그대로 두 눈의 앞쪽에 놓여 있어야만 '눈앞에-있는' 것은 아니다. 물론 시각적 관찰은 주요하다. 시각적 관찰에서는 대상으로부터 거리를 벌리는 고찰 방식이 두드러지는데, 그럴 때 주로 나타나는 존재자의 존재 방식이 '눈앞에-있음'이기 때문이다. 하지만 시각장애인에게도 하나의 존재자가 '눈앞에-있을' 수 있다. 또한 신이나 천사 또는 영원불변한 이념같이 그 본성상 비가시적인 존재자도 '눈앞에-있다'고 파악될 수 있다. 거리를 두고서 이론적으로 고찰하는 태도에서 온갖 존재자는 자기동일적으로 존속하는 실체로서 앞에 세워진다. 즉 '눈앞에-있는' 사물로 현전한다. 그때 현존재든 동물이든 도구든 예술작품이든, 온갖 존재자가 저마다의 고유한 존재양식이 무시되고 그저 무차별적으로 '눈앞에-있게' 된다. 한 사람을 두고서 그의 키, 몸무게, 직업, 성격, 가족관계 같은 속성을 식별할 때, 우리는 그를 '눈앞에-있는' 대상으로 파악한다. 즉 그러한 속성들을 담지하는 하나의 '눈앞에-있는' 실체로서 규정한다.

반면에 현존재가 존재한다는 것 곧 '실존'한다는 것은 그것이 어떤 속성이나 실체로서 눈앞에-있다는 뜻이 아니라, 그것이 어떻

4 여기서 'Vorhandensein'을 '눈앞에-있음'으로 번역했듯이, 원어가 한 낱말로 이루어진 전문용어임을 드러낼 필요가 있으면 낱말 사이에 붙임표를 넣었다.

게든 존재할 수 있고 또 존재하지 않으면 안 된다는 과제를 짊어지고 있음을 뜻한다. 철수가 '실존'한다는 말은 일정한 속성의 집합으로 파악할 수 있는 인물을 이 세계 어딘가에서 발견할 수 있다는 뜻이 아니라, 철수가 자신의 존재를 종결된 사실로 받아들일 수 없고 열린 가능성으로서 계속 수행해야 한다는 뜻이다. '실존'한다는 것은 가능성으로서 자신의 존재를 계속 이어 가야 한다는 뜻이다. 이 세계에서 이러한 사람으로든 저러한 사람으로든 간에 존재할 수 있다는 사실, 이러한 부단한 가능성이라는 사실이 현존재의 존재를 철두철미 지배한다.

그래서 하이데거는 실존하는 존재자에게는 늘 자신의 존재가 문제가 된다고 여러 차례 언급한다. 이는 결코 인간의 이기주의적 본성을 뜻하지 않는다. 이기주의자든 이타주의자든 모든 현존재에게는 자신이 이 세계에서 존재한다는 사실, 더욱이 현재의 순간을 계속해서 넘어서는 방식으로 존재할 수 있다는 사실이 근본적 관심사일 수밖에 없다. 물론 그 사실에 대해 얼마나 자각적으로 관심을 두는가는 개인 간 편차가 클 것이다. 하지만 어떠한 현존재에게든 자신의 가능성을 어떻게든 감당해야 한다는 사실은 자기 존재의 본질적 과제다. 자살자는 이러한 과제가 부과된다는 사실을 온몸으로 증명한다.

지금까지 논의에서 이미 '각자성'이라는 두 번째 특징이 암시된다. 존재론적으로 이 나무나 저 책상은 '나무' 또는 '책상'이라는 종의 한 사례일 뿐이다. 그 각각의 존재자에게 바로 그 나무나 바로 그 책상이 존재함은 아무래도 상관없다. 논쟁적이지만 하이데거에 따르면, 이는 개나 고양이도 마찬가지다. 이런 경우 한 종의 사례라는 단순한 사실만으로도 그 개별 존재자를 존재론적으로 설명하기에 충분하다. 그러나 현존재는 그렇지 않다. 현존재는 자신의 고유한 존재를 문제 삼는 방식으로 존재한다. 현존재는 각자 자신이 존재할 수 있다는 사실을 계속해서 감당해야 하는 처지에 놓여 있다.

현존재는 자신의 가능성을 살아 내야 한다. 이런 책임을 누구에게도 돌릴 수 없고 홀로 떠안아야 한다. 그렇지만 이는 쉽지 않은 일이다. 일상의 번잡한 업무와 온갖 오락거리는 그러한 책임에 집중할 겨를을 주지 않는다. 매번 각종 업무에 시달리거나 오락거리에 빠지기 쉽다. 이것이 현존재가 일상을 살아가는 방식이다. 하지만 이는 실존과 각자성이라는 현존재의 본질적 특징에 걸맞지 않은 존재 양상이다. 하이데거의 용법을 빌리자면, 본래적으로 존재하는 양상이 아니다. 물론 일상의 격무로 정신없는 현존재도 어떤 의미에서 자신의 고유한 존재를 문제 삼기는 마찬가지다. 그렇지 않다면 아예 현존재일 수조차 없을 것이다. 그렇지만 그런 현존재에게 문제가 되는 자신의 존재란 예컨대 이번 승진 시험을 준비하는 아무개, 누구의 남편인 아무개 같은 부분적 국면이지 전체로서 그 존재 자체가 아니다. 이때 현존재는 자신을 비非본래적으로 이해하는 것이다. 그에 반해서 본래적 실존 양상에서 현존재는 자신의 가능성 전체를 떠맡아 책임진다. 하이데거는 본래적 실존 양상을 기술하기 위해서 불안Angst, 양심Gewissen, 결단성Entschlossenheit, 죽음으로의 선구Vorlaufen zum Tode 같은 개념을 제시한다. 본래적 실존과 비본래적 실존의 차이에 관해서는 이후에 자세히 살펴볼 것이다.

인식, '외부세계' 문제, 배려

현존재는 실존과 각자성으로 특징지어진다. 두 특징은 이해 개념이나 본래적 실존의 문제로 이어진다. 하지만 지금은 이에 관한 논의를 미루고, 우리 자신의 존재에 대한 오래된 오해와 그로부터 파생한 철학적 문제, 즉 이른바 '외부세계 문제'를 살펴보고자 한다. 그러면서 자연히 우리는 저 유명한 (하지만 난해해서 대개 제대로 이해하지 못하는) 세계-내-존재 개념을 익히게 될 것이다.

근대 철학의 아버지 르네 데카르트René Descartes는 (신이라는 무한한 실체를 논외로 치면) 그 자체로 존재하는 것, 곧 실체에는 두 종류가 있다고 보았다. 하나는 '연장된 사물res extensa', 곧 일정한 공간을 차지하는 '물리적 실체'다. 다른 하나는 감각하고 판단하고 사유하는 사물, 곧 비非연장적인 '심리적 실체'다. 심리적 실체는 의식, 지성, 영혼, 정신 등으로 불려 왔다. 물론 몸은 물리적 실체의 영역에 속한다. 하지만 데카르트에 따르면 인간의 핵심은 몸이 아니라 사유하는 실체, 곧 영혼에 있다. 나는 누구인가에 대한 답변은 몸이 아니라 영혼에서 찾아야 한다는 말이다. 이처럼 온갖 존재하는 것을 두 부류로 나누는 데카르트의 심신이원론은 근대 철학의 전개에 막대한 영향을 미쳤다.

이런 영향과 동시에 심신이원론은 여러 철학적 문제를 발생시켰다. 그 가운데 하나가 외부세계 문제, 곧 어떻게 생각하는 주체로서 의식이 자기 바깥의 객체로서 세계가 존재하는지 인식할 수 있는가다. 의식 내부의 사유 작용과 의식 바깥의 세계는 각기 별개의 실체에 속한다. 즉 사유 작용은 심리적 실체에, 외부세계는 물리적 실체에 속한다. 어떻게 인식은 심리적 실체와 물리적 실체, 의식 내부와 의식 외부, 주체와 객체를 연결할 수 있는가? 인식 작용 자체가 의식 내부의 다양한 사유 작용 가운데 하나이지 않은가? 인식 작용이 의식이라는 독립적 존재자 내부에서 심리적으로 일어나는 과정이라면, 어떻게 의식 너머에 독자적으로 존재하는 실체 곧 외부세계에 다다를 수 있단 말인가?

느끼고, 원하고, 지각하고, 판단하는 것과 마찬가지로 인식도 의식이라는 실체의 작용이다. 인식 작용은 의식에서 일어난다. 하지만 의식이 인식해야 할 실재는 의식 바깥에 놓인다. 실재란 무릇 의식으로부터 독립적이기에 저 바깥에 있어야 한다. 따라서 외부세계가 존재한다고 확신하기 위해서 인식은 의식의 내면으로부터 실재를 향하여 바깥으로 나가야만 하는 처지다. 하지만 처음부터 인식이란 의식 내면의 작용으로 상정되는 반면에, 실재란 의식으로부터 독립적인 사물로 상정된다. 그러니 인식이 실재와 어떻게 접촉할 수 있는가는 참으로 불가해한 문제가 된다.

근대 철학자들은 외부세계 문제를 해결하기 위해서 다양한 방법을 모색했다. 데카르트는 이성에는 본유적本有的으로 완전한 신이라는 관념이 있고, 신은 완전하므로 기만하지도 않기 때문에, 그 피조물인 유한한 존재자의 인식이 전반적으로 거짓일 수는 없다고 논증했다. 우리는 간혹 착각을 범하지만, 그렇다고 일상에서 접하는 온갖 사물이 실재가 아니라면, 이는 신이 기만적이라는 부조리한 결론을 함축한다. 따라서 외부세계는 틀림없이 실재한다는 것이다. 물론 이 모든 논증을 위해 데카르트는 먼저 논란의 여지가 많은 '신 존재 증명'을 해야 했다.

반면에 영국 경험론 전통을 확립한 존 로크John Locke는 데카르트가 말하는 식의 이성의 본유관념을 철학의 원리로 삼기를 거부했다. 그래서 데카르트처럼 신에 호소하는 순전한 이성의 논증도 받아들일 수 없었다. 로크에 따르면 물리적 사물의 인식은 그에 대한 경험을 통해 형성된 관념을 매개로 이루어진다. 물체를 경험할 때 의식은 그 색깔이나 냄새 따위에 관한 관념을 갖는다. 이러한 관념, 로크의 용어로는 '제2성질'의 관념은 물체를 있는 그대로 재현하지 않는다. 즉 주관적 관념에 불과하다. 반면에 운동, 모양, 크기 같은 물체의 '제1성질'의 관념은 외부 실재를 있는 그대로 재현한다. 즉 객관적 관념이다. 이러한 로크의 입장은 실재론이자 재현주의라고 불린다.

그러나 조지 버클리George Berkeley는 로크의 경험론을 뒤이으면서도 그의 실재론적 주장을 순진하다고 치부했다. 로크는 분명히 관념이 의식 내면에 속하고 의식이 오로지 관념만 접할 수 있을 뿐이라고 생각한다. 버클리 또한 이를 받아들인다. 하지만 그렇다면 관념이 외부 실재를 복사하듯 재현한다는 주장은 인식의 희망 사항일 뿐이라고 일축한다. 의식이 그런 외부를 접할 길이 없으니 말이다. 그래서 버클리는 '존재하는 것은 지각되는 것이다Esse est percipi'라는 정식과 함께 주관적 관념론의 문을 연다. 즉 의식에 지각되는 관념 외에는 아무것도 존재하지 않는다는 뜻이다.

영국 경험론 전통에서 아마도 가장 일관되고 가장 중대한 업적을 남긴 데이비드 흄David Hume은 로크의 실재론뿐만 아니라 버클리의 관념론까지도 독단적 주장에 불과하다고 쏘아붙인다. 로크와 버클리가 말하듯이 우리가 정말로 관념만을 접할 수 있다고 하자. 그렇다면 외부세계가 관념과 같다는 로크의 주장만이 아니라, 외부세계가 존재하지 않는다는 버클리의 주장도 마찬가지로 근거가 없는 셈이다. 우리가 말할 수 있는 것은 그저 외부 실재에 대해 알 수 없다는 것뿐이다. 그렇게 철학적 무지를 주장하는 회의론이 도래한다.

독일의 칸트는 이 모든 갑론을박을 훑어보면서 외부세계 문제를 해결하지 못하는 철학계의 실태를 아쉬워했고, 이를 철학적 스캔들이라고 부르며 나름의 해결책을 제시하고자 했다. 그러나 하이데거에 따르면 진짜 스캔들은 외부세계 문제를 그토록 오래 해결하지 못했던 데 있지 않다. 오히려 스캔들은 그것을 해결이 필요한 진지한 문제로 받아들였다는 데 있다. 의식과 별개인 외부세계가 존재한다고 증명해야 한다는 믿음에는 우리 자신의 존재에 대한 뿌리 깊은 존재론적 오해가 깔려 있다. 그러한 오해를 파악하고 나면 외부세계 문제란 사이비 문제로 해소된다. 즉 적절한 답변으로 해결할 수 있는 문제가 아니라, 애초에 잘못된 전제로부터 나온 잘못된 문제였다는 뜻이다.

그 뿌리 깊은 오해에 따르면, 우리는 다양한 관념으로 채워진 자아, 순수하게 사유하는 자아다. 반면에 인식되어야 할 대상은 관념이 지시하는 외부 사물이다. 외부세계 문제에서 주체와 객체는 각기 따로 존립하는 이질적인 두 개의 항으로 묘사된다. 그리고 이러한 주체에서 객체로의 이행이 어떻게 가능한지를 묻는다. 실재에 대한 객관적인 사실의 인식이란 바로 그러한 이행을 통해서만 이루어질 수 있으므로, 그 이행이 어떻게 가능한지 해명해야 한다는 것이다. 여기서 인식 주체는 사유 능력을 실행하는 자아다. 주체는 자기의 사유 작용 안에 머문다. 다른 사물(곧, 객체)과의 관계는 주체의 존재에 부수적으로 덧붙는다. 주체는 이 사물이나 저 사물을 인식할 수도 있고, 반대로 어떤 사물도 인식하지 않고 홀로 머물 수도 있다. 객체와의 관계는 주체의 존재를 구성하는 필수 성분이 아니다. 주체는 먼저 독자적으로 존립하고, 이후 우연한 기회에 인식을 통해서 객체에 대한 정보를 바깥에서 취해 온다는 식이다. 마치 촉수를 바깥으로 뻗어 먹이를 챙기고서, 자기 껍데기로 되돌아오는 조개처럼.

이러한 믿음이 비단 근대 철학자들에게만 유행했던 것은 아니다. 우리 존재의 핵심이 뇌 속에 놓인다는 현대인의 흔한 믿음에도 역시 주체와 객체의 이분법이 아로새겨져 있다. 우리 자아가 곧 뇌라는 믿음에서 출발할 때, 우리는 우리 자신의 존재가 원칙적으로 다른 존재자와 무관하다고 간주한다. 다른 존재자 또는 객체와의 관계는 뇌의 존재에 첨가될 수 있는 별도의 무엇일 뿐이다. 뇌과학에 기반한 철학적 사유가 종종 뇌가 인식하는 세계란 환각이라는 주장을 제기하는 것도 결코 우연이 아니다. 세계가 환각이라는 주장은 외부세계 문제의 다른 표현일 뿐이다.

하이데거는 이런 모든 믿음이 우리 자신의 존재에 대한 뿌리 깊은 오해임을 보이고자 한다. 이를 위해 그가 제시한 개념이 바로 '세계-내-존재In-der-Welt-sein'다. 의식, 자아, 주체, 뇌 같은 개념으로 우리 자신을 파악할 때, 우리는 원칙적으로 다른 존재자와 관계 맺지 않더라도 존재할 수 있다는 생각이 거의 자동으로 따라붙는다. 물론 그런 개념을 제시하는 철학자라고 해서, 실제로는 의식이나 뇌가 다른 존재자와 언제나 많은 관계를 맺고 있다는 사실을 부정하지는 않는다. 아니, 오히려 그 사실을 잘 알고 기꺼이 인정한다. 하지만 '의식(또는 주체나 뇌)이 존재한다'라는 말이 그 자체로 이미 '의식이 다른 존재자와의 관계 속에 있다'는 뜻이라고까지 생각하지는 않는다. 그런 관계는 의식이 일단 존재한 다음에나 추가로 생각할 수 있다. 이런 점에서 그들에게 의식이나 뇌는 그 본질상 고립되어 존재한다.

하지만 하이데거에 따르면, 우리 존재의 근본은 그렇게 순수하게 홀로 떨어진 의식이나 주체가 아니다. 우리는 처음부터 다른 존재자와의 연관 속에서만 존재한다. 그러한 연관은 단순히 우리 존재에 부가되는 것이 아니라, 우리 존재의 근간을 이룬다. 하이데거는 우리 각자가 존재자와의 연관 속으로 '산재해zerstreut' 들어가 있다고도 표현한다. 수많은 존재자와의 다양한 관계 방식 자체가 우리 각각의 존재를 그때그때 구성한다. 우리는 우리 자신이 산재해 들어가 있는 존재자들과의 연관과 별도로 그 이전에 생각될 수 있는 무언가가 아니다. 그런 별개의 실체를 상정하는 순간 우리는 우리 자신의 존재를 곡해하게 된다. 무수한 존재자와의 연관 속에 있음이 곧 세계-내-존재다.

세계-내-존재로서 우리 자신을 이해하는 순간, 외부세계 문제의 제기는 터무니없는 일이 된다. 세계는 절대로 우리 '외부에' 있을 수가 없기 때문이다. '우리가 존재한다'는 말은 그 자체로 이미 우리가 숱한 존재자 곁에 머물러 있음을 뜻한다. 세계 속에서 거주함이 우리 존재의 본질이다.

우리는 세계-내-존재다. 우리가 세계 '안에' 있다는 말은 어쩌면 자명하게 들릴지도 모른다. '내內' 또는 '안에'라는 말은 통상 사물들 사이의 공간적 관계를 나타낸다. 물이 컵 안에, 의자가 강의실 안에 있다는 식으로 말이다. 여기서 물과 컵 또는 의자와 강의실의 관계는 하나의 사물이 다른 사물에 대해 어떤 위치에 있는가를 가리킨다. 물론 우리 각자는 이러한 물리적 공간 배치 관계라는 의미에서도 세계 '안에' 있다. 그러나 이렇게 이해될 때 우리 자신의 존재는 눈앞에-있는 사물의 존재처럼 파악되고 만다.

세계-내-존재In-der-Welt-sein에서 '내in'가 의미하는 바는 3차원 공간상의 위치 관계가 아니다. 하이데거는 독일어 'in'에 대한 어원 분석을 통해서 자신이 의미하려는 바를 해설한다. 그에 따르면 'in'은 본래 공간적 의미가 아니라 거주함, 체류함, 익숙함, 능통함, 돌봄 등의 의미와 연관된다. 이렇게 보면 '세계-내-존재'란 대략 세계를 보살피면서 그곳에 친숙하게 체류함을 의미한다. 우리는 존재자와 연관을 맺을 때, 기본적으로 그것을 눈앞에-있는 대상으로서 마주 보며 고찰하지 않는다. 그래서 하이데거는 존재자가 본래 우리 '앞에' 마주해 있기보다 우리 '곁에' 있다고 본다. 또는 우리가 존재자 '한가운데' 있다고 말한다.

객관적으로 관찰하고 검토하는 인식 속에서 존재자는 자신의 확고부동한 존재(곧, 실체성)를 알리는 '대상對象'으로 드러난다. 이러한 인식의 시선 속에서 대상과 나 사이에는 이론적 거리가 형성된다. 하지만 우리는 기본적으로 '눈앞에-있는' 대상을 관찰하는 인식 주체가 아니라, '곁에' 있는 사물을 능통하게 다루는 일상적 삶의 영위자다. 물건을 활용하거나 만들고, 분주하게 일을 처리하고, 무언가에 신경 쓰고 걱정하고, 업무를 추진하고, 또 무언가를 조사하고 탐색하고 협의하고, 때로는 무언가를 포기하는 등 우리가 존재자와의 연관 속에서 삶을 영위하는 이 모든 다양한 방식을 아울러서, 하이데거는 '배려Besorgen'라고 부른다. 배려는 우리 자신이 존재하는 근본적 방식이다. 이러한 배려의 삶에서 현존재는 수많은 존재자와의 존재 속으로 '산재해' 들어가 있다. 여기에는 이론적 시선에서와 같은 거리 두기가 없다. 그러니 일상적으로 배려되는 존재자는 앞에 세워진 상, 곧 '대상'이라고 불릴 수도 없다. 세계-내-존재란 이렇게 배려의 방식으로 세계에 뿌리를 내리고 거주함을 뜻한다.

이론적 거리를 두고서 존재자를 눈앞에-있는 대상으로 인식할 때조차도 우리는 사실 배려의 방식으로 세계-내-존재한다. 하이데거에 따르면 인식은 의식 내면으로부터 외부세계로 넘어가는 과정 같은 것이 아니라, 세계-내-존재의 특수한 양상일 뿐이다. 하이데거는 현상학의 신조대로 사태와 동떨어진 온갖 인식론적 개념을 물리치고, 우리가 존재하는 방식을 그 자체에서부터 드러내기를 요구한다. 이런 요구에 따르면 우리가 어떤 사물을 지각하고 인식한다는 것을 설명하기 위해서 의식 내면에 맺힌 관념 같은 개념을 동원할 필요가 없다. 인식할 때의 태도에서 그 인식의 좁은 시야에 들어온 존재자는 인식자와 무관한 대상으로 눈앞에 우뚝 세워진다. 이때 인식자는 그 자신 또한 인식 대상과 무관한, 곧 독립적인 주체로 이해하기 쉽다. 하지만 이처럼 존재자를 대상화하는 인식 관계는 인식자가 존재자 전체와 맺는 관계에서 빙산의 일각에 불과하다. 그 인식의 기저에는 거대한 빙산이, 곧 숱한 존재자와의 연관이 뿌리내려 있다. 인식자는 세계-내-존재로서 그런 연관 속으로 산재해 들어간 채로 존재한다. 즉 그는 의자에 앉아 현미경을 들여다보는 연구자로, 상사에게 제출할 보고서 작성을 위해 키보드를 두드리느라 여념 없는 직장인으로, 또 집에서 기다리는 자식을 위해 일찍 귀가하려 서둘러 길을 걷는 아버지로 존재한다. 인식 '주체'는 이런 모든 연관으로부터 독립하여 존재하는 순수한 사유 자아가 아니다.

이런 모든 연관을 끊어 낸 자아란 '사태 자체'로부터 동떨어진 이론적 추상물에 불과하다. 데카르트주의자는 이런 추상물을 우리의 본질이라고 본다. 그리고 인식 작용을 통해서 외부 대상과 우연히 관계를 맺음으로써 비로소 앞서 묘사한 연구자, 직장인, 아버지 등과 같은 정체성을 획득한다고 본다. 즉 데카르트주의자에게 인식 작용에 따른 존재자와의 연관은 우리의 본질에 속하지 않으며, 그저 우연한 부가적 산물일 뿐이다. 이는 인식적 연관이 우리 존재에 반드시 속하는 것이 아니라, 설령 없더라도 우리 존재에 본질적으로 변화를 일으키지 않는 부수적인 것일 뿐이라는 뜻이다. 반면에 하이데거는 그 모든 연관이 우리 존재를 본질적으로 구성한다고 본다. 이것이 우리 현존재가 세계-내-존재라는 현상학적 통찰의 요점이다. 이러한 통찰은 나중에 소개될 도구Zeug, 세계Welt, 개시성開示性, Erschlossenheit, 이해Verstehen, 기분 등의 개념을 통해 더욱 탄탄하게 보완될 것이다.

나아가 하이데거의 견지를 통해, 우리가 자신의 존재를 순수한 사유 주체라고 자꾸 오해하게 되는 이유 또한 설명할 수 있다. 우리가 우리 자신의 존재를 파악하고자 할 때 우리는 우리 자신을 인식의 시선으로 바라보게 된다. 그런데 인식할 때의 태도에서 고찰되는 존재자는 일반적으로 눈앞에-있는 사물로 대상화된다. 인식자 자신이 인식의 시선 아래 놓일 때, 그 역시도 하나의 독립적인 항인 양 파악된다. 이때 인식의 관계란 두 독립적인 항 사이의 관계, 주체와 객체의 관계로 이해된다. 이로 인해 인식자는 외부세계 문제라는 깊은 수렁으로 빠져들고 만다.

도구는 사물이 아니다

하이데거가 《존재와 시간》에서 남긴 철학적 성과는 여럿이지만 그중에서도 '도구Zeug'의 존재양식에 대한 현상학적 분석은 특히 유명하고 중요하다. 도구 분석은 대략 세 가지 철학적 의의가 있다. 첫째로, 도구 분석은 우리가 세계-내-존재임을 구체적으로 실증한다. 세계-내-존재로서 우리는 순수한 사유 주체가 아니라, 숱한 존재자와의 연관 속에 뿌리내리고 있다고 앞서 말했다. 이때 '존재자와의 연관'이란 무엇인지가 바로 도구라는 유형의 존재자를 중심으로 잘 설명된다. 둘째로, 도구 분석은 사물적 존재양식이 아닌 다른 존재양식이 가능함을 실제로 보여 준다. 우리는 흔히 존재한다는 것을 사물 또는 실체로서 존재하는 것과 동일시한다. 존재는 곧잘 눈앞에-있음과 동일시된다. 도구 분석은 이러한 동일시가 부당하다는 점을 밝힌다. 도구는 '손안에-있음Zuhandensein'이라는 고유한 존재양식을 지니기 때문이다. 셋째로, 도구 분석은 현상학적 세계 개념을 예비한다. 본래 하이데거는 도구 분석을 전개함으로써 세계 개념을 제시하려 한다. 이 세 가지 의의는 물론 별개가 아니라 서로 긴밀히 연관된다.

일상을 살아가는 세계-내-존재는 밥을 먹고, 차를 타고, 글을 읽는다. 우리는 의식하지도 못한 채 숱한 존재자를 익숙하게 다루며 살아간다. 이렇게 우리의 일상적 현실에서 주로 마주치는 존재자가 도구다. 시계, 책, 노트북, 핸드폰, 의자, 책상, 숟가락, 그릇, 컵, 티슈, 식탁에서부터 도로, 가로등, 층계, 신호등까지 넓은 의미에서 다 도구다. 이러한 각종 도구가 매일을 살아가는 우리의 주변환경을 구성한다. 특수한 경우에는 어떤 것이 도구인지 아닌지 애매할 수도 있다. 돌멩이를 주워서 못을 박는 데 쓴다면 그것은 도구인가 아닌가? 하지만 이는 존재자 분류의 문제다.

하이데거에게 근본적으로 중요한 것은 존재론적 문제다. 도구의 '존재'는 어떤 식으로 파악되어야 하는가? 전통적인 실체존재론적 견지에서 이러한 문제를 던진다면 아마 이렇게 답변할 수 있을 것이다. '도구는 일반적으로 유용하다. 유용하다는 것은 가치다.

가치가 도구라는 사물에 붙어 있다. 하지만 도구 자체 또는 도구의 기저는 역시 사물, 즉 자연적 또는 물질적 사물이다. 물질적 사물로서 도구는 연장, 즉 일정한 공간을 차지한다는 본성을 지닌다. 연장적 실체이기 때문에 일정한 크기와 형태를 지니고, 따라서 일정한 색상도 지닌다. 크기, 형태, 색상 등의 속성으로 이루어진 물체에 유용하다거나 예쁘다는 가치가 덧붙으면 그것이 바로 도구의 존재양식이다. 예컨대 이 컵은 지름 8센티미터 높이 10센티미터 크기에 원통형이고 빨간색이라는 속성을 지닌 물체다. 하지만 인간 주관이 여기에 유용하다거나 예쁘다는 등의 가치를 덧붙인다. 그 자체로 존재하는 것은 열거된 속성이 결합된 물체일 뿐이지만, 주관에 의해서 몇몇 가치 속성이 추가된다.'

하이데거는 도구에 대한 이러한 설명 방식이 근본적으로 잘못되었다고 지적한다. 이에 따르면 사물은 객관적이고, 가치는 주관적이다. 또는 사물은 자연적이고, 가치는 인간적이다. 그런데 이러한 이질적 본성에도 불구하고 자연물에 주관적 가치가 어떻게 '덧붙을' 수 있는가? 그것이 '부착'된다는 것은 존재론적으로 어떤 의미인가? 하이데거는 우선 이러한 '부착' 개념이 존재론적으로 불가해하다고 본다.

하지만 더 큰 문제는 따로 있다. 하이데거는 이러한 실체존재론적 설명이 우리가 실제로 도구를 다루고 마주치고 경험하는 방식에 부합하지 않는 추상적 이론에 불과하다고 본다. 즉 현상학적으로 근거가 없다고 본다. 만일 도구가 일정한 객관적 속성을 지닌 물체 또는 자연 사물에 주관적 가치가 덧붙은 구성물이라면, 물체의 존재양식이 눈앞에-있음인 이상 도구도 눈앞에-있음이라는 존재양식에 속할 수밖에 없다. 여기서 도구는 존재론적으로 자연 사물과 마찬가지로 눈앞에-있음의 양식으로 파악된다. 유용성이라는 가치는 눈앞에-있는 것이다. 얼핏 이러한 존재론적 설명은 타당해 보인다. 우리가 컵을 바라보면서 그 여러 속성을 기술하고 유용성이라는 가치까지 파악할 때, 그 속성과 가치는 물체가 눈앞에-있는 것과 마찬가지로 대상적이라고 여겨지기 때문이다.

하지만 하이데거에 따르면 바로 그때 컵은 도구로서 컵의 고유한 '존재성격Seinscharakter'을 상실한다. 도구로서 컵은 지각되는 대로의 컵과 존재론적으로 다르다. 목이 말라서 컵으로 물을 마시는 순간에 그 컵은 눈앞에 현전하는 독자적 대상이 전혀 아니다. 컵은 그 쓰임새가 원활히 발휘될 수 있게 하는 다른 여러 도구와의 전체적 연관 속에서만 그 고유한 존재성격에 알맞게 존재한다. 하이데거는 이를 '지시연관Verweisungszusammenhang'이라고 부른다. 컵은 그 안에 담길 물을 지시하고, 또 컵을 받칠 탁자를 지시한다, 컵에 담긴 물은 다시 정수기를 지시한다, 정수기는 다시 수도관을 지시한다, 등등. 이처럼 일일이 다 헤아릴 수 없는 지시연관 전체와 그에 대한 암묵적 이해가, 컵을 하나의 도구인 컵으로서 다룰 수 있게 하는 조건이자 컵이 하나의 도구인 컵으로서 존재할 수 있게 하는 조건이다.[5] 이러한 조건 아래에서 컵은 눈앞에 현전하는 대신에 우

---

5 이런 견해에서 하이데거는 분명히 전체론holism을 시사한다. 하이데거가 지지하는 전체론의 성격에 대한 탁월한 분석으로, Hubert Dreyfus, "Holism and Hermeneutics," *The Review of Metaphysics,* vol. 34 no. 1, 1980, 3~23쪽 참조.

리 손안에 녹아들어 있다. 하이데거의 용어로는 '손안에-있다.' 지시연관 전체 속에서 작동하는 도구는 눈앞에-있음과 대조되는 고유한 존재성격을 지닌다.

손안에-있는 도구와 우리 자신 사이에는 이론적 거리가 없다. 눈앞에 현전하는 대상을 고찰하는 주체는 그 대상과 이론적 거리를 벌린다. 이러한 거리가 대상의 속성을 정확히 파악하기 위한 조건이다. 하지만 도구가 손안에-있는 방식으로 존재할 때, 우리는 도구의 쓰임새 지시연관 전체 속에 들어가 있다. 우리는 그런 전체 맥락에 몰입한다. 하나의 도구를 도구로서 사용할 때, 우리는 쓰임새 지시연관의 구조 속에서 그 지시를 따라가며 수행하는 방식으로 존재한다. 물에서 컵으로의 지시, 컵에서 식탁으로의 지시, 식탁에서 의자로의 지시 등을 몸소 수행하는 것이다. 즉 일상에서 우리는 이러한 쓰임새 연관의 지시를 그때마다 이행하는 방식으로 존재한다. 물을 마시든, 밥을 먹든, 지하철을 타든, 글을 쓰든, 침대에 눕든 말이다. 따라서 우리 자신의 존재는 도구의 존재와 본질적으로 하나이지 별개일 수 없다. 이로써 우리가 숱한 존재자와 연관된 채로 존재하는 세계-내-존재라는 앞선 주장이 마침내 구체적으로 해명된다. 우리 존재를 구성하는 존재자와의 연관은 기본적으로 도구적 존재자 한가운데에서의 쓰임새 지시연관이다.

컵을 이러저러한 속성으로 이루어진 하나의 대상으로 관찰할 때, 그것은 독자적으로 현전한다. 그때 컵은 그 쓰임새를 구성하는 지시연관의 전체 맥락으로부터 빠져나온다. 물론 우리는 컵을 하나의 대상으로 관찰할 때도 크기와 외형 그리고 색상 같은 내적 속성이 아니라, '이것은 물을 마시기 위한 도구다'처럼 컵의 성질을 관계적으로 파악할 수 있다. 그런 식으로 컵, 물, 식탁, 정수기, 수도관 등의 관계를 하나하나 대상적으로 정립하여 총체적으로 연결할 수도 있다. 결과적으로는 컵을 중심으로 짜인 수단-목적 관계의 체계를 수립할 수도 있을 것이다. 그렇다면 이는 컵을 하나의 대상으로 관찰할 때도 그 쓰임새 지시연관의 맥락 속에서 파악할 수 있다는 뜻인가? 아니다. 전혀 그렇지 않다. 수단-목적 관계의 체계는 쓰임새 지시연관의 맥락과 존재론적으로 다르다. 전자는 눈앞에-있음의 존재양식, 후자는 손안에-있음의 존재양식을 따른다. 그러니 컵을 수단-목적 체계 속에서 대상적으로 파악할 때는 이미 쓰임새 지시연관의 맥락으로부터 빠져나온 것이다.

이러한 도구 분석을 통해서 세계-내-존재의 구체적 의미가 해명되었을 뿐만 아니라, 눈앞에-있음과 구별되는 고유한 존재양식으로서 손안에-있음 또한 파악되었다. 그렇지만 도구 분석은 어떻게 세계 개념을 예비하는가? 답은 이렇다. 하나의 도구가 도구로서 작동할 수 있도록 하는 쓰임새 지시연관 전체라는 개념이 바로 세계 개념을 예비한다.

세계

이제까지 존재자의 지시연관은 도구의 쓰임새를 중심으로 설명되었다. 하지만 지시는 도구의 쓰임새 지시연관을 넘어선다. 지시는 도구 외에도 자연을 향한다. 부엌칼은 도마와 식재료를 지시한다. 하지만 그것은 또한 그 재료인 쇠붙이와 나뭇조각을 지시한다. 이것들은 다시 그 원료인 철광석이나 나무를 지시한다. 부엌칼은 또한 타인도 지시한다. 그것을 만든 이름 모를 누군가, 작업장에서 칼을 손수 단련한 장인이나 공장에서 주물에 찍어 낸 노동자를 지시한다. 부엌칼로 재료를 손질해 만든 요리를 먹을 손님이나 친구 또한 지시한다. 이처럼 한 도구의 지시연관은 여러 도구 사이의 쓰임새로 한정되지 않고 자연물과 타인에게도 확장된다.

하이데거는 지시연관이 기본적으로 '무엇을 위한Wozu'이라는 구조를 갖는다고 본다. 쇠붙이는 부엌칼을 위한 존재자, 부엌칼은 요리를 위한 존재자, 요리는 손님을 위한 존재자다. 그런데 이런 '무엇을 위한'이라는 지시연관의 전체 구조 중심에 하나의 존재자가 있다. 그것이 그 모든 '위한'이라는 지시연관의 궁극적 원천이다. 그 존재자는 바로 부엌칼로 요리를 만드는 요리사 자신이다. 현존재로서 그에게는 요리사라는 자신의 존재 가능성이 문제가 된다. 바로 그 가능성이 자신에게 아무것도 아니기는커녕 근본적으로 언제나 문제가 되기 때문에, 그 가능성을 위해서 손님을 위한 요리를 준비하는 것이다. 요리사로서 명성을 얻고 싶어서든 그저 생계를 꾸리기 위해서든, 요리사라는 존재 가능성으로부터 손님, 요리, 부엌칼과 도마 등의 지시연관이 설명될 수 있다. 여기서 앞서 언급한 현존재의 특성, 즉 실존을 다시 떠올려야 한다. 모든 지시연관이 뻗어 나가는 중심에 놓인 존재자는 실존하는 존재자, 곧 현존재다. 현존재는 문제가 되는 자신의 존재 가능성을 위해서 존재한다. '무엇을 위한'이라는 구조를 가진 온갖 존재자의 지시연관은 결국 현존재의 존재 가능성으로 소급된다.

이처럼 도구의 쓰임새 지시연관은 자연물과 타인으로 확장되고, 또 이 모든 지시연관은 다시 현존재의 존재 가능성으로 수렴된다. 자신의 존재 가능성을 통해서, 각각의 현존재는 도구, 자연물, 타인 같은 온갖 존재자가 지시의 그물망으로 직조된 어떤 전체와 하나를 이룬다. 그러한 전체가 곧 세계다. 현존재가 세계-내-존재인 이유는 바로 그 전체로서 세계와 하나로 통일되어 있기 때문이다.

현존재가 세계와 하나라는 말은 주체와 객체가 하나로 결합하여 어떤 복합 실체를 만들어 낸다는 뜻이 아니다. 만일 그렇다면 현존재는 세계 개념 없이, 또 세계는 현존재 개념 없이 이해할 수 있어야 한다. 또한 현존재는 세계 없이, 세계는 현존재 없이 존재할 수 있어야 한다. 그러나 실상은 그렇지 않다. 현존재는 본질적으로 세계와 하나여서, 현존재를 이해하려면 세계 개념을 함께 이해해야만 한다. 또한 세계 없는 현존재나 현존재 없는 세계라는 말도 잘못된 개념에 불과하다. 현존재는 자신의 존재 가능성을 통해서, 존재자의 지시연관 전체 속을 움직이며 그때그때 이런저런 지시를 수행하는 방식으로 존재한다. 그러한 전체가 세계이므로, 현존재는 세계-내-존재로서 본질적으로 세계와 하나를 이룬 채로만 존재할 수 있다.

현존재가 지시연관 전체 속을 움직인다는 말은 기본적으로 그러한 전체인 세계에 친숙하다는 뜻이다. 물론 우리는 때때로 낯선 환경과 마주친다. 그럴 때면 뭘 해야 할지 막막하게 느껴진다. 주변 사물을 어떻게 다루어야 할지 감을 잡지 못할 수도 있다. 하지만 세계는 그 개념상 익숙한 주위 환경이라는 제한된 범위의 존재자로 국한되지 않는다. 때때로 낯선 환경과 마주친다는 점은 오히려 우리가 기본적으로 세계에 친숙하게 거주한다는 사실을 반영한다. 더욱이 낯선 환경에서조차 우리는 어떻게든 자신의 존재 가능성을 중심으로 지시연관의 구조를 밝혀낸다. 무인도에 떨어진 사람일지라도 돌멩이를 부딪쳐서 불을 피우려고 시도하기 마련이다.

현존재는 그렇게 친숙한 세계로부터 자기 자신을 이해한다. 이때 이해란 개념적으로 명료히 파악된 지식이 아니라 그에 선행하는 암묵적이되 친숙한 앎을 뜻한다. 친숙한 세계이해와 친숙한 자기이해는 늘 함께 간다. 현존재는 지시연관 전체 속에서 매번 이런 저런 지시를 수행하는 식으로 존재한다. 그때 현존재는 자신을 바로 그러한 수행자로서 이해한다. 예컨대 버스에 타면서 교통카드를 찍는 직장인은 자신을 버스에 탑승하는 통근자로서 암묵적으로 이해한다. 또한 공무원 시험 책자에 펜으로 밑줄을 긋는 대학생은 자신을 열중하는 공무원 시험 준비생으로 이해한다. 지시연관 전체로서 세계는 이처럼 자기이해의 원천이다. 현존재가 자신을 이러저러한 사람으로 이해할 수 있는 것은 세계로부터다. 현존재는 본질적으로 세계에 친숙하기 때문에 그로부터 자신의 존재 가능성의 밑그림을 그려 나갈 수 있다.

이제까지 논의를 통해 하이데거가 말하는 세계가 이른바 객관적으로 존재하는 사물의 총체가 아님을 알 수 있다. 하이데거는 그런 총체에 대해 '자연'이라고 부르면서 '세계'와 구별한다. 그렇다면 혹시 세계가 주관적이라는 말인가? 객관적이지 않다면 주관적이라는 뜻 아닌가? 하이데거는 심지어 세계가 현존재의 존재 구조에 속한다고까지 말한다. 이를 보면 더더욱 세계를 주관적인 것으로 본다는 의심이 깊어질 수도 있다. 지시연관 전체로서 세계란 주관에 내재한 고도로 복잡한 관념이라는 식으로 말이다. '객관적으로 존재하는 것은 자연이고, 주관이 그러한 자연에 덧입힌 형식이 하이데거가 말하는 세계로구나'라고 추측할 수도 있다. 그러나 이 모두는 오해다. 이는 도구의 존재가 자연물에다 주관이 가치를 덧붙여 구성한 결과물이라는, 앞서 논박한 견해와 같은 종류의 오해다.

그러한 오해는 두 가지 가정에서 기인한다. 첫째는 존재하는 것은 모두 주관적이거나 객관적이라는 가정이고, 둘째는 세계가 아무튼 존재하는 것이라는 가정이다. 하이데거는 둘 다 거부한다. '주관적'이나 '객관적'이라는 표현은 일상에서 주로 '개인 의견에 불과한 것'과 '누구에게나 사실로 인정되어야 하는 구속력 있는 것'을 구별하기 위해 쓰인다. 하이데거 철학에서도 두 표현은 이러한 용법으로 조심스럽게 쓰일 수 있다. 그러나 '주체'와 '객체'에 대한 근대 의식철학적 이분법에서 기인하는 '주관적인 것'과 '객관적인 것'은 모두 잘못된 개념이다. 즉 두 개념을 각각 '의식 내면에 속하는 것'과 '그 바깥에 놓인 것'을 가리키기 위해 쓰는 것은 잘못이다. 이러한 용법에 비추어 볼 때, 현존재는 '주관적인 것'도 '객관적인 것'도 아니다. 그리고 세계가 현존재의 존재 구조에 속하는 한, 세계 역시 '주관적인 것'도 '객관적인 것'도 아니다.

더욱이 세계가 현존재의 존재 구조에 속한다는 말은 그 세계가 하나의 독립적 존재자가 아니라는 의미를 포함한다. 세계는 오히려 모든 존재하는 것이 그러한 바대로 존재하고 이해될 수 있도록 하는 포괄적인 배경 또는 터전이다. 도구든 자연물이든 타인이든, 우리가 맞닥뜨리는 이런저런 존재자는 세계와 전혀 다른 존재론적 층위에 속한다. 그런 존재자는 모두 세계 내부에서 제 의미를 얻고 또 제 존재를 부여받는다. 세계 자체를 이런저런 존재자처럼 사유할 수는 없다. 덧붙이건대 세계가 현존재의 존재에 속한다는 말은 현존재가 이런저런 속성을 소유하듯이 세계도 '소유한다'는 뜻이 아니다. 그렇게 해석할 경우 주관주의라는 혐의가 사실일 것이다. 여기서 늘 염두에 두어야 할 것은 현존재를 그 자체로 완결된 실체로 간주하는 전통적 사고방식을 넘어서야 한다는 것이다.

온갖 존재자 사이의 지시연관 전체에 대한 친숙성이 하나의 존재자를 그러한 바대로 맞닥뜨리기 위한 조건이다. 하이데거의 언어로 말하자면, 세계 '개시성Erschlossenheit'이 이런저런 존재자 '발견Entdecktheit'의 조건이다. 하이데거는 이러한 개시성에 대해서 '선험적 완료apriorisches Perfekt'라는 표현을 사용한다. 여기서 '선험적'은 특정한 존재자의 경험보다 앞선, 그 경험의 선행 조건이라는 뜻이다. '완료'는 그런 경험의 시점에서 보건대, 세계 전체의 개시는 이미 항상 이루어져 있는 사태로 받아들일 수밖에 없다는 뜻이다. 하나의 존재자를 부엌칼로서 경험하고 다룰 때, 그 존재자를 포괄하는 지시연관 전체가 개시되는 사건은 이미 다 끝난 채로 포함되어 있다.

3 개시성

개시성의 구성

앞서 하이데거가 우리 각각의 존재자를 '현존재Dasein'라고 부르는 이유를 간단히 밝혔다. 우리에게는 의자나 나무 따위와 달리 무엇이라는 종적 본성이 아니라 그저 존재한다는 사실이 핵심이기 때문에, 문자 그대로 '거기에 있음'을 뜻하는 독일어 낱말이 우리를 가리키는 명칭으로 적합하다는 설명이었다.

그런데 하이데거는 이 명칭에서 그저 '거기에 있음'이라는 단순한 의미를 넘어서는 어떤 특별한 의미를 끄집어내고자 한다. 'da'는 장소 부사로서 '거기'를 뜻하고, 'sein'은 '존재' 곧 '있음'을 뜻한다. 즉 'Dasein'으로서 우리는 문자 그대로 '거기에 있다.' 그렇다면 '거기'는 어디인가? 우리는 세계-내-존재이므로 물론 '거기'는 세계다. 더 정확히는 세계가 개시되는 곳, 따라서 나아가 우리 자신이 개시되는 곳이다. 나 자신의 '여기'와 세계의 '저기'를 하나로 잇는 곳이 '거기'다. 실제로 'da'는 통상 '여기'나 '저기'를 가리키는 말로 두루 쓰인다.

'거기da'는 세계와 각각의 자신이 함께 열리어 밝혀지는 곳이다. 그런 점에서 이 낱말이 '나타남'을 뜻하는 '현現'으로 번역된다는 점은 참으로 의미심장하다. 우리가 존재한다고 함은 무엇보다도 우선 세계와 더불어 각각의 자신이 개시되는 곳에 있음을 뜻한다. 의자, 책상, 나무, 바위, 타인 등 온갖 존재자는 그러한 개시의 터에서 각기 그러한 존재자로서 발견된다. 그 각각의 존재자가 어떠한 의미 속에서 또 어떠한 느낌과 더불어 우리와 마주치게 되는가는, 그 열린 터에서 세계가 우리에게 어떻게 개시되는가를 통해서 미리 제한된다. 즉 앞서 말한 대로 전체적 개시성이 이런저런 존재자와의 만남 방식을 그 근저에서부터 지탱하고 규정한다.

하이데거의 분석에 따르면, 개시성을 구성하는 근본 형태는 '이해'와 '기분'이다. 각각이 어떻게 서로 다른 방식으로 세계를 개시하는지는 뒤에서 논의하겠다. 그 전에 각각이 전통 철학에서 어떻게 파악되었는가를 살펴보는 편이 좋겠다. 이해와 기분은 전통 철학에서 각각 '지성'과 '감정'으로 파악되었다. 인간이란 지성과 감정이라는 능력을 지닌 주체다. '지성'은 개념을 통해서 사고하는 능력이요, 이때 사고는 's는 p이다'라는 판단 형식을 따른다. 어떤 대상이 이러저러하다고 긍정하거나 그렇지 않다고 부정하는 것, 그러하다고 단순히 믿거나 그렇지 않을 수도 있다고 의심하는 것, 나아가 어떤 판단으로부터 다른 판단을 추론하는 것, 이 모든 사고 작용이 지성의 소관이다. 특히 지성이 대상에 대하여 참인 판단을 내릴 때 '인식'이 이루어진다. 객관적인 것을 인식하는 능력으로서 지성과 대조적으로, '감정'은 순수하게 주관적이다. 신체에서 느끼는 고통과 쾌락부터 더 고차적인 불쾌함이나 유쾌함까지, 감정은 주관의 다양한 내면 상태를 포괄한다. 슬픔과 기쁨, 공포와 평온, 증오와 사랑, 실망과 희망 등도 모두 감정에 속한다. 이러한 감정은 대개 외부의 다양한 대상으로부터 자극을 받지만, 감정 자체는 그런 자극의 결과로서 내면 상태다.

아주 개략적이지만 이것이 전통 철학에서 통상 '지성'과 '감정'을 이해하는 방식이다. 하이데거가 말하는 '이해'와 '기분'은 각각 지성과 감정에 대응하면서도, 이를 탈주관주의적이고 더욱 근원적인 수준에서 파악하려는 시도의 결과물이다. 그가 보기에 지성과 감정에 대한 전통적 개념에는 몇 가지 중대한 문제가 있다. 우선 두 가지는 흔히 상호 배타적이라고 여겨진다. 감정은 비非지성적이고, 지성은 비非감정적이다. 감정에는 사고와 판단의 능력으로서 지성이 개입할 여지가 없다. 또한 감정이 개입하는 순간 인식 능력으로서 지성은 혼탁해지고 제 기능을 발휘하지 못하게 된다. 반면에 하이데거는 이해와 기분이 상호 배타적일 수 없다고 본다. 이해는 '기분에 젖은 이해'일 수밖에 없고, 기분은 '이해를 동반하는 기분'일 수밖에 없다. 뒤에서 해설하겠지만 하이데거에 따르면, 인식이란 '이해가 특정한 방식으로 한정된 대상이나 주제를 향하게 된 결과'다. 따라서 인식 역시 기분을 결여할 수 없다. 인식은 대개 차분하거나 평정한 기분, 그리고 때로는 즐거움을 동반한다.

더 중요한 점은 전통적인 지성과 감정 개념이 은연중에 주체 개념을 존재론적으로 가정한다는 것이다. 지성과 감정은 인간이 소유하는 능력으로서 인간 주체의 속성으로 그려진다. 그러나 하이데거는 처음부터 현존재의 '본질'이 실존에 놓여 있다고 강조했다. 이는 우리가 여러 속성을 담고 있는 '기체基體, hypokeimenon', 곧 실체가 아니라는 뜻이다. 지성과 감정 개념은 전통적으로 주체 개념을 끌어들이는데, 그 어원이 알려 주듯이 '주체Subjectum'는 '근저에sub-' '놓인-jectum' 채로 속성들을 지탱할 수 있는 실체(기체)의 일종이다. 그러나 실체성은 눈앞에 현전하는 사물에 어울리는 존재론적 개념이다. 실체성으로 우리 자신을 파악하려는 시도는 언제나 존재론적 왜곡을 동반할 수밖에 없다. 나아가 지성과 감정이 상호 배타적이라고 파악되기 쉬운 이유도 각각이 그 근저에 놓인 주체의 서로 다른 속성으로 간주되기 때문이다.

반면에 이해와 기분은 개시성의 방식이다. 즉 현존재가 '현'(세계가 우리 자신에게 개시되는 터)에 머무는 방식이다. 이해와 기분은 그렇게 존재하는 방식으로서 속성일 수 없다. 더욱이 둘은 모두 '본질적인' 존재 방식이다. 즉 현존재가 존재한다는 것은 그 자체로 이해의 방식으로, 또한 기분의 방식으로 세계를 자신에게 개시하고 있음을 뜻한다. 앞서 이해는 언제나 기분에 젖은 이해이고 기분은 언제나 이해를 동반하는 기분이라고 말했듯이, 이해와 기분은 모두 우리의 존재 방식을 본질적으로 구성한다는 점에서 필연적이다.

기분

이제까지 논의에서 분명해졌듯, 하이데거는 우리 자신의 본질을 어떤 내면의 그릇과 같은 것으로 파악하기를 거부한다. 그가 전통적인 '감정' 개념 대신에 '기분Stimmung' 개념을 제시하는 이유도 같은 맥락에서 이해할 수 있다. '감정'은 전통적으로 주관이 이러저러한 방식으로 움직인 내면의 체험 상태로 파악되었다. 이런 생각이 감정 개념에 쉽게 따라붙는다. '감정은 주관적이어서 객관적 세계와 무관하다. 객관적 세계의 어떤 사건이 마음을 자극하여 내면에 어떤 감정이 발생할 수는 있다. 하지만 그 감정 자체는 본성상 주관적이므로 현실 세계와 별개다.' 이런 선입견 아래서는 감정이 세계를 개시한다는 발상은 용인되지 않는다. 만일 감정을 통해서 세계가 어떠한지에 대한 믿음이 생겼다면, 그 믿음은 기껏해야 주관적으로 편향되고 왜곡된 믿음에 불과하다고 폄하되기 십상이다. 예컨대 우리가 두려움 속에서 '이 무시무시한 세계!'라고 외친다면, 이는 주관적 표현일 뿐이지 세계의 현실과는 전적으로 무관하다는 것이다.

이에 반해서 하이데거는 자신이 말하는 '기분'이 정말로 세계가 드러나는 방식이라고 본다. 기분은 세계를 주관적으로 채색하지 않는다. 무서운 기분에 처해서 주변 세계의 사방이 무시무시하게 드러난다면, 그때 세계는 진짜 무서운 것이다. 세계는 실제로 언제나 일정하게 기분에 젖은 채로 드러난다. 통상 '기분'으로 번역하는 하이데거의 용어 'Stimmung'은 본래 '분위기'로도 번역할 수 있다. 따라서 '세계는 늘 어떤 분위기 속에서 개시된다'라고 표현할 수도 있다. 우리가 강의실 분위기가 칙칙하다고, 카페 분위기가 아늑하다고, 공원 분위기가 음산하다고, 도서관 분위기가 열띠다고 할 때, 그 말은 주관의 내적 감정을 객관적 세계에 투사한 표현에 불과하지 않고 실제 세계가 근원적으로 개시되는 방식을 전달한다.

물론 이와 동시에 유의할 점은 기분의 개시 기능을 강조한다고 해서, 하이데거가 객관적 사실이 있음을 부정하고자 하는 것은 전혀 아니라는 점이다. 기분은 시시각각 변하고 사람마다 각기 다를 수도 있다. 그는 이런 가변적인 기분에 좌우되지 않는 세계를 '자연'이라고 부르고, 이런 세계에 관한 객관적 사실을 기꺼이 긍정한다. 말하자면 강의실 분위기가 가라앉았는지 활기찬지와 무관하게, 강의실을 구성하는 책상이나 의자 같은 온갖 대상의 위치, 크기, 형태, 운동, 기타 물성 등은 변함없이 그대로다. 즉 하이데거의 요점에 따르면, 기분에 젖어 있는 세계라는 현상은 자연의 객관적인 속성에다 어떤 주관적 감정을 투사한 것이 아니다. 이런 설명은 결국 어떤 기분에서 접하게 되는 그대로의 세계를 어떻게든 존재론적으로 왜곡하게 된다. 이는 앞서 도구의 도구성이 자연 사물에 가치를 부착함으로써 생겨난다는 식의 설명에 대한 하이데거의 논박과 정확히 짝을 이룬다.

이처럼 기분은 매번 세계를 일정한 방식으로 드러낸다. 하지만 하이데거가 《존재와 시간》에서 기분에 특유한 개시적 성격과 관련하여 주목한 부분은 세계보다는 현존재다. 그에 따르면 기분은 현존재의 존재에 특유한 '부담 성격Lastcharakter'을 뿌리부터 깊이 드러낸다. 이는 이해의 개시성과는 다른 기분의 개시성만의 특징이다. 기분은 현존재가 존재한다는 사실, 게다가 계속해서 존재하지 않을 수 없다는 사실, 그러한 존재를 '부담'으로서 짊어지고 어떻게든 끌고 나아가야만 하는 운명이라는 사실을 말없이 은밀하게 알린다. 세계에서 마주치는 이런저런 대상에 대해 객관적으로 기술할 수 있는 사실과 대비하여, 하이데거는 이처럼 기분에서 드러나는 사실, 즉 순전히 '존재한다'라는 적나라한 사실을 '현사실성Faktizität'이라 부르며 존재론적으로 구별한다.

기분 속에서 현존재는 자신이 이 세계에 이러저러한 방식으로 처해 있음을 인지한다. 현존재는 자신이 처한 조건을 인수하면서 자신의 실존을 계속 이어 가지 않을 수 없다. 이런 맥락에서 실존적 파토스가 강하게 뿜어져 나오는 하이데거의 유명한 용어 '내던져져 있음Geworfenheit(피투성)'이 등장한다. 현존재는 자신이 어찌할 수 없는 방식으로 '내던져져 있다.' 첫째로, 자신이 존재한다는 사실을 제어할 수 없다. 둘째로, 자신이 일정한 역사적·사회적·문화적 조건에 처해 있다는 사실을 제어할 수 없다. 셋째로, 그럼에도 그 조건 아래에서 자신의 존재를 계속 넘겨받고 감당해야만 한다는 사실을 어찌할 수 없다. 이러한 개별 현존재의 피투적 유한성이라는 현사실을 기분이 부지불식간에 알린다.

나아가 내던져진 자로서 현존재는 자신이 어디에서 왔고 또 어디로 가는지에 관한 불확실성에도 사로잡혀 있다. 하이데거는 제아무리 과학이 생명과 우주의 기원을 낱낱이 밝혀낸다고 해도, 아니면 종교적 교리가 자신이 '어디에서' 와서 '어디로' 가는지 알려준다고 해도, 기분은 여전히 개별 현존재를 현사실적 존재의 냉혹한 수수께끼 앞으로 데려간다고 주장한다. 과학과 종교도 '다른 누구도 아닌 내가 왜 이 세상에 없지 않고 있는가?'에 대한 답변을 만족스럽게 제공하지 못한다는 것이다.

기분의 부담 성격에 관하여 생각해 볼 점이 하나 있다. 이는 일찍이 오토 볼노Otto Bollnow가 제기했던 비판과 관련되는데,[6] 바로 하

6 Otto Friedrich Bollnow, *Das Wesen der Stimmungen,* Frankfurt am Main: Klostermann, 1941 참조.

이데거가 기분의 부정적인 측면을 지나치게 강조하고 일반화하고 있지 않느냐는 의문이다. 기분에서 존재의 현사실성에 따른 부담 성격이 드러난다고 하는데, 과연 기분이 일반적으로 그러한가? 하이데거는 그렇다고 주장한다. 물론 그는 특히 몇몇 기분에서 존재의 부담 성격이 두드러지게 개시된다고 말한다. 《존재와 시간》에서 '근본기분 Grundstimmung'으로 밝혀지는 '불안'이라든가, 1929~1930년 강의 《형이상학의 근본개념들》에서 분석하는 기분인 '권태 Langeweile'가 그렇다고 볼 수 있다. 반면에 하이데거는 고양된 기분에서는 부담 성격이 면제될 수 있다고 시인한다. 예컨대 즐거움이나 신남 또는 흥분 같은 기분에서 피투적 현사실성의 부담 성격은 거의 느껴지지 않는다는 사실을 부정하지 않는다. 하지만 하이데거에게 이는 자신의 주장에 대한 결정적 반론이 되지 못한다. 그는 그런 기분에서 현존재의 부담 성격이 제거되거나 극복되지 않으며, 단지 회피, 외면, 억압될 뿐이라고 보기 때문이다. 그의 견지에서 말하자면, 즐거움 같은 기분에서는 본질적인 부담 성격이 특유의 고양을 통해서 희석되어 잘 느껴지지 않을 뿐인 셈이다. 즉 존재의 부담 성격을 알리는 기분은 말하자면 원형적 기분이요, 고양된 기분은 그로부터의 일시적이거나 지속적인 도피일 뿐이다. 하지만 볼노와 더불어, 존재의 부담 성격을 알리는 기분을 기분의 기본 형태로 간주해야 할 이유가 없다고 지적할 수 있지 않을까? 고양된 기분에서 부담 성격이 정말로 느껴지지 않는다면, 그래서 그 기저나 언저리에서조차 부담 성격이 출몰할 기색이 전혀 없다면, 그로부터 '회피'나 '억압'을 읽어 내야 할 필연성도 없지 않은가?

기분이 일반적으로 부담 성격을 개시한다는 하이데거의 주장은 1920년대 독일이라는 역사·문화적 조건에서 자라났을 수도 있다. 당시 많은 사람이 역사가 정체하고 정치가 불안하며, 개인은 삶의 의미와 방향성을 찾지 못하고 있다는 문제의식에 사로잡혀 있었다. 그렇다면 저 주장은 초역사적으로가 아니라 당대의 역사적 조건 아래에서 타당할 수 있다. 과연 고대 그리스나 중세 또는 근대 초기에도 마찬가지로 기분이 냉혹한 현사실성의 부담을 알렸을까? 존재의 역사성을 강조하는 후기 하이데거라면 분명 아니라고 답할 것이다. 고대나 중세에 고양된 기분을 느끼는 사람이 자기 존재의 부담 성격으로부터 '회피'했다고 말한다면 주제넘은 주장일 터이다.

기분이 본질적으로 실존적 부담 성격을 알린다고 하이데거가 주장했던 동기는 아마도 그의 실존 이념 자체에 있을 것이다. 하이데거는 현존재 분석론을 '그때마다 자신에게 그 자신의 존재함이 문제가 되는 존재가 곧 실존'이라는 이념에서 출발했다. 현존재의 존재가 근본적으로 이러한 의미의 실존에 의해 규정된다면, 현존재의 존재 방식으로서 기분에서 실존적 부담 성격이 드러난다고 주장하는 것도 무리가 아니다. 자신의 존재가 문제가 된다는 사실이 곧 현사실성이요, 그러한 현사실성이 부담 성격으로서 드러나기 때문이다. 이런 점에서 하이데거의 주장 자체는 내적으로 지극히 일관된다. 그러나 앞서 볼노 및 후기 하이데거의 견지에서 제기한 비판적 숙고가 타당하다면, 분석론의 출발점이었던 실존의 이념에 대해서도 부분적인 수정을 가해야 할 것이다.

이해

'이해Verstehen'는 기분과 마찬가지로 근원적으로 우리가 자신과 세계를 개시하는 방식이다. 하이데거는 기분과의 동등성을 강조하지만, 이해와 기분은 그 개시의 성격에서 분명하게 차이가 난다. 기분은 현존재의 존재 전체를 사로잡는 식으로 강력하고 포괄적이며 뿌리 깊은 개시의 성격을 보인다. 내가 어떤 기분에서 이러저러하게 존재한다는 것, 나아가 앞서 논한 현사실성과 피투성은 백 마디의 말로도 충분히 전달할 수 없다. 하지만 기분은 그것을 단번에 직접 개시한다. 이러한 개시의 위력은 때로 삶의 기본 태도를 뒤바꿀 수도 있을 정도로 강하다. 하지만 어떠한 기분이 개시한 것도 이해 또는 이해에 기초하는 인식의 형태에 힘입어야만 일정한 의미 단위로 분절되어 남들에게 일반적으로 전달될 수 있다. 철학적 지식을 포함하여 지식은 이러한 이해의 '완수'에서 이루어진다. 여기에 이해에 의한 개시의 특장점이 있다.

이해는 근본적으로 현존재의 존재 방식을 가리킨다. 그러니 여기서 말하는 이해는 '실존적' 이해로서, 역사적 사건이나 사물 및 기계의 조작 원리 또는 자연현상의 인과 원리에 대한 이해와는 다르다. 하이데거는 후자의 이해가 모두 실존적 이해로부터 파생한다고 본다. 즉 그것은 세계 전체를 자신에게 열어 밝히는 이해가 특정한 대상을 향해 제한되어, 일정한 개념적 질서에 따라서 그 대상을 파악할 때 생겨나는 산물이다.

하이데거는 자신의 '이해' 개념을 해설하기 위해 통상 '이해하다'로 번역하는 독일어 동사 'verstehen'의 일상 어법 하나를 제시한다. 이 동사는 무언가를 '해낼 수 있다', '능하다', '제어할 수 있다', '할 줄 안다'라는 뜻으로도 쓰인다. 여기서 이해는 단지 머릿속의 지성적 차원이 아니라 풍부한 실천적 의미를 함축한다. 이때 이해의 방식으로 실존하는 현존재가 '할 줄 아는' 것은 무엇보다도 현존재 자신의 존재다. 현존재는 이 세계에서 이러저러한 식으로 존재할 줄 안다. 밥을 먹을 수도 있고, 운전할 수도 있고, 책을 읽을 수도 있다. 또 학생으로 있을 수 있고, 공무원으로 있을 수 있고, 아버지로 있을 수도 있다. 우리는 어떤 식으로든 언제나 자기 존재를 살아 낼 수 있다.

현존재는 항상 자신의 실존을 어떤 식으로든 이해하고 또 이미 이해하고 있다. 이때 자신의 실존을 이해한다는 말은 아무개라는 이름을 가진 한 인간의 여러 속성을 의식적으로 명료하게 파악하고 있다는 뜻이 아니다. 만일 그렇다면 우리가 우리의 존재를 항상 이해한다는 하이데거의 주장은 참일 수 없을 것이다. 우리가 늘 그렇게 자신의 속성을 의식적으로 파악하고 있지는 않기 때문이다. 자신의 실존을 이해한다는 말은 대상과 이론적 거리를 둔 의식적 파악이 아니라, 이 세계에서 어떤 식으로든 가능한 자신의 존재를 몸소 수행할 수 있고 또 그렇게 수행한다는 뜻이다.

실존은 가능적 존재로서 자신을 미래로 이끌어야만 하는 존재자의 존재 방식이다. 각자성과 실존이라는 특징을 지닌 우리에게는 늘 자신의 존재가 문제가 된다. 이러한 문제성은 근본적으로 우리가 가능적 존재로 살아간다는 데에서 기인한다. 자신의 존재가 문제가 된다고 할 때, 그 존재란 객관적으로 기술할 수 있는 사실로서의 존재가 아니다. 제3자의 관점에서 거리를 두고 한 인물로서 '나'를 관찰할 때, 그러한 '나'는 그러한 사실적 속성이 집합된 하나의 실체로 파악될 수도 있다. 하지만 그런 객관적 사실은 아무런 '문제가 되지' 않는다. 현존재가 자신을 이해할 때 그 존재가 문제가 되는 까닭은 그것이 단순한 사실이 아니라 계속해서 열려 있는 가능성이기 때문이다. 실존의 가능성이란 다른 누구도 아닌 바로 내가 이러저러한 식으로 떠맡아 수행하지 않으면 안 되는 살아있는 가능성이다. 근원적으로 이해되는 것은 이러저러하게 있을 수 있는 자신의 존재다.

그러나 이해되는 것이 실존 즉 현존재 자신의 존재라고 해서, 이해가 세계를 배제한 채로 자기 자신만을 대상으로 삼는다는 뜻은 결코 아니다. 현존재는 세계-내-존재이므로, 실존으로서 가능적 존재도 '세계-내-가능적-존재'일 수밖에 없다. 따라서 실존에 대한 이해는 언제나 동시에 자기 가능성이 전개되는 세계에 대한 이해이기도 하다. 일상에서 이해는 오히려 세계이해에 초점을 두고 있어서, 자기이해 역시도 세계이해로부터 비롯한다. 일상에서 이런저런 도구를 사용할 때 문제가 되는 자기 가능성은 도구가 속하는 주위세계에 대한 이해로부터 형성된다. 우리는 예컨대 책이란 읽을 수 있는 것, 문이란 열 수 있는 것, 밥이란 먹을 수 있는 것, 차란 운전할 수 있는 것으로 이해한다. 그러한 이해에 따라서 우리는 자신을 독서하는 사람, 문을 여는 사람, 밥을 먹는 사람, 차를 운전하는 사람으로 이해하고 또 그렇게 존재한다. 일상에서 현존재는 '배려'의 방식으로 존재자 전체 속에 연루되어 있고, 그에 따라서 이것 또는 저것을 할 수 있는 자로 존재한다. 학생으로, 직장인으로, 아들로, 아버지로 있을 수 있는 것도 마찬가지다.

이해는 가능성을 미리 그려 내어 보인다. 이런 생각을 하이데거는 '기획투사Entwurf(기투)'라는 용어로 발전시킨다. 'Entwurf'는 본래 윤곽, 약도, 기획, 설계, 구상 등을 의미한다. 이해가 기획투사의 구조를 지닌다는 것은, 곧 이해를 통해 자신의 존재 가능성을 세계 속에서 미리 대략 그려 내어 자기 앞으로 '던진다werfen(-wurf)'는 뜻이다. 이해의 방식으로 존재하는 우리 각자는 어떤 사람으로서 어떻게 존재할 수 있는지에 대한 물음을 스스로 던지고, 그에 대한 답변을 가능한 세계 전체를 개괄적으로 그려 나가는 가운데 모색한다. 자각적으로 이따금 그렇게 하는 것이 아니라, 존재하는 이상 우리 존재의 심층에서 비非자각적으로 늘 그렇게 한다. 현존재가 이해의 방식으로 존재한다는 것은 이 세계에서 자신에게 열린 존재 가능성을 그려 내어 자기 앞으로 던지는 식으로 존재한다는 뜻이다.

하지만 기획투사로서 이해라는 개념은 우리가 각자의 존재 가능성을 자의대로 '선택'하거나 '결정'할 수 있다는 뜻이 아니다. 실존은 단순히 자유로운 결단의 산물이 아니다. 기분에서 드러나는 피투성은 이해에서도 엄연하다. 현존재는 항상 어떤 상황 속에, 어떤 시대에, 어떤 몸으로, 어떤 언어와 문화 안에 '던져져' 있다. 이러한 피투적 상황은 우리가 원한다고 해서 취하거나 피할 수 있는 것이 아니다. 이는 그 자체로 우리가 살아 내야 할 '주어진' 조건이다. 기획투사로서 이해는 동시에 일정한 역사·문화적 조건과 개인사적 조건에 피투된 상황으로부터 결코 자유로울 수 없다. 가능성의 영역을 그려낼 때 이해는 언제나 주어진 조건 속의 가능성을 그려낼 수 있을 뿐이다.

또한 오해해서는 안 될 아주 중요한 부분은, 기획투사가 인생을 계획하고 설계하는 지적인 작업을 뜻하지 않는다는 것이다. 기획투사로서 이해는 미래의 청사진을 머릿속에 떠올려 보는 설계와 구별된다. 그런 모든 인생 설계는 실존 수행으로서 이해의 파생태다. 현존재는 이해라는 실존 수행을 통해 미래를 향해 운동하지만, 엄격히 말해 그 수행의 주체는 아니다. 오히려 이해의 기획투사 운동에 따라서 존재하게 '되는' 처지다. 이해의 실존 수행은 자기 앞에 배열된 인생의 다양한 선택지 가운데 가장 마음에 드는 하나를 고르는 과정이 아니다. 현존재가 지성과 의지라는 능력을 속성으로 소유하는 주체가 아닌 만큼이나 이해는 인생 설계가 아니다. 세계이해로부터 자신의 존재 가능성을 미리 그리는 작업은 자각적인 인생 고민보다 앞서서, 또한 그보다 심층적으로 이루어진다. 그처럼 언제나 일어나는 이해로부터 비로소 특수한 인생 고민과 설계가 자라날 수 있다. 자신의 피투적 상황으로부터 자신의 가능성을 이해하는 실존적 수행은, 그것을 명료화하는 '해석Auslegung' 작업을 거듭하면서 특정한 목표를 가진 인생 설계로 전개될 수 있다는 뜻이다. 인생의 방향을 좌지우지하는 실존적 결단도 그런 해석을 동반한다.

이처럼 하이데거는 이해를 완수하여 자기 것으로 획득하는 것을 '해석'이라고 부른다. 이해는 그 자체를 완수하려는 경향성을 갖는다. 즉 암묵적으로 이해된 것을 명료하게 분절하여 파악하려고 한다. 지식의 원천은 바로 이런 해석이다.

하이데거는 해석이란 무엇인지를 일상생활에서의 세계이해를 토대로 해명한다. 일상에서 우리는 세계 전체를 암묵적으로 이해한다. 이러한 이해에서는 도구 같은 존재자가 그 쓰임새에 따라 서로 연관되는 그물망 속에서 개시된다. 그때 우리 시선은 이런저런 도구를 바라보면서 그 전체적 연관으로부터 각각의 특정한 쓰임새를 부각할 수 있다.[7] 즉 전체적으로 이해된 바를 각 존재자의 의미에 따라 분해하여 명시적으로 시선에 담아낼 수 있다. 이처럼 존재자를 '무엇을 위한' 존재자로서 명시적으로 붙잡는 것이 '해석'이다.

일상적 삶에서 해석은 대체로 존재자를 '무엇을 위한' 것으로 부각하는 식으로 이루어진다. 예컨대 식사를 준비하거나, 어지러운 거실을 정리하거나, 고장 난 물건을 수리하는 등등의 온갖 활동

---

7 하이데거가 말하는 '해석'이 일상적 삶에서 얼마나 빈번하게 일어나는가에 관해서는 견해가 엇갈린다. 예컨대 한 연구자는 "일상 활동의 매끄러운 흐름이 방해" 받는 특별한 순간에야 비로소 해석이 작동한다고 본다. Stephen Mulhall, *The Routledge Guidebook to Heidegger's Being and Time,* London: Routledge, 2013, 84쪽. 반면에 박찬국은 일상 활동에서 늘 이루어지는 도구의 발견이 이미 해석이라고 본다. 박찬국, 《하이데거의 《존재와 시간》 강독》, 그린비, 2014, 205쪽 참조. 하이데거의 텍스트는 두 견해를 모두 허용한다. 해석의 명료성에 정도 차를 도입함으로써 두 견해의 충돌을 어느 정도 해결할 수 있다. 즉 좀 더 명료한 수준의 해석은 일상 활동이 방해받아 도구의 쓰임새를 특별히 주목해야 할 때에야 일어나지만, 그보다 명료성이 낮은 해석은 일상 활동에서도 늘 이미 이루어진다고 보는 것이다.

에서, 우리는 장비, 물품, 재료, 부품 따위가 각각 어떤 용도로 쓰일 수 있는지, 나아가 무얼 하는 데 방해가 될 수 있는지 등을 분별한다. 이때 늘 이루어지는 것이 해석이다. 이것은 이러한 용도를 위한 것이고, 저것은 저러한 용도를 위한 것이라는 식으로.

하지만 일상에서 해석은 대체로 아직 어떤 진술도 동반할 필요가 없다. 요리하면서 굳이 '다진 마늘은 깔끔한 국물 맛을 내기에 좋지 않다'라는 식으로, 다진 마늘이라는 사물에 대해 그 속성(곧, 용도)을 특정한 술어로 규정하여 진술할 필요는 없다. 어쩌면 숙달된 요리사이면서도 요리에 관한 정교한 진술에는 미숙할 수 있다. 더욱이 요리 중에 그러한 진술을 시도하면 오히려 요리에 대한 집중을 깨뜨리기 쉽다.

그러나 때때로 해석은 좀 더 지적인 차원에서 전개될 수 있고 또 때로 그래야만 한다. 그때 해석은 's는 p이다'라는 주어와 술어가 결합한 진술 형태를 취하게 된다. 이런 진술에서 해석되는 존재자, 예컨대 '다진 마늘'은 '깔끔한 국물 맛을 내기에 좋지 않다'라고 규정된다. 진술 문장을 구성하는 주어와 술어의 관계는 사물과 속성의 관계를 표현한다. 이처럼 해석이 진술 형태를 취할 때, 진술되는 존재자는 더는 손안에-있는 것이 아니라 눈앞에-있는 것이 된다. 이해의 완수로서 해석이 진술 형태로 전환될 때, 해석되는 존재자 역시 존재론적 '변양變樣, Modifikation'을 겪는다. 이러한 전환으로 인해 인식론적으로는 개시의 폭과 깊이를 상실하지만, 동시에 목표 대상을 한정하여 명료한 인식을 달성한다. 진술은 술어를 통해서 대상의 속성을 규정함으로써, 해석자에게만 직접적으로 밝혀졌던 존재자를 이제 누구에게나 전달할 수 있는 일반적 형태로 가공한다. 그러한 진술의 일반성이 보편적 인식 체계로서 학문의 가능성을 마련한다.

이해는 개시성의 방식이다. 해석은 이해의 완수로서 개시 기능을 한다. 그러므로 진술 또한 일종의 해석으로서 당연히 개시 기능을 한다. 더욱이 진술은 진술되는 존재자가 어떠한가를 여러 사람에게 똑같이 드러나도록 한다는 점에서, 특별한 개시 기능을 한다. 바로 이러한 특별한 개시 기능 덕분에 비로소 학문이 가능해진다.

해석과 진술에 관한 지금까지 논의로부터 숙고할 만한 한 가지는, 하이데거 자신이 했던 해석학적 현상학으로서 진술은 어떻게 가능한가라는 물음이다. 현상학적 진술 또한 진술로서 특수한 개시 기능을 한다. 즉 그것은 진술되는 사태를 술어로 명료하게 규정하고, 그렇게 규정된 바가 여러 사람에게 똑같이 전달되도록 한다. 하지만 현상학적 진술은 존재론적 진술로서 여타 학문적 진술과 다른 독특한 특성을 추가로 지닌다. 여느 학문적 진술에서 진술되는 사태는 '존재자', 곧 사물이나 대상이다. 이런 진술은 술어를 통해서 대상의 속성이 다른 대상 및 그 속성과 어떻게 연관되는가를 체계적으로 밝힌다. 반면에 현상학적 진술에서 진술되는 사태는 존재자가 아니라 '존재'다. 더욱이 그때 진술되는 존재는 '눈앞에-있음'에 한정되지 않고 '손안에-있음'이나 '실존'을 포괄해야만 한다. 즉 현상학적 진술은 똑같이 주어와 술어라는 형태로 구성되면서도, 이처럼 여느 학문적 진술과 전혀 다른 존재론적 개시 기능을 맡아야만 한다. 어떻게 동일한 진술 형태로 이러한 존재론적 기능이 가능한지, 특히 어떻게 '손안에-있음'과 '실존'을 적시하는 일이 가능한지는 《존재와 시간》에서 그다지 선명하게 밝혀져 있지 않다.[8] 나중에 하이데거가 언어에 관해 깊이 고민하는 것도 이런 배경에서 연유한다.

4 / 퇴락과 본래적 실존

세인과 퇴락

앞선 논의에서 우리는 이미 본래적 실존의 문제에 부딪혔다. 현존재는 실존과 각자성으로 특징지어진다. 현존재는 자신의 존재에서 바로 그 자신이 '존재할 수 있음'이 계속해서 문제가 되는 존재자다. 그러나 하이데거에 따르면 문제가 되는 자신은 '우선 대개zunächst und zumeist' 본래적인 자신이 아니다. 일상적 삶에서 현존재는 본래적인 자기를 놓치고 망각하고 회피한다. 앞서 이해의 기획투사에 관한 논의에서도 일상적 자기이해를 다루었다. 일상에서 현존재는 자신을 둘러싼 존재자와 세계로부터 자신을 이해한다. 버스를 타고 회사에 바삐 출근하는 사람을 떠올려 보자. 그는 도로

8 이 문제를 풀 단서 가운데 하나는 '형식적 지시'라는 하이데거의 방법론적 개념에서 구할 수 있을 것이다. 이에 대해서는 탁월한 고전적 논문인 Daniel O. Dahlstrom, "Heidegger's method: Philosophical concepts as formal indications," *The Review of Metaphysics*, vol. 47 no. 4, 1994, 775~795쪽 참조.

와 버스, 운전기사와 승객뿐만 아니라 출근 시각, 회사 업무, 근태 관리 등으로부터 자신을 이해한다. 여기서 그는 공공 예절을 준수해야 하는 자로, 출근 시간 엄수 같은 회사 규정에 신경 써야 하는 자로, 아마도 곧 있을 승진 심사에 한 치의 빈틈도 허용해서는 안 되는 자로 자신을 이해한다. 나아가 그는 급여로 가족 생계를 꾸려 나갈 책임을 지고 있는 자로 자신을 이해한다. 이런 모든 자기이해 속에서 그는 자신의 존재 가능성과 정체성을 '우선 대개' 자신이 속한 공공의 세계로부터 이해한다. 사람들은 누구나 공적 세계에 지배적인 관습과 도덕, 관례와 규칙, 제도와 법규 등(이 모두의 총체를 하이데거는 '공공적 해석/피해석성被解釋性, Ausgelegtheit'이라고 부른다)을 암묵적으로 수용한 채로 생활하고 그로부터 자신을 이해한다. 우리가 마주치는 온갖 사물이 각기 무엇이고 어떻게 다루고 파악해야 하는지부터, 사람과 사회란 무엇이고 무엇이어야 하는지, 다른 사람들을 어떻게 이해하고 대해야 하는지, 나아가 결정적으로 인생을 어떻게 꾸려 나가야 하는지까지, 이 모든 것에 대한 지침과 방향을 우리는 일단 저 공공적 해석으로부터 넘겨받는다. 정상적인 사회인으로 성장한다는 것은 그런 공공적 해석이 지배하는 공적 세계에 안착한다는 뜻이다. 천재 예술가나 과학자든 아니면 범죄자나 사이코패스든, 흔히 정상 범주의 바깥에 있다고 여겨지는 사람조차도 단지 특정한 분야나 영역에 한정해서 부분적으로 공공적 해석에서 벗어날 뿐이다.

달리 말해서 현존재의 '현', 즉 개시성의 열린 터를 공공적 해석이 뒤덮고 있다. 언어를 배운다는 것은 기본적으로 이러한 공공적 해석을 배워서 체득한다는 뜻이다. 낱말과 진술의 뜻을 배우고 그 용법을 익히는 과정은 직접 경험 없이도 말해지는 사물과 사태가 평균적으로 어떠한가를 배우는 과정이고, 또한 사람이 어떠한 상황에서 어떻게 처신해야 일반적으로 좋은가를 배우는 과정이기도 하다. 사람들은 이처럼 언어를 통해 공공적이고 평균적인 개시성에 노출되고, 이러한 개시성에 의거하여 세상이 돌아가는 이치와 인생을 어떻게 살아가야 할지를 개략적으로 이해한다. 이러한 개략적 이해가 다른 모든 이해를 위한 출발점이다. 사람마다 그런 공공적이고 평균적인 이해에서 얼마나 벗어나는가에는 상당한 차이가 있을 수 있다. 하지만 본질적으로 유한한 인식자로서 어떠한 사람도 그로부터 완전히 벗어날 수 없다.

사람들은 우선 대개 공공적 해석에 따라 살아간다. 하이데거는 그러한 사람들을 '세인世人, das Man'이라고 부른다. 세인으로서 사람들은 자신이 어떤 사람일 수 있는지의 가능성을 당대에 널리 퍼진 공공의 평균적 이해 수준으로부터 받아들인다. 각자는 여전히 남들과는 다른 자신임이 분명하지만, 그럼에도 각자가 행하는 바나 살아가는 모습은 다른 이와 근본적으로 다르지 않다. 각자는 남들처럼 입고, 먹고, 잔다. 남들처럼 대화하고, 논쟁하고, 사귀고, 싸우고, 쉬고, 일한다. 남들처럼 자가용을 몰고, 휴양지로 떠나고, 아파트에 산다. 이 모든 행동 방식에서 세인의 규범은 지배적이다. 물론 각자가 자기만의 취향과 선호를 가질 수는 있다. 하지만 이 역시도 '현대인이라면 개성을 추구하라'라는 세인의 규범에 따른 특수한 명령의 산물일 수 있다. 이런 점에서 단순히 독특한 것을

추구하는 태도가 세인에 대한 반증 사례가 될 수는 없다.[9]

사람들은 당대의 역사·문화적 조건에서 지배적인 규범과 명령을 부지불식간에 암묵적으로 수용한다. 어떻게 판단해야 할지 또는 어떤 결단을 내려야 할지에 대해, 언제나 어느 정도씩 '세인'에 의존한다. 세인에 의존함으로써 각자는 결정의 책임과 부담을 덜게 된다. 다들 그렇게 하고 있다는 사실이 결단 앞에 선 자를 안심시킨다. 그는 홀로 있다고 느낄 필요가 없다. 이로 인해 세인의 지배는 그만큼 공고해진다. 책임을 대신 지는 세인은 언제 어디서든 누구에게나 환영받기 마련이다. 물론 그렇다고 해서 세인이 정말로 책임을 대신 질 수 있는 것은 아니다. 세인이라는 실체가 따로 존재하지는 않으므로, 판단과 결단의 결과는 결국 다시 홀로 짊어져야 할 숙제로 돌아올 수밖에 없다. 더욱이 정녕 인생이 냉엄한 결단의 순간 앞으로 내몰릴 때 세인은 아무런 도움이 될 수 없다.

세인으로서 자신은 본래적인 자신이 아니다. 즉 사람들은 세인으로서 '비본래적으로' 실존한다. 세인으로서 자신에게는 자신이 기획투사하는 가능성이 그 자신에게 고유한 개별적인 것이라는 사실, 그 가능성을 떠맡을 수 있는 자는 오로지 자신뿐이라는 사실, 자신의 존재 가능성을 어떻게 규정할지는 전적으로 자신의 문제라

9 후기 근대사회를 단독성들의 사회로 파악하는 탁월한 저작의 저자는 사회학자로서 단독성 추구의 문제를 지적하기를 피하는데, 이는 철학적 견지에서 애석한 일이 아닐 수 없다. 안드레아스 레크비츠, 《단독성들의 사회》, 윤재왕 옮김, 새물결, 2023 참조.

는 사실이 흐리멍덩하게 가려져 있다.[10] 그에게 이 모든 사실이 전적으로 은폐되어 있지는 않다. 그렇다면 그는 현존재로서 실존할 수조차 없을 것이다. 하지만 자신의 존재에서 '문제가 되는' 자신의 가능성을 세인으로부터 넘겨받고 안심하는 한, 그는 자신의 존재를 철저히 문제로 삼아서 장악하지는 못한다.

하이데거는 이처럼 세인으로서 일상을 살아가는 존재 방식을 더욱 선명하게 드러내기 위해 '퇴락Verfallen'이라는 용어를 도입한다. 퇴락은 이중의 운동성을 내포한다. 그것은 일단 '본래적인 자기 자신으로부터 떨어짐'이고, 그와 동시에 '세상사, 곧 세속으로 빠져듦'이다. 이러한 이중의 운동성으로 특징지어지는 퇴락은 다시 세 가지 일상적 존재양식, 곧 '빈말Gerede', '호기심Neugier', '애매성Zweideutigkeit'으로 구체화된다. 이 셋은 각기 '말', '이해하는 시선', '해석'이 퇴락한 형태에 해당한다.

'말'은 본래 말해지는 사태를 담아낸다. 무언가를 목격하고, 그것을 말 속에 담아내어 남들에게 전달한다. 우리는 늘 말을 주고받는다. 이때 그 말을 구성하는 낱말과 용어를 평균적으로 이해하는 한에서 의사소통이 원활히 이루어진다. 청자는 화자가 말하는 사태를 직접 경험하지 않고서도 적당히 이해하는 데 문제가 없다. 하지만 이때 말해지는 바가 문제의 사태를 드러내기보다 오히려 은

10 사르트르가 《존재와 무L'être et le néant》에서 하이데거의 비본래성 개념을 자신의 철학으로 차용하면서 '자기기만mauvaise foi'이라는 용어를 사용한 이유도 이런 맥락에서 이해할 수 있다. 비본래적 실존은 자신의 본래성을 '알면서도' 외면하기 때문이다.

폐할 수도 있다. 말이 이 사람에서 저 사람으로 전달되는 과정이 되풀이되면서, 말은 점차 사태의 실상을 왜곡하기 쉬워진다. 이로부터 '빈말'이 성립한다. 입으로 내뱉는 말이 곧잘 빈말이 되듯이 활자로 쓰인 글도 곧잘 '빈글'이 된다. 평균적인 이해 수준에 안주한 채로 쓰인 글이 여기저기에서 계속 재생산된다. 말이나 글의 주제인 원래 사태가 어떠한가를 파악하려는 시도는 점차 자취를 감춘다. 말해지고 쓰였다는 사실 자체가 이미 이해되었다는 착각을 불러일으킨다. 이러한 착각 속에서 사태를 파고들어 물으려는 태도가 주변화된다. 오늘날 SNS는 어쩌면 빈말이 가장 활기를 띠는 무대일 수도 있다.

하이데거가 '빈말'로 제시하는 바가 이를테면 연예계 가십거리가 풍문으로 돌고 도는 경우에만 해당한다고 여긴다면 오산이다. 물론 그것이 빈말의 전형적 사례이긴 하다. 하지만 그게 전부라면 남들이 어떻게 사는지 이러쿵저러쿵 떠드는 태도를 성숙하지 못하다고 삼가는 사람은 쉽게 빈말에서 벗어날 수 있을 것이다. 그러나 실제로 하이데거가 말하는 빈말이 사회적 삶에서 미치는 영향력은 그보다 훨씬 더 광범위하다. 우리 가운데 누구도 자신이 듣는 말과 읽는 글이 사태에 충실히 부합하는가를 일일이 검토할 수 없다. 특히 개별적인 사실 관계를 가리키는 말이라면, 수용자가 그 말이 원래 실상과 일치하는가를 직접 확인할 수 없는 경우가 오히려 더 일반적이다. 그러니 우리는 듣는 말과 읽는 글이 대체로 참이라고 일단 믿을 수밖에 없는 처지다. 그렇기에 아무리 진중한 태도를 가진 사람일지라도 빈말의 영향력으로부터 벗어날 수 없다. 다만 얼마나 악성으로 빈말에 빠져들고 의존하는가에서 차이가 생길 따름이다. 물론 이러한 태도의 차이는 결과적으로 학문에서든 개인사에서든 중대한 차이를 불러올 수 있다. 실제로 '해체Destruktion'라는 이름으로 시도한 하이데거의 철학하기 자체도, 철학사에 퇴적된 '빈말'과 싸우면서 사태의 근원적인 진상을 밝히려는 시도라고 해석할 수 있다.

'호기심'은 '이해하는 시선'의 변종이다. 이런저런 일에 매진하는 사람에게 이해하는 시선은 그의 '주위세계Umwelt'와 '작업세계Werkwelt'를 둘러보는 데 소진된다. 주위세계를 둘러보는 이해의 시선은 어떠한 수단, 절차, 기회, 순간이 적절한가를 부단히 가늠한다. 그러다가 작업이 중단되고 휴식이 찾아오면 이해의 시선은 가까운 주위세계에서 풀려난다. 이제 시선은 멀리 놓인 이것저것의 겉모양을 구경하면서 흡족해한다. 시선은 보이는 것을 그 자체로 이해하려 들기보다 본다는 사실 자체를 더더욱 즐긴다. 이러한 시선이 곧 호기심이다. 호기심은 자신을 자극하는 세계에 자신을 내맡기고 정주하는 곳 없이 여기저기 떠다닌다. 정처 없이 떠다니는 호기심은 짧은 시간 안에 가급적 많은 것을 보려고 애쓴다. 대중매체는 이러한 호기심을 충족하는 동시에 부채질한다. 끝없이 '도파민'을 자극하는 '숏폼short-form' 영상은 오늘날 호기심의 본성에 가장 충실한 형태의 매체일 것이다.

빈말과 호기심은 서로를 북돋는다. 빈말은 계속해서 말을 전달하고 재생산하면서 어떤 화젯거리를 좇아야 할지를 알려 준다. 이러한 빈말을 들으면서 호기심은 최신 유행에 따라 지금 무얼 먼저 보아야 할지 알게 된다. 거꾸로 호기심은 이것저것을 끊임없이 구경하면서 다른 사람들에게 어떤 주제로 떠들면 될지 가르쳐 준다. 빈말의 화젯거리가 바닥나지 않도록 계속 양분을 제공하는 셈이다. 이처럼 빈말과 호기심이 서로를 끌어 줄 수 있는 이유는 무엇보다도 양자의 근저에 공통으로 특정한 '해석' 양태가 깔려 있기 때문인데, 그것이 바로 '애매성'이다.

빈말과 호기심에서 사람들은 만사에 대해 이러쿵저러쿵 떠들어대고 또 목격할 수 있다. 유행하는 화젯거리에 관해 보고 듣고서는, 그에 관해 적당히 알은체하면서 한두 마디씩 내뱉을 수 있다. 사회적 삶에서 사람들이 서로 적당히 매끄럽게 어울려 지내려면 그런 어중간한 교양 지식은 필수적이다. 이처럼 '애매성'은 때로 사교성이라는 미덕의 조건이다. 거기서 사람들은 어떤 이해가 진정한지 아닌지를 분간할 수 없다. 만사는 그저 대충 적당하게, 즉 이도 저도 아닌 채 애매하게 이해될 뿐이다. 이해의 기획투사에는 이미 애매한 해석이 깃들어 있다. 이해는 세인으로부터 빈말과 호기심에 따라서 애매하게 해석된 가능성을 넘겨받는다. 어떤 삶을 살 수 있고 또 살아야 하는지에 관해서도 세간에 떠도는 평균적 믿음에 따라 애매하게 안다. 공공의 평균적 해석은 어중간하다. 아무리 단호하게 자기 인생의 행로를 결단한 사람일지라도 공공의 생활 영역에서 살아가면서 만사를 투명하게 인식할 수 없는 한, 빈말과 호기심에서 벗어날 수 없고 애매성으로부터 완전히 자유로울 수도 없다. 단지 그는 그런 처지에 놓인 동시에 애매성의 위험도 경계할 수 있을 뿐이다.

불안과 양심

하이데거에 따르면 우리는 우선 대개 비본래적으로 실존한다. 즉 1차적으로 우리 자신을 자기의 가장 고유한 존재 가능성으로부터가 아니라 자기가 처한 세계로부터 이해한다. 그러한 세계는 빈말, 호기심, 애매성이 지배하는 뭇사람들의 공공적 해석에 따라서 미리 일정하게 이해되어 있다. 결과적으로 우리는 사람들이 흔히 좋다고 권고하는 존재 가능성, 예컨대 부, 명성, 권력을 거머쥔 사람을 부지불식간에 추구하기 쉽다.

이러한 세인의 지배에서 벗어나려면 특별한 '변양' 과정이 필요하다. 하이데거는 실존적 '변양'과 관련하여, 밀접히 연관된 세 계기인 '죽음', '불안', '양심'을 언급한다. 세인의 공공적 세계 해석이 절대적이지 않음을 충격적 방식으로 알려 주는 '불안'의 기분을 인수하면서, 본래적 자기를 되찾으라는 '양심'의 내밀한 목소리를 경청하는 자는, 또한 자신의 모든 현실적 가능성을 '죽음'이라는 대리 불가능한 극단적 가능성 앞에서 철저히 자기 것으로 전유하여 책임지기 마련이다.

앞에서 언급했듯이 하이데거는 기분이 일반적으로 피투적 현사실성을 알린다고 본다. 즉 기분은 현존재에게 그 자신이 존재하고, 또 존재하지 않을 수 없다는 사실을 알려온다. 기분의 개시에는 현존재가 자신의 존재 가능성을 오롯이 넘겨받아야만 한다는 특유의 부담 성격 또한 함축되어 있다. 그러나 고양된 기분을 비롯한 여느 기분에서 피투적 현사실성과 부담 성격은 개시와 동시에 은폐된다. 계속 존재해야 한다는 사실의 부담은 은밀하게 감춰지고 은근

슬쩍 세인이 넘겨받는다. 공공적 해석과 빈말이 이러한 은폐와 책임 전가를 주도한다. 세인이 조성한 친숙한 세계에서 사람들은 자신의 존재가 안전하고 아무런 문제도 없다고 느낀다.

반면에 '불안Angst'은 이러한 은폐를 깨부수고 각자의 피투적 현사실성을 섬뜩한 방식으로 들춰낸다. 불안은 저 밑바닥에서부터 피어올라 갑작스레 엄습한다. 언제 어디서든 불현듯 아무런 계기도 이유도 없이 불안이 찾아온다. 하이데거의 설명에 따르면, 이는 불안이 근본기분으로서 현존재의 존재 기저에 항시 깔려 있기 때문이다. 단지 일상의 잡무에 빠져 있을 때 그런 불안을 억누르고 회피하고 있을 뿐이다. 일상에 충실한 삶의 궤도에서 잠시 빠져나오는 순간, 언제라도 불안은 닥쳐올 수 있다.

세속적 삶을 지배하던 온갖 규범, 지침, 가치, 의미는 불안이 엄습하면 구속력을 상실한다. 자신의 존재 가능성을 규정하는 원천으로서 수용되던 공공적 해석이 그 효력을 중단한다. 자신이 계속해서 존재하도록 내던져져 있고, 그 존재를 다른 누구도 아닌 오로지 나만이 인수할 수 있다는 사실이 적나라하게 밝혀진다. 세인의 구속력을 깨뜨림으로써, 불안은 섬뜩할 정도로 철두철미하게 각자의 실존을 '개별화'한다. 즉 친숙하고 안정적인 세상에서 떨어져 나가게 한다. 자신의 존재가 전적으로 자신에게 내맡겨져 있고, 그 가능성을 어떻게 규정할지에 대한 책임 역시 전적으로 자신에게 달려 있음이 폭로된다. 불안은 개별자로서 자기 존재의 의미를 일깨우면서 세인으로서의 삶에 대해 실존적 의문을 품도록 유도한다.

결과적으로 불안은 각자를 비본래적 실존과 본래적 실존이라는 두 가지 근본적 실존 가능성 사이의 선택 앞으로 데려간다. 불안이라는 기분으로부터 자신에게 어떤 말 없는 요구가 들려오는 셈이다. 즉 "선택하기를 선택하라"고 말이다.[11] 키르케고르의 《이것이냐, 저것이냐Enten—Eller》(1843)에 등장하는 심미주의자 A처럼, 대개 사람들은 대개 자신의 실존을 어떻게 형성할 것인가에 대한 선택을 특별히 내리지 않은 채로 애매하게 살아간다. 충동에 따라서든 세상의 요구에 따라서든 그저 이끌려 가는 식으로 흘러가는 삶 속에서 온전히 자신이 감당해야 하는 선택은 외면되고 회피된다. 그러므로 맨 먼저 필요한 일은 자신의 존재 가능성을 어떻게 규정할지의 선택 앞에 확고하게 서는 것이다. '선택하기를 선택한다'는 말은 이처럼 자신이 선택해야 한다는 처지임을 깨닫고 자신의 실존 전체를 내거는 선택 앞에 서기를 결단한다는 뜻이다.

불안으로부터 들려오는 이러한 목소리, 최초의 결단으로서 선택을 요구하는 목소리가 곧 '양심Gewissen'이다. 하이데거는 양심에 대한 기존의 여러 해석을 근원적이지 못하다며 물리친다. 그에 따르면 양심의 목소리를 내면에서 들리는 신의 음성으로 파악하는 신학적 해석도, 반대로 양심 자체를 처분해 버리는 생물학적 접근도, 모두 양심의 근원적 현상에 충실하지 못하다. 하이데거는 신학적 해석뿐만 아니라, 양심을 생물학적 본능이나 적응의 산물로 환원하는 생물학적 해석, 나아가 사회적 규범이 '초자아'의 형태로

11 전집 2권, 356쪽(《존재와 시간》 개정판, 389쪽) 참조.

내면화된 결과라고 보는 프로이트적 해석 등도 거부할 것이다.

양심이라는 현상에 충실하려면, 양심의 근원을 신이나 생물학적·심리학적 원인 같은 특정한 외적 혹은 내적 실체로 환원하면 안 된다. 불안에서 전해 오는 목소리는 신이나 사회 규범이 아니라 전적으로 자신으로부터 나와서 자신에게 이른다. 더욱이 불안이 근본기분임을 감안하면, 양심의 목소리는 (통속적 양심 해석에 따른 양심 개념, 곧 도덕적 양심과 달리) 단지 남의 물건을 훔친다거나 하는 특정한 행동이나 태도 다음에만 들려오지는 않는다. 양심은 현존재의 존재를 근본적으로 구성한다. 현존재의 존재는 실존으로서 눈앞에-있음이나 실체성과 구별되기에, 양심 현상 또한 실체적으로 파악할 수 없다. 즉 발생 원인을 내부(초자아)나 외부(신 또는 사회 규범)의 실체로 추적하려는 모든 인과론적 해석은 근원적 양심 현상을 놓친다. 이는 그런 해석이 단순히 틀렸다는 뜻이 아니라 실존론적으로 부적절하다는 뜻이다.

양심의 목소리는 부름의 삼중 구조를 띤다. 하이데거에 따르면 현존재의 존재는 '피투성', '퇴락', '기획투사'라는 삼중 구조로 구성된다. 부름의 삼중 구조는 이런 현존재의 존재가 띠는 삼중 구조에 상응한다. 즉 '불안의 섬뜩함에 처한 개별화된 자기'(피투성)가 '세인-자기'(퇴락)를 '본래적인 자기'로 불러낸다(기획투사). 공공적 해석이 제공하는 안정적인 인생행로에 대한 신념이 뒤흔들리면 시 '섬뜩함에 사로잡힌 자'는 철저히 개별화된 자기로서 이제까지의 자신에게 무언의 요구를 한다. 이제까지의 자신이란 세인의 공공적 해석과 빈말을 듣고 따르던 자, 곧 '세인-자기'다. 개별화된 자기는 세인-자기를 붙들고서 자신의 존재에서 문제가 되는 바로 그 존재 가능성을 향해서 기획투사하라고 촉구한다. 이러한 촉구가 곧 '본래적인 자기'로 불러냄이다.

불안으로부터 들리는 선택하라는 요구는 따라서 전혀 중립적이지 않다. 어떤 선택을 결단해야 하는가의 방향성이 명백하게 주어진다. 단지 그 결단의 요구를 수용하느냐, 아니면 그 섬뜩한 요구를 감당하기를 거부하고 이제까지의 안정적인 세인으로서의 삶으로 돌아가느냐의 선택이 있을 뿐이다. 양심의 말을 본래적으로 듣는다는 것은 그 부름에 호응하여 결단의 요구를 수용함으로써 본래적인 자기를 스스로 불러냄을 뜻한다.

따라서 양심은 어떤 특정한 행위도 지시하지 않는다. 또한 어떤 구체적 행위에 대해 죄책감을 느끼도록 하지도 않는다. 즉 양심의 목소리는 세상과 관련한 어떤 특정한 내용도 담고 있지 않다. 하지만 그럼에도 양심은 본래적인 자기를 호출한다. 그래서 양심의 메시지에는 세상의 공공적 해석에서는 찾아볼 수 없는 특별한 '내용', 세상이 아니라 전적으로 자신의 존재와 관련한 내용이 담겨 있다. 이러한 내용을 하이데거는 '탓Schuld'이라고 일컫는다. 양심은 현존재의 존재에 아로새겨진 탓을 열어 밝히고 인수하도록 촉구한다. 실존론적으로 이해된 탓이란, 자신의 존재는 그 구조로 인해 지금의 존재와 절대 다를 수 없음에도 불구하고, 그것이 자신의 존재인 이상 스스로 그 존재에 대한 책임을 떠맡아야 한다는 사실을 가리킨다. 흡사 원죄처럼, 자신이 특별히 잘못한 바가 없음에도 자신의 존재로 인해 지게 되는 부담인 것이다.

이러한 탓은 다시 현존재의 존재 구조에 따라 삼중적이다. 첫째로, 현존재는 '피투적'으로 탓이 있다. 유한한 현존재에게는 자신이 결정하지 않은 삶의 조건이 자기 삶의 기초일 수밖에 없다. 우리는 마치 게임을 새로 시작하듯이 인생을 새로운 조건에서 새로 설정할 수 없다. 삶을 살아가는 매 순간 우리는 자신이 내던져져 있는 기존 조건을 전체적으로 넘겨받을 수밖에 없다. 새로운 인생을 결심한다고 해도 바꿀 수 있는 조건은 극히 일부일 뿐이다.[12] 예컨대 한 중년 직장인이 깊은 고민 끝에 이직을 결심할 때 그는 자신의 조건 중 일부인 직업을 변경하고자 한다. 하지만 그는 자신이 속한 공동체의 역사·문화적 조건은 물론이거니와, 자신의 성향, 기호, 가치관, 가정, 인간관계 같은 숱한 개인적 조건도 여전히 인수할 수밖에 없다. 이러한 조건이야말로 그의 삶과 정체성을 유의미하게 지탱하는 근거이기 때문에, 그의 새로운 결심 또한 바로 그런 조건의 인수에 기초할 수밖에 없다.[13] 현존재가 피투된 조건이 그 사람이 누구인가를 근본적으로 규정하므로, 그는 자신이 좌지우지할 수 없는 그 조건에 대한 책임을 떠안게 된다. 그가 결정하지 않았다고 하더라도, 자신이 피투된 그 조건을 바로 자신의 존재 조건으로 인수했다는 사실로 인해 그는 그

---

12 아마 자살을 결심하는 자는 피투성이 개인을 규정하는 무게를 누구보다 몸으로 잘 깨닫고 있을 것이다.

13 피투성의 조건이 차지하는 의미와 관련해서는, William Blattner, *Heidegger's 'Being and Time': A Reader's Guide*, London: Bloomsbury Publishing, 2006, 154~155쪽(《하이데거의 『존재와 시간』 입문》, 한상연 옮김, 서광사, 2012, 272~274쪽) 참조.

조건 속에서 존재함에 대한 탓이 있다. 예컨대 자신은 아무개의 자식이라는 사실에 대해 아무런 결정권도 없지만 그의 자식으로 존재한다는 사실을 짊어지고 살 수밖에 없다. 더 일반적으로 말해서 자신이 살아온 인생이 곧 자신의 존재라는 사실로 인해, 그 인생을 속속들이 스스로 결정하지 않았음에도 어쨌거나 자기 삶으로 넘겨받아야만 한다.

둘째로, 현존재는 '기획투사'의 견지에서도 탓이 있다. 삶을 살아간다는 것은 항상 일정한 가능성의 '제한'과 '포기'를 의미한다. 기획투사할 수 있는 범위는 애초에 자신이 피투된 조건으로 인해 일정하게 '제한'된다. 그러한 범위를 넘어서는 가능성은 기획투사가 아니라 순전한 공상의 소재일 뿐이다. 최저임금 노동자의 삶과 재벌 2세의 삶에서 허용되는 기획투사의 가능성은 현격히 다르리라고 쉽게 짐작할 수 있다. 아니, 사실 이런 극단적인 비교까지 하지 않더라도 각 현존재에게 기획투사 가능성의 범위는 지나온 삶의 궤적에 따라서 달리 형성될 수밖에 없다. 또한 현실적인 존재가능성을 선택하여 기획투사할 때 언제나 다른 일련의 가능성은 '포기'할 수밖에 없다. 인생은 언제나 갈림길 앞에서 선택을 요구하고, 시인 로버트 프로스트가 말하듯이 '가지 않은 길'을 되돌아보면서 때로 회한을 품도록 만든다. 어떤 의미에서 인생은 결코 돌이킬 수 없는 가능성 사이에서 선택하기의 연속이다. 이처럼 일정한 가능성이 제한되고 포기된다는 기획투사에 필연적으로 내재하는 한계를 현존재가 계속 짊어지고 살아야만 한다는 뜻에서도, 그에게는 실존론적으로 탓이 있다.

셋째로, 현존재는 '퇴락' 속에서 비본래적으로 실존함에 대해서도 탓이 있다. 퇴락이 현존재의 존재 구조에 속하기 때문에, 현존재는 비본래성에서 완전히 벗어날 수 없다. 본래적인 실존으로 변양한다고 해서 공공적 해석에 따른 일상적 삶의 방식을 외면하는 것도 아니고, 세상에서 제공되는 사회적 역할, 신분, 직위에 따른 기획투사를 단순히 폐기하는 것도 아니다. 빈말, 호기심, 애매성의 영향력에서도 완전히 벗어날 수도 없다. 어떤 식으로든 퇴락의 영향은 본래적인 현존재에게도 지속한다. 하이데거의 견지에서 보건대, 어떠한 참선 수양도 인간을 퇴락으로부터 해방시키지 못한다고 확실하게 말할 수 있다. 이것이 실존에 냉엄하게 그어진 또 다른 한계다. 이러한 한계를 자신의 행적과 무관히 떠맡고 살아가야만 한다는 사실이 실존론적 탓의 마지막 의미다.

양심이 전하는 내용은 이러한 삼중의 탓이다. 양심의 부름에 호응하는 이해는 물론 이러한 탓에 대한 회피가 아니고 또한 그 제거나 극복도 아니다. 자신이 처한 조건을 선택하지 않았음에도 자신이 그러한 조건 속에서 존재함에 대해 탓이 있고, 매번 기획투사에서 자신이 일련의 가능성을 배제하고 살아감에 대해서도 탓이 있고, 퇴락 속에서 자신이 공공적 해석에 내놓인다는 데 대해서도 탓이 있다. 이 모든 것에 대해 현존재는 실존적 책임을 면할 길이 없다. 그러나 이러한 탓에 대한 강조에서 하이데거의 요점은 자신의 잘못을 도덕적으로나 법적으로 폭넓게 시인하라는 것이 아니다. 현존재는 특별히 잘못을 저질러서가 아니라 순전히 그 존재 구조로 인해 탓을 떠맡기 때문이다. 양심의 부름을 본래적으로 이해하는 자는 자신이 필연적으로 삼중의 한계를 짊어지고 있으며, 그런 한계를 떠안아야만 하는 책임을 다른 누구에게도 넘길 수 없고 오롯이 스스로 감내해야만 함을 백일하에 깨달은 자다.

실존의 본래성을 설명하는 핵심은 이처럼 실존론적으로 해석된 양심이다. 떠들썩한 세간의 충고와 명령 속에서 잊히고 외면되던 양심의 부름에 응답하려는 단호한 실존적 태도가 실존의 본래성을 이룬다. 이러한 태도를 하이데거는 '결단성Entschlossenheit'이라고 부른다. 결단한 자는 불안의 개시를 통해서 철저히 개별화된 채로, 양심의 부름에 따라 자신이 처한 삼중의 한계를 떠안는 책임을 감내하는 자다.

죽음으로의 선구

하이데거는 불안과 양심을 통해 해명한 실존의 본래성이 또한 그 본질적 경향에 따라 실존의 전체성을 추구한다고 본다. 이러한 전체성 추구가 곧 '죽음으로의 선구Vorlaufen zum Tode'다. 그러니 결단성은 본질적으로 선구적 결단성이고자 한다. 니체의 흡사 우주론적인 사고실험인 '동일자의 영원회귀'가 인간 실존을 극한까지 몰고 가면서 각자의 실존을 각성하라고 촉구한다면, 하이데거는 그런 형이상학적 상상을 동원하는 대신에 죽음으로의 선구를 제시함으로써 동일한 효과를 얻고자 한다.

인간은 가능성으로 나아가는 존재자다. 계속해서 '존재할 수 있는' 식으로 있기 때문에 매번 자신의 가능한 존재가 문제가 된다. '존재할 수 있음'의 존재는 미결과 개방을 의미한다. 거꾸로 자신의 존재가 어떠어떠한 것으로 종결된 채 확정되어 있다면, 그러한 존재는 단순한 사실을 의미할 뿐 아무런 문제도 되지 않을 것이다. 그렇다면 인간의 존재는 언제 종결되어 확정되는가? 죽을 때다. 죽기 전까지는 '존재할 수 있음'이 계속해서 문제가 될 수밖에 없다.[14] 실존의 본래성이란 그러한 자기 존재의 문제를 전적으로 떠맡겠다는 결연한 삶의 자세다.

그때 자신의 존재를 '본래적으로' 곧 제대로 문제 삼으려면, 자신의 존재를 일정한 국면에 한해서가 아니라 그 전체에서 문제로 삼아야 마땅하다. 전체적인 존재, 곧 죽음까지 포함하는 존재 말이다. 하이데거가 말하는 죽음으로의 선구란 바로 이러한 전체적 가능성의 존재를 단적으로 개시하는 실존 방식이다. '존재할 수 있는' 존재의 가능성 차원에서, 그 끝에 해당하는 것이 곧 죽음이다. 죽음은 가능성 차원의 한계다. 인간이 세상에서 온갖 다양한 가능성을 기획투사하면서 살아간다고 할 때, 그 모든 가능성의 끝은 죽음이 차지한다. 죽음으로 앞질러 달려 나감으로써 인간은 자신의 가능한 전체 존재를 선취한다. 선구先驅한다는 말은 세상에서 가능한 온갖 현실적 가능성을 가로지르고 앞질러서, 그 가능성 차원의 끝을 마주한다는 뜻이다.

---

14 물론 실존의 불확정성과 그에 따른 불안은 장년기나 노년기보다 유년기와 청년기에 더 두드러질 것이다. 특히 노년기에는 피투적 현사실성의 무게가 인생에 너무도 깊이 드리워진 데 비해 새로운 시작을 위한 시간과 에너지는 상대적으로 적어서, 인생을 유연하게 변화시킬 여지가 그만큼 희박할 것이다. 그러나 그렇다고 해도 죽음의 순간에 이르기까지 누구에게든 자신의 열린 존재가 문제가 된다는 점은 엄연한 사실로 남는다.

여기서 '죽음'은 우선 동물류의 한 종으로서 호모 사피엔스에 속하는 한 개체가 생명을 다하는 사건이 아니다. 이는 생물학적으로 해석된 죽음이다. 또한 이러한 생물학적 죽음에다 인간에게 특유한 의학적이고 사회적인 선고를 덧붙인 별세나 사망도 아니다. 일상에서 우리는 죽음을 대개 이런 식으로 이해한다. '사람은 물론 누구나 죽지'라는 상식에서도 죽음은 그렇게 이해된다. 이런 상식에는 '하지만 나는 아직은 아니지'가 따라붙기 마련이다. 이렇게 이해된 죽음은 아무리 특별하다고 해도 세상에서 벌어지는 사건 중 하나다. 지켜보고 관찰할 수 있는 사건이다. 타인의 죽음은 물론이거니와 자신의 죽음조차도 세계에서 죽어 가는 한 인간의 모습으로 연상된다. 그러나 세상사의 한 사건으로서 이해되는 죽음은 살아 있는 인간으로서 자신과는 아직 직접 관련이 없다. 그런 의미의 죽음은 자신의 삶, 곧 존재 바깥에 놓이니까.

반면에 자신을 하나의 가능한 전체로서 단적으로 문제 삼을 때 맞부닥치는 죽음은 자신의 한 가지 가능성, 매우 특수한 실존적 가능성이다. 최종 가능성으로서 죽음은 현존재의 존재 바깥에 있는 무엇이 아니라 그 존재를 함께 구성한다. 무언가를 할 수 있고 어떤 자로 있을 수 있는 자, 곧 가능적 존재자로서 현존재는 또한 언제나 그런 모든 가능성의 한계에 서 있다. 온갖 다양한 가능성으로 기획투사하는 현존재는 언제나 이미 죽음이라는 가능성에도 내던져져 있다. 그 모든 현실적 가능성은 언제나 '더는 존재할 수 없음'이라는 그 최종적 가능성 앞에 놓인다. 죽음을 그저 세상사의 한 사건으로 간주하는 세인의 공공적 해석 속에서 그 최종 가능성은 막연하게 희석된다. 그러나 그때도 자신이 그런 끝을 향한 존재임은 변치 않는다.

하이데거는 '최종 가능성으로서의 끝을 향해 존재함'을 생물학적 죽음이나 의학적 사망과 구별하여 '사멸함Sterben'이라고 부른다. 인간이 실존한다는 것은 곧 사멸한다는 뜻이기도 하다. 그러니 죽음은 상식이 믿는 바와 달리 '아직은 나와 무관한' 것일 수 없다. 이러한 하이데거의 요지에 따라 '산다는 것은 곧 죽어간다는 것'이라고도 말할 수 있다. 이 표현은 어쩌면 친숙하게 들릴지도 모르지만, 이를 전체 인생 경로를 눈앞에 펼쳐 놓고 볼 때 산다는 것은 매 순간 노화가 진행되어 그 종착지인 죽음으로 천천히 이행하는 과정이라는 뜻으로 이해해서는 안 된다. 이러한 사고방식에서 여전히 죽음은 아직 저 멀리 있을 뿐이다. 이때 죽음은 제3자의 시선에서 고찰될 따름이지, 기획투사하는 실존의 운동 역학 내부에서 언제나 이미 임박해 있는 극한의 가능성이 아니다.

자신을 단적으로 전체적인 존재로서 문제 삼을 때, 죽음은 철두철미 1인칭적으로 이해된다. 세상에서 목격할 수 있는 사건으로서 죽음은 필연적으로 나의 죽음일 수 없다. 그때 나는 그 세상에 있을 수도 없으니 말이다. 한데, 실존에서 근원적으로 문제가 되는 죽음은 오로지 나의 죽음이다. 그것은 나의 가능한 존재 차원에 속하는 것으로서 내가 죽는다는 가능성일 수밖에 없다. 달리 말해서 죽음의 가능성은 실존의 특징으로서 각자성을 첨예하게 드러낸다. 이는 실존의 각자성에 충실한 본래적인 실존 양상이 죽음으로의 선구이기도 한 이유다.

하이데거가 말하듯이 죽음은 결단코 "대리 불가능한" 가능성이다.[15] 세상사의 다양한 가능성, 예컨대 망치로 책상을 만들거나 대중교통을 이용하거나 작가로서 책을 집필하는 가능성은, 모두 그 본성상 나만의 고유한 가능성으로 이해되어야만 한다고 요구할 수 없다. 얼마든지 그러한 가능성을 다른 사람이 대리할 수 있기 때문이다. 물론 일의 성격에 따라서 남들이 대신 처리하기가 무척 까다로운 가능성도 있다. 하지만 세인의 공공적 해석이 권고하고 요구하는 바에 따라 수용한 가능성은 원칙적으로 '이 세계에서 나만 할 수 있다'는 성질을 지닐 수 없다. '지금 여기'에 한정해서 보면 내가 적임이라고 보일지라도, 나중에 또는 다른 곳에서라면 다른 누군가가 얼마든지 대신할 수 있다. 설령 현실에서 다른 이가 이런 가능성을 맡을 수 없고 나만이 적임이라고 할지라도, 이는 순전히 우연한 세상사의 결과일 뿐이다. 반면에 죽음의 가능성은 오로지 각자의 가능성이요, 여기에는 세상사의 어떠한 사건도 우연히 개입할 여지가 없다. 이는 각자 자신의 가능적 차원에 배타적으로 속한다. 심지어 그 가능성은 타인과 관계하는 가능성조차 아니다. 타인과 관계하는 죽음, 예컨대 사망을 진단하거나 장례를 치르는 일은 당연히 실존적 가능성으로서 죽음이 아니다.

대리 불가능한 가능성인 죽음으로 선구함으로써 인간은 자신을 "개별화"한다.[16] 죽음의 가능성을 대면할 때 인간은 세상사의 온갖 속박과 과제, 의무와 규범, 관습과 관례를 따지기 이전에, 가장 먼

15 전집 2권, 318쪽 이하(《존재와 시간》 개정판, 348쪽 이하) 참조.

16 전집 2권, 349쪽(《존재와 시간》 개정판, 382쪽) 참조.

저 자신의 가능한 존재 전체를 유일무이한 자신의 것으로서 인수하지 않으면 안 된다는 사실을 자각한다. 이 점에서 죽음으로의 선구는 양심의 말 없는 요구에 응답하는 결연한 자세와 일치한다. 이러한 선구는 세인의 공공적 해석으로부터 정신없이 부과되는 여러 가능성을 수용하기에 앞서서 1차적으로 이해되어야 할 사태, 즉 실존적 존재 가능성 자체가 오로지 자신에게 달렸다는 사실을 알려 준다. 이는 당장 처리해야 할 그 어떤 업무 목록보다 항상 우선한다. 이러한 선구를 통해서만, 세상사의 온갖 가능성이 그저 우연히 수용되는 과제에 머물지 않을 수 있다.

선구 이전에 실존의 유한성은 단지 애매하게 의식된다. 애매한 유한성 의식은 제한된 시간 안에 어떻게 효과적으로 인생의 여러 가능성을 배치하여 실현할지를 계산하라고 종용하는 식으로 영향력을 행사할 수 있다. 이때 공공적 해석을 지배하는 빈말과 애매성은 평균적으로 선호되는 가능성의 선택이 최선의 안정적인 인생행로라고 가르친다. 이러한 가르침에 따라 형성된 가치관과 인생관은 선구를 통해서 깨지고 흔들릴 수 있다. 선구는 매번의 선택이 유한한 가능적 존재를 규정한다는 사실, 그러한 규정의 책임을 오로지 자신이 떠맡아야 한다는 사실을 냉혹하게 폭로한다.

결단, 역사의 유산, 미혹

불안이라는 기분으로부터 전해 오는 양심의 부름에 응답하면서 죽음으로 선구하는 자는 투명한 자기이해에 도달한다. 그는 죽음이라는 철저히 개별화된 가능성으로 뻗어 있는 자신의 가능적 존재를 가장 고유한 자신의 정체성으로 이해하고 받아들인다. 이러한 자기이해에서 그는 인간이란 무엇인가에 대한 세인의 공공적 해석을 물리친다. 즉 본래적 자기이해에 도달함으로써 인간은 근본적으로 어떠할 수 있고 또 어떠해야 하는가에 대한 투명한 이해를 획득한다. 그는 이러한 이해 속에서 빈말, 호기심, 애매성 같은 퇴락의 경향성을 부단히 거스르고자 한다.

그러나 결단한 자가 세인과 퇴락의 영향권으로부터 아예 벗어난다는 뜻은 아니다. 양심의 부름에 담긴 메시지 가운데 하나는, 바로 그에게 자신의 존재 구조에 따른 퇴락의 불가피성에 대한 탓이 있다는 것이다. 이는 결단한 자 역시 어떤 의미에서 퇴락으로부터 자유로울 수 없음을 뜻한다. 조금 혼란스럽게 들릴 수도 있겠지만, 하이데거는 결단성과 퇴락의 공존을 허용한다. 혼란을 정리하려면 개념적 정비와 더불어 약간의 특별한 해석이 필요하다.[17]

선구적 결단성은 양심의 부름을 이해하고 죽음의 가능성으로 선구하는 한에서 개시되는 자신의 가능성을 투명하게 이해하게 해준다. 즉 '근원적' 자기 개시에 한하여 세인과 퇴락의 영향을 물리친다. 그러나 근원적 자기 개시는 아직 '현사실적' 자기 개시가 아니다. 양심이나 죽음으로의 선구는 세상 속에서 자신이 어떤 자로

---

17 따라서 선구적 결단성이 퇴락을 전면적으로 극복한다는 암시를 주는 해석은 모두 잘못된 것이다. 애석하게도 하이데거에 대한 여러 해설서에서 이런 해석을 발견하기란 어렵지 않다. 이러한 잘못된 해석에 반대하는 연구로는, 나의 책,《하이데거와 인간 실존의 본래성: 본래성과 퇴락의 양립 가능성에 대하여》, 한국학술정보, 2009 참조.

살 수 있고 또 살아야 하는가에 대한 내용을 제공하지는 않는다. 즉 양심의 부름과 선구는 삶의 방향에 대한 실질적 내용을 담고 있지 않다. 그러한 실질적 내용을 갖출 때만 현사실적 자기 개시에 이를 수 있다. 근원적 자기 개시는 현사실적 자기 개시에서도 가급적 투명한 자기이해 수준에 도달하라고 다그친다. 그러나 현사실적 자기 개시는 필연적으로 세계 개시와 짝을 이룬다. 세상에서 자신이 어떤 자일 수 있고 또 어떤 자여야 하는가라는 현사실적 문제는, 도대체 이 세계와 사회는 어떻게 이해될 수 있는가의 문제와 더불어 접근해야만 하기 때문이다. 그런데 세계와 사회가 어떠한가에 대한 이해의 문제에서는 어떠한 현존재도 그 근본적 유한성으로 인해서 투명성에 도달할 수 없다. 이는 결단한 자 역시도 세계와 사회 속에서 자신이 어떠한 자로 살 것인가라는 현사실적 문제에서는 세인의 공공적 해석과 퇴락의 영향으로부터 결코 자유롭지 못하다는 뜻이다. 다만 그는 세인의 해석 및 퇴락과 결연히 싸울 다짐이 되어 있다는 점에서 근원적 자기 개시에 도달하지 못한 다른 많은 자와 차별화된다.

선구적 결단성은 결단한 자가 1차적으로 세상사와 절연된 가능성인 죽음으로 자신을 던지도록 한다. 그러나 일각의 오해와 달리 이는 세상사로부터 등지라는 요구가 전혀 아니다. 오히려 정반대로 이러한 선구는 죽음이라는 최종 가능성 앞에 놓인 온갖 현사실적 가능성의 의미를 본격적으로 이해하고 알아보라고 촉구한다. 이때 결단한 자 역시도 어떠한 가능성이 현사실적으로 주어져 있는가를 이해하기 위해, 우선은 세인이 제공하는 공공적 해석에서 시작한다.[18] 그 역시 공공적 세계 개시의 영향권 속에서 자신의 존재 가능성을 기획투사한다. 하지만 그는 동시에 공공적 해석의 피상화하고 평준화하는 경향성을 곧이곧대로 수용하지 않는다. 세상 속에서 자신이 어떤 자로 존재할 수 있는가에 관한 현사실적 가능성의 선택과 관련하여, 결단한 자는 빈말과 호기심을 좇으며 애매한 해석에 안주하는 대신에 사태 자체를 획득하고자 부단히 경주한다. '사태'에 대한, 곧 자신이 처한 현실이 어떠하고 그 현실 속에서 자신이 어떤 자로 존재해야 하는가에 대한 이해를 얻고자 기존 해석과 씨름한다.

이러한 씨름을 통해 근원적 자기 개시 속에서 결단한 자는 현사실적 자기 개시와 관련하여 현사실적인 '결단'에 이른다. 양심의 부름에 호응한다는 의미에서, 곧 '선택하기를 선택한다'는 의미에서, 그는 최초의 결단을 행한다. 이러한 결단이 선구적 결단성의 시발점이다. 하지만 이는 아직 근원적 자기 개시에 국한된다. 이 세상에서 실질적으로 어떤 사람으로 살 것인가라는 문제는 세상사에 대한 기존 해석을 받아들이고 또 그 해석과 싸워가면서 다루어진다. 이러한 싸움 속에서 자신의 현사실적 가능성의 선택이 이루어지기에, 이러한 선택을 최초의 '근원적 결단'과 대비하여 '현사실적 결단'이라고 부를 수 있다. 이러한 결단까지 해내야만 '진정한' 본래적 실존 양상이라고 할 수 있을 것이다.[19]

---

18 전집 2권, 507쪽(《존재와 시간》 개정판, 546쪽) 참조.

19 이는 하이데거의 알쏭달쏭한 다음 진술을 해독하는 한 가지 방법을 보여 준다. "본래적인 이해와 비본래적인 이해는 모두 다시금 진정할 수도 진정하지 않을 수

현사실적 결단의 원천은 세계 개시다. 앞서 논한 바처럼 세계 개시에서 세인의 공공적 해석은 누구에게든 뿌리 깊은 영향력을 행사한다. 그러나 세계 개시는 또한 역사적이다. 이 세상과 사회의 모습이나 개인의 모습이 어떠한지, 세상과 사회가 어떻게 돌아가는지, 그 안에서 개인은 어떤 역할과 책임을 맡고 또 어떤 직업과 신분을 가질 수 있는지, 다른 사람에게 어떻게 행동해야 하고 또 그들에게 어떻게 긍정적 또는 부정적 영향을 미칠 수 있는지 등에 대한 이해가 역사적으로 전승된다. 이 모든 이해는 앞선 세대의 이해를 계승하는 동시에 다음 세대에게 전수하면서 이루어진다. 물론 그런 전승에는 또한 동시대의 고유한 변주도 개입한다.

결단한 자가 피상적 세계 해석에 안주하는 여느 세속적 인간과 다른 점은 자신의 현사실적 결단의 원천을 오늘날 유행하는 담론이 아니라 역사적 유산에서 찾는다는 데 있다. 선구를 통해 개별화된 자는 자신의 현사실적 가능성을 선택할 때 '성공하려면 이렇게 살아야 한다'로 요약할 수 있는 오늘날 유행하는 지배적 담론에 일단 거리를 둔다. 그런 온갖 처세술 성격의 지침을 무조건 배척하지는 않더라도 경계한다. 유행 담론 좇기에는 언제나 호기심과 빈말에 따른 애매한 해석이 따라붙기 십상이기 때문이다. 또한 죽음의 가능성으로 선구함으로써 개별화된 자는 자신의 가능성을 오늘날 다들 추구하는 규범이나 이상에서 맹목적으로 구하고자 하지 않는다. 대신에 그는 세계 개시의 근저에 흐르는 역사에서 자신이 선택

도 있다"(전집 2권, 194쪽;《존재와 시간》 개정판, 220쪽).

해야 할 현사실적 가능성을 모색한다. 역사는 인간이 어디까지 위대해질 수 있는지, 또는 얼마나 초라해질 수 있는지의 가능성을 알려 주는 보고다. 또한 어떠한 행동이나 태도가 위대함의 길로 이끌었는지, 또는 반대로 몰락의 길로 내몰았는지를 표본적으로 보여준다. 나아가 역사는 정치인, 예술가, 시인, 철학자 등이 어떤 정치, 어떤 예술, 어떤 작품, 어떤 철학을 수행할 수 있는지, 그러한 수행의 결실이 어디까지 파급력을 미칠 수 있는지도 보여 준다. 역사는 인간과 사회, 나아가 정치, 예술, 문학, 철학의 가능성을 유산으로 전한다. 그 속에는 오늘날 유행 담론이 재촉하는 가능성과는 결이 다른 가능성이 담겨 있다. 양심의 부름과 선구를 통해 결단한 자는 이러한 역사적 유산을 계승하는 가운데 자신의 현사실적 가능성을 선택한다.

죽음으로의 선구를 통해 철저히 개별화된 자가 역사적 유산으로부터 자기 삶의 방향을 규정하는 가능성을 선택할 때, 그 선택이 바로 현사실적 결단이다. 불안을 회피하고 양심의 부름을 외면하며 죽음을 먼 훗날의 일로만 간주하는 뭇사람들은 공공적 해석에서 널리 통용되는 이런저런 현사실적 가능성 사이에서 떠다닌다. 어느 삶의 길이 바람직하고 적합한가에 대한 물음 앞에서 애매한 의식은 공공적 해석에 가장 친숙하고 안정적인 길, 사람들이 흔히 추천하고 권고하는 길을 최선으로 받아들인다. 뭇사람들은 적당히 인생에 유리한 가능성을 취사선택하라고 종용받는다. 그의 선택은 우연과 우연이 겹치는 가운데 내려진다. 우연히 당시 유행하는 이런저런 가능성 사이에서 우연히 사람들이 따르고 추천하는 하나의 가능성을 선택한다. 이때 선택은 대개 니체가 비난해 마지않는 소시민적 안락을 추구하는 계산적 숙고의 결과이기 쉽다. 이러한 선택에는 자신의 유한한 실존을 내건다는 결단의 의미는 없다. 반면에 양심의 부름에 호응하면서 죽음으로 선구하기로 결단한 자는 자신의 현사실적 선택에서 우연의 여지를 물리치고자 한다. '역사의 유산' 속에서 자신의 인생길을 모색하여 마침내 하나의 가능성을 결단한다는 것은, 그 가능성을 자신의 필연적인 인생길로 받아들인다는 뜻이다. 결단은 우연과 우발이 끼어들 틈을 주지 않고 자신의 역사적 과업과 사명을 발견하려 한다. 그러니 결단은 결코 임의의 선택이 아니다. 현사실적 결단은 자신의 역사적 조건과 상황 아래에서 자신이 나아가야 할 사실상 유일한 길을 발굴한다는 의미를 함축한다.

이런 배경에서 하이데거는 역사적 유산으로부터 자신의 가능성을 선택하는 것을 '운명Schicksal'이라고 부른다. 자신의 처지에 우연히 밀려오는 이런저런 가능성에 휘둘리지 않고, 스스로 역사적 사명을 찾아내어 자신에게 부과하는 결단은 하나의 운명이다. 나아가 역사적 사명의 인수로서 결단은 동일한 역사를 공유하는 공동체 속에서 이루어지기 때문에, 운명은 본질적으로 공동의 운명이 되려는 경향이 있다. 공동체 속에서 역사에 참여하는 결단으로서 공동의 운명을 하이데거는 '역운歷運, Geschick'이라고 부른다.

운명이자 역운으로서 현사실적 결단의 원천은 역사적 유산이나. 하지만 과거의 가능성을 현재에 단순히 되풀이하는 것이 현사실적 결단일 수는 없다. 현재라는 역사적 조건과 개인이 처한 현사실적 조건, 이 모두가 어우러져 선택의 상황을 형성한다. 과거에 아무리 훌륭했던 가능성일지라도, 현재에 개인이 처한 조건을 도외시한 채 되풀이한다면 어리석거나 우스꽝스러운 결과로 이어지기 십상일 것이다. 역사로부터 전수되어 온 가능성을 상황에 걸맞게 되살리는 것이 운명이자 역운으로서 결단이다. 현사실적 결단은 과거의 가능성을 흡사 진공상태에서 단순히 되풀이하지 않으며, 자신의 상황에 걸맞게 그 가능성에 응답한다. 이러한 의미에서 전수된 가능성을 다시금 회복하는 일을 하이데거는 '반복Wiederhol-ung'이라고 부른다. 현사실적 결단은 유산의 반복이다.

재차 강조하건대, 양심의 부름에 호응하면서 죽음으로 선구하는 자의 결단도 세인과 퇴락의 영향권에 속한다. 하이데거는 선구적 결단성을 탁월한 진리로 간주한다. 선구적 결단성은 근원적 자기 개시에서 탁월하게 자신의 참된 존재 가능성을 보여 준다. 또한 현사실적 자기 개시에서도 자신의 현사실적 존재 가능성으로부터 운명적인 선택을 일구어 내도록 한다. 이런 점에서 선구적 결단성은 탁월한 진리다. 그러나 이 말은 그것이 오류로부터 면제되어 있다는 뜻일 수 없다. 선구적 결단성은 세인과 퇴락의 개시성과 씨름하면서도, 동시에 그로부터 자유롭지 않다. 사태 자체를 획득하려는 노력에도 불구하고 '가상Schein'과 '미혹'은 언제나 열려 있다. 세인의 공공적 해석은 언제 어디서나 개입해서 잘못된 길을 제시한다. 결단하는 자가 근원적인 자기이해의 투명성에 도달했더라도, 결단의 순간에는 현사실적 상황에 침투한 미혹을 알아보지 못한다. 그것이 잘못된 길이었음은 언제나 나중에야 깨달을 수 있다. 이런 한계를 이해하고 감내하는 것 또한 양심이 전하는 내용의 일부다.

따라서 하나의 결단은 언제나 새로운 결단을 위해서 "철회"할 수 있어야만 한다.[20] 결단이 내려질 때, 그 결단은 언제나 자신의 실존 전체를 내거는 확고함을 동반한다. 그러나 이러한 사실이 그 결단을 죽을 때까지 변함없이 고수해야만 한다는 뜻은 아니다. 인간은 언제나 미혹의 여지에 열려 있다. 그러므로 결단한 자의 투명한 자기이해에는 자신의 현사실적 결단이 때로 오판으로 밝혀질 수 있고, 그럴 때는 그 결단을 철회해야만 한다는 사실의 이해 또한 포함되어야만 한다. 말하자면 세인의 공공적 해석과 씨름하고 역사적 유산을 탐색하면서, 그때그때 상황에 적합한 최선의 가능성을 발굴하여 자신의 가능성으로 결단하되, 동시에 그러한 결단이 미혹이라고 밝혀지면 과감히 철회하는 것이 본래적 실존이다.

그러한 철회는 때로 '참회'를 요구할 것이다. 평준화된 가능성의 추구는 경향상 표준적 규범으로 수렴하기 때문에, 비본래적 선택 속에서의 삶은 대체로 위대함을 가져오지 못하는 만큼이나 어마어마한 악을 불러오지도 않을 것이다. 반면에 결단은 평균적인 것을 넘어서 역사적 순간에 위대한 동참을 하라고 요구하기에 거꾸로 위험할 수 있다. 어느 현사실적 결단이 자신의 실존과 공동체, 나아가 역사 전체에 심각한 위험을 불러왔다고 나중에 밝혀질 수도 있다. 이때 결단한 자에게 요구되는 것은 분명 참회다.

하이데거 자신은 결단의 철회가 때로 참회를 요구한다는 사실

---

20 "철회 Zurücknahme"와 관련한 하이데거의 언급으로 전집 2권, 408쪽(《존재와 시간》 개정판, 445쪽) 참조.

을 깨닫지 못했던 듯하다. 그는 나치 참여가 양심의 부름을 듣고 따르면서 선구를 통해 개별화된 실존적 가능성을 자신의 역사적 상황 속에서 붙드는 본래적 행위에 해당한다고 보았을 것이 틀림없다. 즉 그에게 나치 참여는 현사실적 결단이었다. 그러나 이는 결국 미혹으로 밝혀졌다. 어떤 의미에서 하이데거 역시 그것이 미혹임을 깨닫는 순간 자신의 결단을 철회했다. 그러나 그럴 때 요구되는 것은 단순한 철회 이상이다. 자신의 결단이 오판이었음을 시인해야 할 뿐만 아니라, 그러한 결단이 불러온 결과를 반성하는 참회 또한 해야 한다. 그러나 하이데거는 철학자로서 결단의 철회가 참회를 요구할 수 있음을 파악하지 못했고, 또 한 개인으로서도 나치 동조라는 결단을 철회하면서 그에 합당한 참회를 보여 주지 못했다. 여기서 하이데거의 무딘 도덕적 감수성을 읽어 내도 무리가 아닐 것이다.

현사실적 결단에는 위대함과 동시에 거대한 악의 가능성이 도사릴 수 있다. 이런 배경에서 하이데거의 철학이 나치 참여를 특별히 요구하지는 않지만 그렇다고 금하지도 않는다는 앞선 논의를 다시 상기할 수 있다. 결단이 크나큰 위험을 동반하는 미혹에 휩쓸릴 수 있다는 점에서 하이데거의 실존론적 분석론이 부딪치는 한계를 읽을 수도 있다. 하이데거의 결단 철학에서 위험성을 읽은 하버마스 같은 철학자는 칸트의 보편주의 윤리를 계승하면서 어떠한 상황에서든 통용되는 선택의 보편적 기준과 원칙을 수립하고자 했다. 이러한 사유 노선을 따라서 현사실적 결단에서도 인간으로서 혹은 이성적 주체로서 반드시 준수해야 할 '윤리 원칙'이 있다고 주장할 수도 있다. 아니면 이러한 이성의 보편적 윤리 원칙을 제시하는 대신에, 어떠한 결단도 '건전한 상식'을 무시해서는 안 된다고 주장할 수도 있다. 실로 1930년대 초 독일에서 나치에 동참하기를 거부했던 사람들 대다수는 그저 건전한 상식을 따랐을 뿐일지도 모른다. 이런 노선을 따른다면, 위대함을 위해 실존을 내건다는 미명하에 보통 사람들이 대체로 믿고 따르는 도덕적 신념을 단순히 세인의 공공적 해석에 불과하다고 폄훼해서는 안 된다. 건전한 상식을 피상적인 유행 담론과 동일시해서도 안 된다. 물론 그 기준선을 어디에 그을 수 있는가는 또 다른 문제다. 끝으로 덧붙이건대, 하이데거의 텍스트에서는 그 차이가 불분명하지만 '근원적 결단'과 '현사실적 결단'을 적절히 구별할 필요가 있다. 전자와 달리 후자에서는 공공성에 대한 반대를 꼭 외쳐야만 하는 건 아니기 때문이다.

5 / 기초존재론적 시간론[21]

출간된 《존재와 시간》의 목표는 현존재의 존재 의미를 시간성Zeitlichkeit으로 규명하는 것이었다. 하이데거는 선구적 결단성에 관한 논의에 이어서 제법 방대한 분량으로 시간론을 전개한다. 여기

---

21 이 절의 상당 부분은 나의 논문, 〈시간과 "존재의 진리"〉(《철학연구》 제112집, 2016)의 제3절을 옮겨 와서 수정하고 보충했다.

에서 그 전모를 다룰 수는 없다.[22] 대신 가장 근원적인 시간 현상으로서 제시되는 현존재의 시간성을 해설하고, 이를 토대로 기초존재론적 시간론의 몇 가지 핵심 주장을 살펴보고자 한다.

하이데거는 현존재의 존재를 삼중 구조로 밝혀낸다. 이러한 존재 구조의 첫 번째 계기는, 현존재가 자신의 존재 가능성을 기획투사함으로써 '자신을-앞질러-있다Sich-vorweg-sein'는 것이다. 이처럼 존재 가능성을 기획투사하여 자신을 앞지르는 일은 이미 세계에 내던져진 채 이루어진다. 그래서 두 번째 계기는, 현존재가 현사실적으로 늘 일정한 기분과 정황에 처한 채 '세계에 내던져져 있다'는 것이다. 이처럼 '자신을 앞지르며 이미 세계 내에 있음'은 나아가 다양한 도구와 사물의 '곁에 있음'이기도 하다. 즉 인간의 삶은 갖가지 도구와 사물 그리고 그것들을 둘러싼 세속적 일거리에 빠져들어 퇴락해 있다. 따라서 세 번째 계기는, 현존재가 도구와 사물 그리고 세상사에 머무르며 그것들을 '배려한다'는 것이다.

하이데거는 이처럼 현존재의 존재 구조를 삼중으로 파악한 뒤, 그 세 구조의 계기를 전체적으로 통일하는 근거를 찾고자 한다. 그리고 그 근거가 바로 '시간성'으로 밝혀진다. 존재 구조의 세 계기는 다시 각각 '도래Zukunft', '기재旣在, Gewesenheit', '현재화Gegenwärtigung'라는 세 계기에 근거하여 기능하며, 이 세 계기가 통일적으로 시간성을 형성한다. 즉 '자신을 앞지르면서 기획투사

---

22 가장 꼼꼼한 주해로 두 국내 문헌을 참조할 수 있다. 소광희, 《시간의 철학적 성찰》, 문예출판사, 2001, 549~619쪽; 박찬국, 《하이데거의 《존재와 시간》 강독》, 그린비, 2014, 389~461, 503~545쪽.

함'은 '도래' 곧 '스스로 자신에게 다다르게 함'에 근거하고, '세계에 이미 내던져져 있음'은 '기재' 곧 '스스로 자신에게 돌아오게 함'에 근거하며, '도구와 사물 그리고 세상사를 배려하며 그것들 곁에 있음'은 '현재화' 곧 '자신을 현존하는 것들과 마주치게 함'에 근거한다.

이런 세 가지 시간 계기가 통일적으로 현존재의 시간성을 이루기 때문에 '기획투사', '피투성', '곁에 있음'이 현존재의 존재를 통일적으로 구성할 수 있다. 인간이 매번 자신의 존재 가능성을 기획투사할 수 있는 것은, 곧 그를 가능한 자기 자신에게 이르도록 하는 '도래'라는 근원적 시간 계기가 근저에서 작동하기 때문이다. 인간이 기획투사하면서도 언제나 세계에 내던져진 자로 존재할 수밖에 없는 것은, 곧 그를 이미 늘 있어 왔던 자신에게로 돌아오게 하는 '기재'라는 근원적 시간 계기가 근저에서 작동하기 때문이다. 그리고 인간이 도구와 사물을 다루면서 세상사를 배려할 수 있는 것은, 곧 그런 현존하는 것들을 우리가 마주치도록 하는 '현재화'라는 근원적 시간 계기가 근저에서 작동하기 때문이다.

도래, 기재, 현재화는 상식적 시간 관념에서 말하는 미래, 과거, 현재가 아니다. 도래는 1시간 뒤, 내일, 내년을 가리키지 않고, 기재 역시 1시간 전, 어제, 작년을 가리키지 않는다. 상식적 시간관에서 미래는 아직 오지 않은 시점이고, 과거는 이미 지나가 버린 시점, 현재는 미래나 과거의 시점과 구분되는 지금의 시점이다. 이 셋은 배타적으로 경계가 나뉜 각자의 구획을 갖는다.

시간성의 세 계기와 상식적 시간관의 세 계기의 차이를 더 분명히 하기 위해서, 잠시 후설의 '시간의식Zeitbewußtsein'에 대한 분석을 살펴보면 도움이 될 듯싶다. 후설 역시 시간의식을 삼중의 통일성으로 분석한다. 시간의식의 세 계기는 각기 '예지豫持, Protention', '파지把持, Retention', '근원인상Urimpression'이라고 불린다. 이 셋은 상식적 시간관의 미래, 과거, 현재에 각각 대응하면서도 그와 구별된다. 노래의 멜로디가 들린다고 하자. 첫 음이 울리고, 둘째 음이 울리고, 셋째 음이 울린다. 하지만 둘째 음을 의식하는 시점에도 첫째 음의 울림은 단순히 사라지지 않는다. 즉 둘째 음이 '근원인상' 속에 들어오는 그 순간에도, 첫째 음은 의식 속에 붙잡힌 즉 '파지'된 상태다. 또한 그렇게 '근원인상' 속에 둘째 음이 들어오고, '파지' 속에 첫째 음이 남아 있는 그 시점에, 셋째 음이 의식 속에 미리 떠오르고 즉 '예지'되고 있다. 요점은 시간의식에서 예지, 파지, 근원인상은 말하자면 '동시적'이라는 것이다. 의식 속에서 생생한 현재는 근원인상만이 아니라 파지와 예지와 더불어 통일적으로 구성된다.

마찬가지로 하이데거가 말하는 도래, 기재, 현재화도 상식적 시간관의 기준에서 말하자면 '동시적'이다. 상식적 시간 관념의 어느 시점에서나, 현존재는 도래하면서 기재하고 현재화하는 시간성을 통해서 존재한다. 이는 시간성의 세 계기가 각각 서로에게 속하는 식으로 통일성을 형성한다는 뜻이기도 하다. '도래' 즉 가능한 자신에게 다다르게 함은, 그 자체로 또한 '기재' 즉 이미 늘 있어 왔던 자기 자신에게로 돌아오게 함이다. 이렇게 도래하는 기재에, 다시 '현재화'가 포함된다. 가능한 자신에게 다다르면서, 있어 왔던 자신에게로 돌아감 속에서, 인간은 자신의 행위에 결부된 상황 속

존재자들을 자신에게 마주치게 한다.

이러한 시간성에 대해 하이데거는 다시 본래성과 비본래성이라는 두 양상의 구별을 도입한다. 시간성이 일어나는 두 양상에 따라서, 인간은 본래적으로 실존할 수도 비본래적으로 실존할 수도 있다. 본래적 시간성의 세 계기는 '선구', '반복', '순간'이다. 시간성이 본래적으로 일어날 때, '도래'는 인간 각자를 죽음의 가능성으로 '선구'하도록 함으로써 자신의 가장 고유한 가능성에 개별적으로 직면하게 하고, '기재'는 그러한 가능성을 매번 자신의 가능성으로 되가져오는 '반복'이며, '현재화'는 세인의 공공적 해석과 맞싸우면서 자신의 상황을 탁월하게 밝혀내는 '순간'이다. 반면 비본래적 시간성의 세 계기는 '예기豫期', '망각 및 간직', '비非순간적 현재화'다. 시간성이 비본래적으로 시간화될 때, '도래'는 이런저런 세상사의 가능성을 실현하길 '예상 및 기대'하고, '기재'는 선구가 개시하는 자신의 가장 고유한 가능성을 '망각'한 채 세속적 일거리만을 '간직'(기억)하며, '현재화'는 세속적 일거리에 필요한 도구와 사물을 공공적 해석에 따라 '비순간적'으로 애매하게 마주치도록 한다.

하이데거는 이렇게 시간성 개념을 제시한 다음, 그에 관한 몇 가지 중요한 주장을 제기한다. 첫 번째로, 시간성은 존재론적으로 궁극적이라고 주장한다. 시간성은 앞에서 보았듯 인간의 삼중 존재 구조를 통일적으로 가능하게 하는 기틀이다. 그리고 그 시간성을 근거 짓는 더 이상의 근거 따위는 없다. 시간성은 인간 존재의 단지 한 근거가 아니라, 존재론적으로 "궁극적인 토대"다.[23] 따

23 전집 2권, 402쪽(《존재와 시간》 개정판, 440쪽).

라서 인간에 대한 존재론적 탐구는 시간성의 해명과 더불어 완결된다. 전통 형이상학이 존재자의 궁극적인 원인으로서 '자기 원인causa sui'을 제시했던 것과 유사하게, 하이데거가 인간의 존재론적 궁극 근거로서 제시한 '시간성'은 존재론적으로 그 자체 외에 다른 어떠한 것도 필요로 하지 않는다.

두 번째로, 시간성은 상식적 시간관을 파생케 하는 근거이자 원천이라고 주장한다. 미래, 과거, 현재로 구성되는 상식적 시간관은 '비본래적으로' 표출되고 해석된 시간성이 평준화되면서 발생한다. 시간성이 비본래적으로 일어날 때, 인간은 자신의 가장 고유한 가능성을 망각한 채로 공공적 삶에서 세속적 일거리를 처리하느라 분주하다. 즉 해야 할 업무나 결과를 '예기'하고, 이미 했던 업무나 결과를 '간직'하면서, 일거리에서 부딪치는 사물과 도구를 '비순간적으로 현재화'한다. 비본래적 시간성에서 실존하는 인간에게 중요한 것은 무언가를 해야 할 때, 무언가를 했던 때, 무언가가 앞에서 벌어지는 때를 잘 분별하는 일이다. 이 각각이 미래, 과거, 현재 관념으로 자라나 표출된다. 그렇게 표출된 시간은 만인의 공공성을 위해서 처음에는 천체 운동을 기준으로, 나중에는 더욱 세분화되고 평준화된 시계를 기준으로 계산된다. 결국 시계에서 움직이는 바늘을 따라가면서 빈틈없는 간격으로 균일하게 세어지는 시점의 연쇄가 곧 통속적 시간이다. 아직 지금이 아닌 미래와 지금으로서의 현재 그리고 더 이상 지금이 아닌 과거가 끝없이 흘러가는 시점의 연쇄, 이것이 상식에서 통용되는 시간 관념이다. 이러한 시간 관념이 시간성, 특히 비본래적 시간성으로부터 파생하여 구성되기 때문에, 하이데거는 시간성을 근원적 시간이라고 부른다.

세 번째부터 다섯 번째까지 주장은 지평 개념과 관계가 있다. 하이데거는 시간성 구조를 이루는 세 계기를 "탈자태 脫自態, Ekstase" 라고 부르는데, 이 독특한 표현은 시간성의 각 계기가 그 자체를 넘어서 밖으로 나간다는 의미이다. 그리고 이렇게 탈자태가 흡사 자신의 중앙으로부터 뻗어나가면서 형성하는 권역을 "지평 Horizont"이라고 부른다. 지평의 통상적 의미가 내가 선 자리에서 내게 보이는 시야의 한계 영역이라면, 하이데거의 지평은 시각에 한정된 통상적 의미를 존재론적이자 시간론적으로 변용한 것이다. 지평은 시간성이 탈자적으로 형성한 것이며, 따라서 시간성에 속한다.[24] 그래서 탈자적 지평에 근거하는 공간과 세계 그리고 존재도 결국 시간성에 속한다.

세 번째로, 시간성은 공간과 공간성의 가능 근거라고 주장한다. 공간 속에 단순히 한 위치를 차지하는 연장된 사물과 달리, 인간은 배려되는 존재자를 자신에게 친숙한 구역의 한 자리로 들여오는 '방향 잡기'와 이로써 그 존재자를 자기 가까이 가져오는 '거리 없애기'를 통해서 자신의 실존적 공간을 마련한다. 그리고 하이데거는 시간성이 탈자적으로 형성하는 지평 위에서만 인간이 실존적 공간으로 침입할 수 있다고 본다. 방향 잡기나 거리 없애기와 같

24 이는 시간성이 전기 하이데거에서 중대한 의미를 차지하는 배경이다. 전집 2권, 482쪽(《존재와 시간》 개정판, 521쪽); 전집 24권, 378쪽(《현상학의 근본문제들》, 이기상 옮김, 문예출판사, 1994, 380~381쪽); 전집 26권, 269쪽(《논리학의 형이상학적 시원근거들》, 김재철 · 김진태 옮김, 도서출판 길, 2017, 304쪽) 등 참조.

은 공간성은 시간성의 탈자적 지평 위에서 전개된다. 그리고 이러한 실존론적 공간성에 근거해서 다시 사물에 배정되는 3차원 공간의 발견이 가능해진다. 요컨대 시간성에 근거하여 공간성이 전개되고, 다시 공간성에 근거하여 상식적 관념의 공간이 발견된다.

네 번째로, 세계가 주어지는 것 또한 시간성에 근거한다고 주장한다. 시간성은 현존재의 존재 구조의 통일적 가능 근거로 밝혀졌다. 그런데 앞서 본 대로 기초존재론적 분석에 따르면 세계도 현존재의 존재에 속한다. 이로부터 세계 또한 시간성에 근거하여 가능해진다는 추론이 이미 형식적으로 성립한다. 하이데거는 시간성이 탈자적 지평을 갖기 때문에 그로부터 세계가 세계로서 주어질 수 있다고 본다.[25]

마지막 다섯 번째로, 기초존재론 전체의 목적상 가장 중요한 주장은 시간성이 존재이해를 가능하게 하는 지평이라는 것이다.《존재와 시간》의 본래 목표는 존재 의미의 해명이었다. 존재의 '의미'란 존재를 존재로서 이해하게 해주는 지평, 간단히 말해 존재이해의 지평이다. 이 지평은 물론 앞서 본 대로 탈자태에 속하는 시간성이 띠는 구조의 계기이기도 하다. 출간된《존재와 시간》은 "시간 자체가 존재의 지평으로서 드러나는가?"라는 물음으로 끝난다.[26] 그리고 이 물음에 대한 답변이 1927년 여름학기 강의인《현상학의 근본문제들Die Grundprobleme der Phänomenologie》에서 시도된다. 이 강의에서 빈번히 '존재시성存在時性, Temporalität'이라는 용어가 등장한다.

25 전집 2권, 482쪽(《존재와 시간》 개정판, 521쪽) 참조.

26 전집 2권, 577쪽(《존재와 시간》 개정판, 618쪽).

존재시성은 현존재의 시간성과 별개가 아니다. 본래적 시간성이나 비본래적 시간성과 같이 현존재의 실존적 양상이 아니라, 순전히 존재론이 문제로서 탐구되는 한에서의 시간성을 하이데거는 존재시성이라고 부른다.[27] 시간성은 현존재 자신의 존재에서 도래, 기재, 현재화라는 세 계기로 통일적 구조를 이루고, 또한 이러한 세 계기가 탈자태로서 그 자체를 넘어서 뻗어나간 지평의 통일성을 형성한다. 이러한 통일적 지평 구조에서 존재는 존재로서 인간에게 주어지고 이해된다. 따라서 존재시성, 곧 존재 의미의 탐구에서 고찰되는 시간성은 존재이해의 지평이다.

물론 이 강의에서 하이데거는 이러한 자신의 주장을 개괄적으로 제시했을 뿐 실질적 해명에 이르지 못했다. 진작부터 언급했던 《존재와 시간》을 잇는 제3편 '시간과 존재'라는 초기 구상은 집필되지 못했다. 강의에서 하이데거는 시간성의 한 계기인 '현재화'가 탈자적으로 '현재現在, Praesenz'라는 지평을 형성하고, 이 지평에 근거해서 현재화에서 마주치는 존재자가 '손안에-있음Zuhandenheit'의 방식으로 존재할 수 있다고 설명한다. 이러한 설명이 성공적이라고 해도, 이는 '손안에-있음'이라는 하나의 존재 방식에 대한 시간론적 해명일 뿐이다. 이 해명에서도 '도래'나 '기재'의 탈자태가 형성하는 지평의 역할에 대한 언급은 전혀 없음을 지적하지 않을 수 없다.

---

27 전집 24권, 324, 388쪽(《현상학의 근본문제들》, 328~329, 390쪽) 참조.

6 / 현존재의 형이상학

하이데거 전기 사상의 정수는 《존재와 시간》에 담겨 있다. 하지만 이 책이 전부는 아니다. 따라서 후기 사상으로 넘어가기 전에 《존재와 시간》의 출간 직후 하이데거가 어떤 사유를 모색했는지 잠시 살펴볼 필요가 있다.

앞서 밝힌 대로 출간된 《존재와 시간》은 미완이었다. 출간 이후 하이데거는 자신이 구상한 기초존재론을 완성하려 시도하면서도, 동시에 사유의 새로운 씨앗을 점차 분명하게 감지한 듯하다. 특기할 만한 점은 《존재와 시간》에서와 달리 하이데거는 이 무렵 자신의 철학을 형이상학이라고 명명한다는 것이다. 1928년 여름학기 강의 《논리학의 형이상학적 시원근거들Metaphysische Anfangsgründe der Logik im Ausgang von Leibniz》, 1929년 프라이부르크대학교 취임 강연 〈형이상학이란 무엇인가?〉, 1929년에 출간한 저작 《칸트와 형이상학의 문제》, 1929~1930년 겨울학기의 방대한 강의 《형이상학의 근본개념들》, 1935년 여름학기 강의 《형이상학 입문》 등이 대표적이다.

전기 하이데거가 전개하고자 한 '기초존재론' 기획의 제2부는 본래 전통 형이상학의 해체로 예정되었다. 그래서 제1부 1~2편에 해당하는 《존재와 시간》에서 하이데거는 자신의 철학을 현상학이나 해석학 또는 기초존재론이라고 부를 뿐이지 형이상학이라고 여기지 않았다. 하지만 하이데거는 해체를 준비하며 서양 철학사 전체를 들여다보면서, 서양 철학에서 핵심은 언제나 형이상학이었다는 사실을 수긍하기로 결심했던 듯하다.

《논리학의 형이상학적 시원근거들》에서 하이데거는 자신의 철학적 구상을 새롭게 제시한다. 여전히 기초존재론은 자기 철학의 핵심이다. 하지만 그것이 전부는 아니다. 기초존재론은 존재론 일반을 정초하는 작업이다. 존재론 정초는 첫째로 현존재를 시간성으로 해석함으로써 존재물음의 가능성을 규명하는 작업, 둘째로 존재물음을 시간론적으로 개진하는 작업으로 이루어진다.[28] 여기까지는 기존 구상과 동일하다. 그런데 존재론 정초에 뒤이어서 서양 형이상학사의 해체를 제시하는 기획 대신에 모종의 '존재자적' 탐구를 요청한다.

기초존재론의 마무리는 기초존재론이 출발했던 지점으로의 회귀를 요구한다. 그 지점이란 '현존재의 현사실적 실존'이다. 이러한 회귀에 대해 하이데거는 흥미롭게도 "전회Kehre"라는 용어를 쓴다.[29] 흥미로운 이유는 이 용어가 통상 전기 사상에서 후기 사상으로의 이행을 가리키는 표현으로 쓰이기 때문이다. 기초존재론이 '전회'함으로써 시작되는 새로운 철학적 탐구에 대해 하이데거는 "Metontologie"라고 명명한다. 무척 번역하기 까다로운 이 낱말을 일단 '초존재론'이라고 번역할 수도 있지만, 이는 오해의 여지가 상당하다. 왜냐하면 사실 그것은 전혀 존재론이 아니기 때문이다. 여기서 'met(a)'은 '넘어' 또는 '다음'의 뜻이므로, 문자 그대로

28 전집 26권, 196, 201쪽(《논리학의 형이상학적 시원근거들》, 231, 236쪽) 참조.

29 전집 26권, 201쪽(《논리학의 형이상학적 시원근거들》, 236쪽).

번역하면 '존재론 다음'이다. 해당 탐구를 하이데거는 또한 "형이상학적 존재자론"이라고도 부른다.[30] 즉 하이데거는 기초존재론이 마무리되면 다음으로 더는 존재론이 아닌 현존재라는 존재자를 중심으로 하는 존재'자'론으로의 방향 전환(곧, '전회')이 요청된다고 보았고, 이는 존재자를 탐구하지만 그럼에도 실증과학이 아닌 일종의 형이상학이라고 파악했던 것이다.

존재론적 탐구의 출발점은 탐구자로서 인간 현존재다. 존재론적 차이에 따라 존재는 존재자와 다르다. 존재에 대한 탐구가 마무리되었다고 해서, 철학이 종결되지는 않는다. 다음은 이제 존재자가 철학적 탐구의 주제가 된다. 기초존재론에서 그렇듯 새로운 탐구에서도 중심은 현존재다. 그러나 현존재가 존재이해를 통해 존재물음을 던지는 자로서가 아니라, 이제 현사실적인 존재자로서 문제가 된다. 이는 자연에 속하는 현존재가 문제가 된다는 것을 함축한다. 그래서 단지 현존재만이 아니라, 현존재가 피투되어 있고 감싸여 있고 귀속되어 있는 "존재자 전체"를 함께 탐구해야 한다.[31]

1928년 강의에서 하이데거는 기초존재론이 형이상학 개념을 다 길어 내지 못하고, '형이상학적 존재자론'과 더불어 형이상학 전체의 얼개를 형성한다고 본다. 그런데 기초존재론과 '형이상학적 존

---

30 전집 26권, 201쪽(《논리학의 형이상학적 시원근거들》, 236쪽).

31 나아가 하이데거는 '형이상학적 존재자론'에서 "실존의 형이상학", "윤리학의 문제"가 함께 제기된다고 말한다. 현사실적 존재자로서 현존재를 규정하는 신체성, 나아가 신체성과 밀접히 연관되는 성性과 공간성 등도 탐구 범위에 포괄되는 것으로 보인다. 전집 26권, 199쪽(《논리학의 형이상학적 시원근거들》, 234쪽).

재자론' 모두에서 공히 현존재가 중심이다. 이처럼 현존재를 중심에 둔 형이상학의 구상은 《칸트와 형이상학의 문제》(1929)에서 '현존재의 형이상학'이라고 통합적으로 명명된다.

여기서 하이데거는 아리스토텔레스가 어떻게 형이상학을 구상했는지 검토한다.[32] 본래 '형이상학'이라는 명칭은 아리스토텔레스의 문헌을 후대에 정리하는 과정에서 등장했다. 기원전 1세기에 로도스의 안드로니코스Andronikos of Rhodes라는 인물이 로마로 들어온 아리스토텔레스 문헌의 정리 작업을 하면서, 어디에도 속하지 않는 글들을 묶어 '자연학'에 해당하는 글들 '뒤에' 두고 '자연학 뒤에ta meta ta physica'라는 제목을 붙였다. 바로 이것이 나중에 '형이상학metaphysica'이라고 불리게 된 것이다. 이처럼 최초의 명칭 부여는 순전히 우연이었다. 그렇지만 하이데거는 이런 우연성을 넘어, 아리스토텔레스의 철학적 탐구에서 형이상학의 본질이 근원적으로 제시되었다고 본다. 그에 따르면 아리스토텔레스는 두 가지 근본문제를 고찰했다. 아리스토텔레스는 먼저 '제1철학prote philosophia'이라는 이름 아래 '존재자 그 자체on he on'에 대한 문제를 다룬다. 다음으로 존재자 중 '가장 탁월한 존재자theion', 그래서 그로부터 존재자 전체가 규정되는 존재자에 대한 문제를 다룬다. 아리스토텔레스의 제1철학에는 이러한 이중적 성격이 있었다. 18세기 독일 볼프Christian Wolff의 학원철학에서 두드러지듯이 이후 형이상학사에서도 이러한 두 문제는 두 분과로 갈라져 탐구되었다. 즉 존재자 그

32 전집 3권, 5쪽 이하(《칸트와 형이상학의 문제》, 이선일 옮김, 한길사, 2001, 69쪽 이하) 참조.

자체 또는 존재에 대한 문제는 '일반형이상학metaphysica generalis'으로서 존재론이 되었고, 존재자 전체를 규정하는 가장 탁월한 존재자에 대한 문제는 '특수형이상학metaphysica specialis', 그중에서도 신학과 우주론의 주제가 되었다.

그러나 하이데거는 근대 철학에서 두드러졌던 이러한 분과 구분이 형이상학의 근본문제를 피상적으로 만들고 말았다고 탄식한다. 그에 따르면 형이상학의 근원인 아리스토텔레스에게서 존재에 대한 문제와 존재자 전체에 대한 문제는 언제나 함께 탐구되었다. 하이데거는 두 문제가 근본적으로 구별된다고 보면서도, 각각 분과로 나뉘어 독립적으로 탐구될 때 철학의 빈곤화가 시작된다고 한다. 즉 두 문제의 합일적 고찰만이 본래적으로 철학하는 방식이다.

하이데거는 아리스토텔레스의 두 문제를 수용하지만, 이를 변용시켜서 자신의 형이상학적 구상을 발전시킨다. 하이데거에게 존재에 대한 문제는 기초존재론의 기틀 속에서 다루어진다. 어떻게 현존재의 이해 속에 존재가 주어질 수 있는지를 시간의 지평 속에서 해명하는 작업이 바로 기초존재론이다. 아리스토텔레스의 두 번째 문제는 존재자 전체, 곧 자연 또는 세계에 대한 문제였다. 이는 1928년 여름학기 강의에서 제시한 형이상학적 구상 속 '형이상학적 존재자론'에 상응한다.

그러나 아리스토텔레스와 달리 하이데거는 자신의 형이상학 구상에서 인간 현존재를 중심에 둔다. 존재자 그 자체의 문제는 존재 이해 속에서 실존하는 현존재의 존재를 파악하는 데서 출발해야만 한다. 또한 존재자 전체의 문제도 그 전체로 피투된 현존재의 현사실적 실존으로부터 착수되어야만 한다. 그래서 형이상학의 모든 문제에는 항상 현존재의 문제가 놓인다. 이런 배경에서 하이데거는 자신의 철학적 구상 전체를 '현존재의 형이상학'으로 파악한다.

현존재의 형이상학에는 기초존재론의 문제뿐만 아니라, 존재자 전체와 관련된 문제도 속한다. 후자에서 핵심은 아마도 초월과 자유의 문제, 그리고 세계의 문제일 것이다. 하이데거는 존재자 전체를 넘어 세계 지평으로 나아감을 '초월Transzendenz'로 파악한다. 현존재는 돌이나 나무처럼 단순히 자연의 일원이 아니다. 자연적 존재자로서 자신을 포함한 존재자 전체를 초월하여 세계로 나간다. 피투된 자로서 존재자 전체 또는 자연에 속하면서도 기획투사를 통해서 존재를 이해하고 세계를 개방하는 자로서 초월의 사건을 수행한다. 이러한 초월 사건은 동시에 현존재의 자유를 의미한다. 자연에 닫혀 있지 않고 세계로 초월하는 한, 현존재는 자유롭다.

1930년 전후 하이데거는 존재의 의미를 묻는다는 기초존재론으로 한정할 수 없는 '현존재의 형이상학'을 개진한다. 이 시기에 다루어진 다양한 주제, 곧 신화적 현존재, 유한성, 초월, 자유, 세계 등은 그 개념의 완성도 및 중요도에서 《존재와 시간》의 주요 개념에 미치지 못하나, 여전히 흥미로운 사색거리를 제공한다. 더욱이 당시의 성찰은 후기 사상으로 이어지는 '전회'에 직간접적으로 자양분을 제공했으리라 짐작된다. 1928년 여름학기 강의에서 언급한 '전회'는 명백히 후기 사상으로의 '전회'와 동일시될 수 없다. 하지만 개별 존재자의 존재가 아닌 존재자 전체에 대한 관심은 후기 사상으로의 '전회'에서 중요하게 작용했을 것이다. 초월의 한계, 즉 현존재가 피투된 자로서 존재자 전체 또는 자연의 '대지'에 철저히 뿌리박고 있음에 대한 통찰은 '전회'의 한 계기였을 것이다.

제3부

하이데거의 후기 철학

1 '전회'와 존재사건적 사유

사상의 방향 전환으로서 '전회'

흔히 하이데거의 사상은 전기와 후기로 나뉜다. 후기 사상의 모습이 뚜렷하게 윤곽이 잡힌 첫 저술은 생전에 출간하지 않았음에도 종종 제2의 주저라고 평가되는 《철학에의 기여Beiträge zur Philosophie》다. 이 저술은 1936~1938년 사이에 작성되었다고 여겨진다. 또한 하이데거는 스스로 1930년에 강연한 〈진리의 본질에 관하여〉를 사유의 전환이 시작된 계기로 꼽은 바 있다.[1] 그러므로 대략 1930년부터 이르면 1936년까지, 늦어도 1938년까지를 전기에서 후기로의 이행기 또는 후기 사상을 위한 준비기라고 볼 수 있을 것이다.

전기 사상에서 후기 사상으로의 이행을 통상 '전회Kehre'라고 부른다. 전회는 문자 그대로 방향을 뒤집는 것이다. 단순화의 위험을 무릅쓰자면, '전회'란 '현존재로부터 존재로'에서 '존재로부터 현존재로'로 사유의 방향을 뒤집은 것이라 해석해도 무리는 아니다.

전기 사상에서 '현존재로부터 존재로'란 곧 초월철학적 경향성을 뜻한다. 《존재와 시간》에는 칸트와 후설 전통의 초월철학적 접근법이 남아 있다. 물론 하이데거는 칸트처럼 주관성의 형식적 조건으로부터 대상성의 조건을 구하고자 하지 않았고, 또 후설처럼 의식의 객관화 작용으로부터 대상성이 구성된다고 주장하지도 않

1 전집 9권, 328쪽(〈휴머니즘 서간〉, 《이정표 2》, 이선일 옮김, 한길사, 2005, 140쪽) 참조.

았다. 하지만 여전히 하이데거에게도 '현존재가 존재를 이해하는 한에서만 존재가 있다.' 현존재의 존재이해 없이 존재에 관해 사고하거나 진술하는 일은 불가능하다. 그것이 가능하다는 주장은 터무니없다. 존재에 관한 진술은 현존재의 존재이해를 일정한 개념 틀 속에서 분절하고 명료화하는 것일 따름이다.

1930년 이전까지 하이데거는 '지평'이라는 용어를 즐겨 썼다. 《존재와 시간》에서는 존재를 이해할 수 있는 지평이 시간이라고 주장한다. 그래서 그는 존재의 의미를 시간 속에서 찾는다는 '존재와 시간' 기획을 제시했다. 《칸트와 형이상학의 문제》에서도 하이데거는 존재란 존재자가 존재자로서 드러나는 지평이라는 견해를 피력한다. 하지만 하이데거의 자기 해석에 따르면 '지평'이란 주체의 시계視界를 가리킨다.[2] 존재자의 지평으로서 '존재'와 존재이해의 지평으로서 '시간'은 모두 주체의 시계에 들어와 있어야만 한다. 즉 주체 또는 현존재가 자신의 시선 범위 안으로 존재와 시간이라는 철학적 탐구 대상을 붙잡아 들일 수 있어야 한다. 존재는 '현존재의' 이해 속에 머문다. 그리고 존재이해의 지평으로서 시간은 처음부터 현존재'의' 시간성이라고 가정된다. 존재는 '현존재로부터' 탐구되어야만 한다.

'현존재의 형이상학'에서 현존재는 그러한 지평으로 초월하는 자로 그려진다. 현존재가 존재를 이해하고 세계를 개방한다는 말은 현존재가 여타 존재자와 달리 초월적이라는 뜻이다. 현존재는

---

2 후기 저술에서 지평 개념에 대한 비판적 언급으로, 전집 77권, 101, 112쪽; 전집 73.2권, 1258쪽 참조.

단순한 자연의 일원이 아니다. 저 돌처럼 자연에 닫혀 있지 않다. 저 건물처럼 자신 안에 머물러 있지 않다. 현존재는 자신을 포함한 존재자 전체를 넘어서는 초월의 운동 속에서 존재한다. 그런 점에서 자연적인 것 이상의 존재자, 곧 형이상학적 존재자다.

전기 사상은 초월철학적이고 형이상학적이다. 이해, 지평, 의미, 초월 같은 개념은 존재자의 존재와 존재자 전체를 철학적으로 탐구하기 위해 필요한 핵심으로 간주된다. 반면에 후기 사상에서 이러한 개념은 자취를 감춘다. 존재자가 개방되는 지평이 존재라거나, 존재의 의미 또는 존재이해의 지평이 시간이라는 주장도 더는 제시되지 않는다. 또한 현존재의 형이상학에서처럼 현존재의 초월에 대한 논의도 보이지 않는다. '존재자의 존재에 대한 물음'과 '존재자 전체에 대한 물음'이라는 철학적 물음의 이원화 역시 발견되지 않는다.

이제 진리사건Wahrheitsgeschehen, 존재의 진리, 존재사건Ereignis 같은 용어가 사유의 중심으로 들어온다. 이러한 용어가 가리키는 사태는 현존재의 지평 안에 머물지 않는다. 또한 존재이해에서 주어지지도 않는다. 따라서 해석학적 순환을 통해서 개념적 기틀 속으로 붙잡아 들일 수도 없다. 달리 말해서 현존재가 존재자 전체를 넘어 존재나 세계로 초월하는 것이 아니다. 반대로 현존재의 사유가 존재 또는 '존재의 진리'로부터 가능해진다. 인간의 사유와 언어는 '존재의 진리' 속에서 전개된다. 당분간은 여기서 말하는 '진리'란 그 자체를 감추면서 내보인다는 뜻이라고만 이해해 두자. 즉 존재는 그 자체를 사유와 언어에 감추면서 내보인다. 인간은 존재가 그에게 자신을 내보이는 만큼만 존재를 사유할 수 있을 뿐이다. 그런 점에서 사유의 사태가 사유보다 먼저다. 이런 맥락에서 철학적 탐구는 '존재로부터 현존재로'라는 방향성을 취한다.

지평에서 가시화되는 사태, 즉 존재이해의 범위 속에 주어지는 존재는 존재의 전모가 아니다. 존재이해 속에 들어온 존재는 말하자면 존재의 일면에 불과하다. 플라톤, 아퀴나스, 데카르트, 칸트, 니체 등 각 시대의 위대한 형이상학자는 그 시대에 존재가 그 자체를 내보이는 한에서 존재를 탁월하게 사유했던 인물이다. 하이데거는 고대 그리스부터 근대까지 서양 형이상학 전체가 존재를 망각했다고 주장한다. 자신이 제시하려는 '존재의 진리'가 형이상학사 전체에서 사유되지 못했기 때문이다. 하지만 그는 동시에 '망각Vergessenheit'이라는 표현에서 생길 수 있는 오해를 막고자 한다. 형이상학자들이 존재를 사실상 눈앞에-있음 또는 지속적 현존성이라는 의미로 축소했던 것은 그들에게 존재가 그 자체를 그렇게 내보였기 때문이다. 어느 위대한 사상가도 존재가 그 자체를 내보이는 것 너머를 사유할 수는 없다. 그것은 '보여 주는 만큼만 볼 수 있다'라는 원리상 필연적으로 불가능하다. '존재의 진리'가 사유되지 않았던 것은 형이상학자들의 개인 역량이 부족한 탓이 아니다. 그들이 '간과'했던 탓이 아니라 애당초 존재가 그 자체를 사유하도록 허락하지 않았던 탓이다.

다만 형이상학자들은 자신의 사유 속에서 개념적으로 파악한 존재가 존재 그 자체라고 상정했다는 점에서 착각을 범한 셈이다. 존재 그 자체로서 '존재의 진리'는 그들의 사유에서 은폐되어 있었다. 하이데거 후기 사상의 견지에서 보건대, 하이데거 전기 사상도 그러한 착각에서 아주 자유롭지는 못했다. 그 역시 존재이해의 지평으로서 시간성에서 존재의 의미를 파악할 수 있다는 가정에서 출발했는데, 이런 가정 역시 '존재의 진리'를 은폐할 수밖에 없기 때문이다. 자신을 은폐하면서 개방하는 '존재의 진리'를 사유의 언어로 가져오려면, 투명한 개념 정립을 원하는 형이상학적 태도를 넘어서야만 한다.

요컨대, 존재는 현존재의 존재이해 속에서만 '있다'라는 전기 사상의 정식은 무너진다. 오히려 이해의 지평, 곧 이해하는 시선의 범위 너머에도 존재는 '있다.' 현존재의 특권적 위치를 암시하는 '초월'이라는 용어 또한 이제 부적절하다. 존재이해와 기획투사를 통해 현존재가 초월함으로써 존재의 지평이 펼쳐지고 존재가 '있게' 되는 것이 아니기 때문이다. 오히려 현존재는 자신의 사유를 위해서 존재로부터 허락을 받아야만 한다. 하이데거가 〈휴머니즘 서간〉과 같은 저술에서 온갖 인간중심주의적 사고방식과 거리를 두는 것도 같은 맥락이다. 사유의 사태를 탐구할 때, 인간을 그 중심이나 출발점으로 여기면 곤란하다. 오히려 그 사태가 인간이 사유할 수 있는 범위와 한계를 규정하기 때문이다.

엄정한 개념 속에 사태를 붙들어 두겠다는 형이상학적 의지는 도리어 사태를 왜곡하기 십상이다. 후기 저술에서 인간의 사유는 '존재의 소리를 듣고 따른다'거나 '존재의 말건넴Anspruch에 따라 말한다' 같은 식의 표현을 곧잘 발견할 수 있다. 이는 하이데거가 더는 형이상학적이지 않은 사유를 모색한 결과다. 사유의 사태로서 '존재의 진리'에 알맞은 사유 태도는 개념의 체계적 수립을 통해서 백일하의 지평으로 가져와 남김없이 발가벗기는 것이 아니라, 자신을 숨기는 존재를 사유의 언어로 가져오되 숨은 모습 그대로 비추고 그 모습에 조응하는 것이다. 하이데거가 후기 사상에서 횔덜린을 비롯한 시인의 시로부터 자신의 사유 영감을 빌려 왔던 것도 이런 맥락에서 이해할 수 있다.

전기 사상과 후기 사상의 본질적 차이

〈휴머니즘 서간〉에서 하이데거는 서양 형이상학과 휴머니즘 전통을 비판적으로 고찰하면서 《존재와 시간》을 재해석한다. 그래서 이 저술은 하이데거 사상의 '전회'를 이해하는 데 많은 도움이 된다. 하지만 하이데거의 자기 사상에 대한 해석을 문자 그대로 다 받아들이면 곤란하다. 그는 '실존주의는 휴머니즘이다'를 외친 사르트르와 거리를 둔다. 사르트르는 '현존재의 본질은 실존에 놓여 있다'는 하이데거의 정식을 살짝 비틀어 '실존은 본질에 앞선다'고 주장한다. 하지만 하이데거는 사르트르가 말하는 실존이란 전통 형이상학적 개념인 '실존實存, existentia'에 해당한다고 대꾸한다. 반면에 자신이 말했던 '실존Existenz'이란 '탈존脫存, Ek-sistenz'이라고 주장한다.[3] 그리고 탈존이란 '존재의 진리로 나가 섬'을 뜻한다고 해설한다. 이러한 자기 해석은 오해의 여지가 많다.

앞서 논했듯이 《존재와 시간》에서 '실존'은 자신의 존재 가능성

---

3 전집 9권, 325쪽 이하(〈휴머니즘 서간〉, 《이정표 2》, 137쪽 이하) 참조.

이 문제가 되는 존재자의 존재를 가리키고, 그래서 존재 가능성의 기획투사라는 개념으로 구체화된다. 그렇기에 사실상 '눈앞에-있음'과 등가인 실존實存과 근본적으로 구별된다는 점은 분명 옳다. 하지만 《존재와 시간》에서 '실존'이라는 용어는 '존재의 진리로 나가 섬'이라는 뜻으로 전혀 사용되지 않았다. 엄격히 말해서 '존재의 진리'는 《존재와 시간》에서 전혀 사유되지 않았다. '실존은 탈존이고, 탈존은 존재의 진리로 나가 섬'이라는 후기 하이데거의 주장은 '실존'이라는 전기 사상의 용어를 후기 사상의 맥락에 맞게 재해석하고 재조정하려는 시도이다. 그는 '기획투사', '퇴락', '결단성' 같은 용어도 후기 사상의 맥락에 맞추어 재해석하는데, 이 역시 마찬가지로 주의가 필요하다. 그러지 않으면 전기와 후기 사상이 본질적으로 동일하다는 잘못된 해석을 내리기 쉽다.

후기 하이데거가 실존을 '존재의 진리로 나가 섬'이라는 의미의 탈존으로 재해석한다는 사실은 오히려 전기와 후기의 차이점 하나를 간명하게 잘 드러낸다. 후기 하이데거에게는 실존철학적 관심이 거의 나타나지 않는다. 후기 저술에서 하이데거는 인간이 불안, 양심, 죽음, 결단 등을 통해서 어떻게 세인과 공공적 해석의 질곡에 맹목적으로 휩싸이지 않고 실존적 도약을 해낼 수 있는지의 문제를 더는 다루지 않는다. 이는 전기 저술에서 존재 의미를 묻는다는 기초존재론적 목표와 통합하여 함께 다룬 것으로 족하다. '탈존'에서 나타난 후기 사상의 과제는 인간이 어떻게 존재의 진리로 '피투된' 채로 나가 서 있는지를 해명하는 것이다.

전기와 후기 사상의 본질적 차이를 해명하기 위해 다루어야 할 가장 중요한 물음은 하이데거를 사상의 전회로 이끌었던 결정적 동기는 무엇인가이다. 이와 관련해 어쩌면 하이데거의 개인사적 배경에서 답을 구할 수 있을지도 모른다. 이를테면 '전회'가 일어난 시대적 배경을 고려하여, 1930년대 초중반 독일의 정치적 상황과 하이데거의 나치 참여 등등에서 어떤 단서를 찾고자 할 수도 있다. 그러나 이는 역사학적 답변이다. 그 물음이 철학적이라면 답변 역시 철학적이어야 한다. 그리고 사태 자체가 사상의 전회를 요구했다는 것만이 철학적 형식의 답변일 수 있다. 이제 문제는 대체 사태 자체의 본성이 어떠하길래, 또 하이데거가 어떠한 본성을 통찰했길래, 그것이 후기 사상으로의 이행을 요구했는지를 따져보는 일이다.

사태가 본성적으로 어떠하기에 하이데거 사유의 중심에 존재의 의미나 존재이해의 지평 대신 존재의 진리가 들어섰는가? 후기 저술에서 하이데거는 종종 '자연은 숨기를 좋아한다'라는 헤라클레이토스의 잠언을 언급한다. 그렇다. 사태, 곧 존재는 본성적으로 그 자체를 은폐한다. 《존재와 시간》에서는 은폐성이 세인과 공공적 해석, 나아가 빈말, 호기심, 애매성 같은 퇴락적 경향성으로 인해 유발된다고 묘사한다. 그리고 은폐성은 비록 인간 존재의 유한성으로 인해 완전히 제거할 수 없다고 하더라도, 만일 극복할 수만 있다면 더욱 바람직하다고 묘사한다. 또한 기초존재론은 존재의 의미를 철학적 탐구 목표로 설정하면서 일상의 존재이해에 깔린 불명료성이나 은폐성을 제거하고자 시도했다. 그러나 존재 의미의 해명이라는 과제는 완수되지 못했다. 이러한 실패는 단순히 하이데거 개인의 역량 부족일 수도 있다. 하지만 후기 사상이 옳다면 기초존재론적 기획의 좌초는 개인 탓으로 돌릴 수 없고, 그 기획을 다른 누가 다시 시도해도 완수할 수 없다. 왜냐하면 존재 자체에 내재한 자기은폐적 성격은 애초부터 사유의 지평이 존재 의미를 밝히도록 허락하지 않기 때문이다.

따라서 기초존재론은 존재 자체의 본성에 관해 잘못된 가정을 취했던 셈이다. 전기 하이데거는 일상의 존재이해로부터 은폐성을 완전히 제거함으로써 존재 의미를 사유의 지평 속에서 밝혀낼 수 있다고 가정했다. 이러한 가정에는 존재의 본질에 은폐성이 내재한다는 생각은 들어설 여지가 없다. 그러나 후기 사상이 제시한 사태는 이 모든 가정이 잘못임을 보여 준다.

존재는 그 자체를 개방하면서 은폐한다. 이러한 은폐성을 제거하려는 시도는 사태의 왜곡을 초래한다. 형이상학적 사유는 본성상 그런 왜곡으로 치닫는다. 이것이 후기 하이데거가 형이상학의 극복을 주문하는 이유다. '존재의 진리'를 사유하는 작업은 말하자면 스스로 은폐하는 존재를 그렇게 은폐하는 그대로 드러내려는 시도다. 현상학이 사태를 있는 그대로 내보이려 한다면, 후기 사상도 분명 현상학이다. 다만 사태를 있는 그대로 내보이는 현상학은 이제 더는 사태의 은폐성을 단순히 제거하지 않으며, 어떤 점에서는 간직하고 보존해야 한다.

물론 여전히 후기 사상도 부적절한 용어 사용으로 인한 혼란이나 공공적 해석의 지배로 인한 피상화 및 평준화 경향 등은 거부한다. 그런 점에서만큼은 사태를 불분명하게 만드는 은폐성을 기꺼이 제거하고자 한다. 그러나 후기 사상은 사유의 사태에서 보존되어야 마땅한 은폐성 또한 인정한다. 이때 은폐성에는 여러 의미가 있다. 첫째로, 앞서 논한 바처럼 존재는 시대마다 그 자체의 일정한 면모를 드러내면서, 그와 정합적이지 않은 다른 가능한 면모를 '은폐'한다. 하이데거의 용어로 말하자면, 존재는 시대마다 달리 '탈은폐entbergen'한다. 고대 그리스에서 존재는 이데아로서 그 자체를 탈은폐하면서, 예컨대 힘에의 의지로서 그 자체는 결코 탈은폐할 수 없었다. 둘째로, 존재는 시대마다 그 자체를 특정한 방식으로 탈은폐하면서, 그처럼 탈은폐하는 것으로서 그 자체는 다시 '은폐'한다. 바로 이 때문에 형이상학의 시대 내내, 존재는 결코 사유될 수 없었다. 이러한 은폐를 하이데거는 '물러남Entzug'이라고도 부른다.

하지만 후기 저술에서 하이데거는 그렇게 은폐하면서 개방되는 존재 자체를 '존재의 진리'라는 이름으로 사유하지 않았던가? 그렇다면 하이데거는 은폐를 제거하는 사유에 성공했던 건가? 아니다, 그렇지 않다. 그래서 첫째와 둘째 의미와 같이 순전한 무지에 해당하지 않는 또 다른 의미의 은폐가 필요하다. 즉 셋째로, 존재는 후기 하이데거의 탈형이상학적 사유에서 '존재의 진리'로 사유될 때도 '은폐'되어 있다. 그것은 물론 사유되지만 투명한 개념으로 무장한 시선의 지평이 아니라 탈형이상학적인 언어로 사유되기 때문이다. 후기 저술이 철학 개념에 친숙한 독자에게 오히려 어렵게 느껴지는 이유는 이러한 은폐 보존적 언어를 표방하기 때문이다.

이제까지 하이데거의 전기와 후기 사상 사이에 본질적 차이가 있음을 강조했다. 하지만 그렇다고 해서 전기와 후기 사상에 연속성이 있음을 간과해서도 안 된다. 본질적 차이를 내재한 연속성은 사태를 향한 사유의 발전으로 해석할 수도 있다. 사상의 '전회'에 대한 논의를 마무리하면서, 전기와 후기 사유의 연속성을 몇 가지 측면에서 분석하는 것이 좋겠다. 그러면서 동시에 각 측면의 어떤 점에서 차이와 발전이 나타나는가도 짚어 보겠다.

첫째로, 전기와 후기 사상에서 사유의 중심은 '현現, Da'이다. 전기 사유에서 '현'은 개시성 자체다. 또한 개방성의 터다. '현'은 존재의 지평이자 세계의 지평이다. 하지만 그 지평은 현존재의 시간성을 통해 펼쳐진다고 가정된다. 반면에 후기 사유에서 존재 및 존재이해의 지평은 '현'의 일면에 불과하다. '현'은 더욱 근원적으로 그러한 지평 너머 또는 아래에 뻗어 있다. '현'은 열린 터das Offene, 밝히는 터die Lichtung이지만 동시에 거기에는 은폐성 또한 머무른다.

둘째로, 존재의 '있음'은 여전히 인간을 필요로 한다. 존재의 '있음'은 인간의 존재이해나 형이상학자의 사유에 의존하지 않는다. 존재는 그 자체의 일면을 그러한 이해나 사유 속으로 내보내면서도 여전히 그 자체로서 머문다. 즉, 물러난다. 하지만 존재가 그 자체로서 '있을' 수 있는 곳은 여전히 오로지 어떤 사유에서다. 존재는 그 자체로서 '있기' 위해서 인간의 특별한 사유를 필요로 하고, 자신의 말건넴을 듣도록 인간의 사유를 불러낸다. 이때 사유는 물론 하이데거의 후기 저술에서 나타나는 탈형이상학적 사유를 가리킨다.

셋째로, 후기 사유에서도 인간 존재의 두 유형으로서 본래성과 비본래성이 거론된다. 후기 사유에서는 불안, 양심, 선구, 결단 등을 거의 다루지 않고 또 '본래성' 같은 표현도 드물게만 사용된다. 하지만 후기 저술에서도 인간이 자신의 고유한 본질에 알맞게 존재하는 방식과 그렇지 못한 방식 간의 뚜렷한 구별이 나타난다. 이런 두 방식을 전기 사유와의 연속성에서 '본래성'과 '비본래성'이라고 부를 수 있을 것이다. 인간의 존재양식은 예컨대 뒤에서 논의하게 될 현대 기술의 탈은폐 방식인 '몰아세움Ge-Stell'에서 주로 비본래적인 반면에, 예술이나 시 창작의 탈은폐 방식에서는 본래적이다.

존재사건 사유

하이데거의 후기 사상은 사유의 사태를 '존재의 진리' 또는 '존재사건Ereignis'이라고 일컫는다. 특히 완연한 후기 저작에서 하이데거는 '존재사건'이라는 명칭을 더 선호하는 것으로 보인다. '존재사건'을 다루는 여러 저술 가운데 특히 중요한 글은 1962년 강연 〈시간과 존재Zeit und Sein〉다. 이후 출간된 책 《사유의 사태로Zur Sache des Denkens》에 수록된 이 강연은 다른 어느 저술보다 후기 하이데거에게 '사유의 사태'가 무엇이었는가를 잘 보여 준다.

〈시간과 존재〉라는 제목은 동일한 제목으로 예정되었으나 실현되지 않았던 기초존재론 기획의 제1부 3편을 연상케 한다. 하지만 해당 강연이 초기 기획을 이어간 것은 전혀 아니다. 오히려 여기서 하이데거는 초기 기획에서 주창했던 현존재의 시간성이 지닌 우위를 명백하게 물리친다. 이러한 거부의 핵심에 바로 '존재사건'이 놓여 있다. 이제 존재는 시간을 통해 주어지지 않는다. 존재사건이 시간을 '주고' 그 시간 속에서 다시 존재도 '준다.' 〈시간과 존재〉의 원숙한 하이데거가 젊은 하이데거를 바라보는 시선은 〈휴머니즘 서간〉에서보다 훨씬 정직하고 공정하다. 그는 여기서 역사나 공간성을 현존재의 시간성으로 소급했던 젊은 자신의 주장이 사태에 부합하지 않는다며 분명하게 철회한다.

형이상학적 사유는 존재를 존재자로부터 사유한다. 이때 존재는 존재자의 그 무엇을 지탱하는 근거로 파악된다. 그래서 존재는 플라톤에게 이데아, 아리스토텔레스에게 에네르게이아energeia, 라이프니츠에게 모나드, 칸트에게 정립성, 헤겔에게 정신, 니체에게 힘에의 의지로 파악된다. 각각은 온갖 존재자를 그 무엇으로 규정하는 근거로 통용된다. 앞서 하이데거의 후기 사상에서 확인했듯, 이처럼 시대마다 존재가 다르게 파악되었다는 것은 동일한 존재가 그 자체의 면모를 시대마다 다르게 탈은폐했던 데서 비롯한다.

이제 하이데거는 형이상학적 사유를 넘어서고자 한다. 그러면서 존재를 "존재자 없이" 사유해 보자고 제안한다.[4] 즉 존재는 단지 존재자의 존재로서가 아니라 존재 그 자체로 사유되어야 한다. 하이데거가 특별히 탈형이상학적 사유로의 이행 단계를 제시하지는 않지만, 이를 몇 단계로 나누면 그의 생각을 조금 더 쉽게 따라갈 수 있다.

첫 번째 단계는 존재를 '지속적 현존성'이라는 의미로 이해하는

4 전집 14권, 5쪽(〈시간과 존재〉, 《사유의 사태로》, 신상희 · 문동규 옮김, 도서출판 길, 2008, 23쪽).

것이다. 하이데거는 전기 저술부터 고대 그리스에서 존재, 곧 우시아 또는 파루시아는 현존성을 뜻한다고 해석했다. 그리고 플라톤 이래 형이상학의 역사 전체에서 다양한 개념으로 변천해 왔지만, 존재는 기본적으로 현존성, 더 정확히는 지속적 현존성을 뜻했다. 지속적 현존성으로서 존재는 존재자를 어떻게든 안정적으로 고정하여 떠받치는 근거다. 이데아, 에네르게이아, 정신, 의지 등은 그런 근거를 파악하는 여러 개념이다.

두 번째 단계는 존재를 '존재자가 현존하는 방식'으로 이해하는 것이다. '존재자가 존재하다' 같은 말에서 그렇듯, 이제 '존재'는 동사에 초점을 두어 이해된다. 존재를 존재자처럼 자기동일적으로 고정된 실체로 사유해선 안 된다. 앞서 나열한 형이상학적인 개념들은 부지불식간에 그러한 실체화 경향을 띤다. 하지만 본래 그 개념들은 각 시대의 사상가에게 존재자가 존재자로서 현존하는 서로 다른 방식에서 유래한다. 하이데거는 《존재와 시간》에서 자신이 제시했던 "손안에-있음"과 "눈앞에-있음" 역시 또 다른 현존 방식에 해당한다고 본다.[5] 그에 따르면 부재하는 존재자조차도 현존하고, 오히려 그때 현존의 성격이 어떠한지가 두드러진다. 역설적이게도 때로는 사랑하는 사람과 이별하고서야 그의 현존을 비로소 절감하게 되듯 말이다. 존재자가 현존한다는 것, 이는 존재자가 우리에게 자신을 고지하고 표출하고 가까이 다가오며 때로 우리를 덮치는 것이다.

---

5 전집 14권, 11쪽(〈시간과 존재〉, 《사유의 사태로》, 35쪽) 참조.

세 번째 단계는 존재를 존재자가 현존하도록 하는 '탈은폐 사건'으로 이해하는 것이다. 이제 '존재'는 단순히 현존한다는 상태를 가리키지 않는다. 존재의 동사적 성격은 '하도록 하다lassen'라는 사역동사의 허락 또는 허용이라는 성격으로 구체화된다. '존재'는 인간에게 사물이 현존하도록 하는 사건, 인간에게 사물의 현존을 허용하여 인간 자신 또한 사물 가까이에 현존하도록 하는 사건이다. 또한 이처럼 인간에게 현존을 가져다주기 위해서, 존재자를 어둠 속에 닫아두는 대신에 이런저런 존재자로서 열려 밝혀지도록 비非은폐성의 터로 데려와 머물도록 하는 사건이다.

마지막 단계는 이러한 탈은폐 사건으로서 존재를 '존재사건'으로 명명하고 그 본질을 한층 더 깊이 통찰하는 것이다. 이제 첫 번째나 두 번째 단계에서 언급한 '존재'를 다시 존재사건과 더불어 이해할 수 있다. 현존의 방식으로서 존재는 물론 존재자가 아니지만 그렇다고 해서 아무것도 아닌 것도 아니다. 즉 그 존재는 어떤 식으로든 '있다'라고 말해야만 한다. 이런 '있음'이 곧 존재사건이다. 존재의 '있음'은 자신을 감춘다. 존재사건은 현존을 우리에게 보내면서 그렇게 보내는 자신을 감춘다. 시대마다 현존 방식은 다르다. 즉 시대마다 존재사건은 이데아, 에네르게이아, 대상성, 의지 등 이런저런 현존 방식을 우리에게 허락하면서 자신은 뒤로 물러난다. 일정한 방식의 현존을 허락하면서 그 자신은 물러나는 것, 바로 이게 존재사건이 일어나는 방식이다. 곧이어 보겠지만 이러한 방식은 다시 본래적이거나 비본래적인 양상으로 구별된다.

이제까지 느슨하게 존재의 '있음'을 언급했지만, 엄격히 말해 존재는 존재자가 아니므로 그에 대해 '있다'라고 말하는 것은 부적절하다. 그래서 하이데거는 존재에 대해 'es gibt'라는 표현을 쓴다. 영어로는 'there is'에 해당하는 이 표현은 문자 그대로 보면 '그것이 준다'를 뜻한다. 즉 존재가 '있다'는 말은 하이데거의 독일어에서 '그것이 존재를 준다'로 표현된다. 그리고 존재를 주는 '그것es'(문법상 비인칭 주어)을 하이데거는 '존재사건Ereignis'이라고 부른다. 그래서 하이데거는 존재를 존재사건이 우리에게 준 선물이라고도 표현한다.

존재와 존재사건을 별개의 용어로 구별함으로써, 하이데거는 형이상학적 사유와 자신의 사유 각각에서 사유의 사태가 본질적으로 다름을 더욱 분명하게 주장할 수 있게 된다. 하지만 하이데거 스스로 주의를 주는 바와 같이, 존재사건을 존재에서 떼어 내어 실체화하는 식으로 접근하면 아주 곤란하다. 하이데거가 현존으로서 존재를 존재사건과 구별한다고 해도, 이런 구별을 존재자 사이의 구별처럼 여겨서는 안 된다. 존재사건이 존재를 준다는 표현은 사실 그런 오해를 유발하기 쉽다. '준다'는 관계를 나타내는 표현이어서 마치 두 개의 항이 따로 존재한다는 인상을 풍긴다. 그러나 실상은 그렇지 않다. 존재사건은 존재가 존재로서 주어지는 사건으로서 존재와 별개일 수 없고, 존재는 그것이 '있는' 한 언제나 존재사건에 속한다. 바로 그렇기 때문에 하이데거는 자신이 '존재' 또는 '존재하다'라는 말로 오래도록 존재물음을 개진하면서 도달해야 할 최종 사태로서 '존재사건'을 제시하는 것이다.

존재자는 '존재하고', 존재는 '주어진다.' 그리고 존재사건은 '스스로 일어난다.' '존재한다' 또는 '주어진다'로는 표현할 수 없는 이 궁극의 사태에는 인간의 산물이 아니라 스스로 일어나는 모든 사태가 포괄된다. 즉 존재사건이 일어난다고 함은 시간이 시간화하고, 공간이 공간화하며, 그 가운데 존재가 주어지고, 또 터가 트이면서, 세계가 세계화하고Welt weltet, 무無가 무화한다는 것이다.

하이데거는 사유의 사태를 '존재사건'이라고 일컬음으로써 몇 가지 효과를 얻고자 한다. 첫째로, '존재사건'의 원어 'Ereignis'에는 '존재Sein'라는 표현 자체가 없다. 그래서 언급한 대로 존재와의 구별을 분명하게 한다. 둘째로, 'Ereignis'는 본래 사건event을 뜻한다. 그래서 존재물음의 사태가 실체적이고 명사적인 것이 아니라 스스로 일어나는 사건임을 전달하기 좋다. 셋째로, 가장 중요한 효과인데, 하이데거는 'Ereignis' 뒤에 붙은 '-eignis'의 어원인 'eigen'의 의미인 '자신의, 고유한'을 살리고자 한다. 즉 존재사건은 그 자신의 고유함에 도달하게 해준다.

마지막 효과와 관련해 부언할 필요가 있다. 존재가 그 고유한 자신, 곧 존재일 수 있는 것은 존재사건이 일어나기 때문이다. 존재사건 덕에 존재는 현존성으로서 주어진다. 존재사건이 일어나지 않는다면 존재도 없다. 인간도 그렇다. 인간은 존재사건에서만 그 자신의 본질대로 있을 수 있다. 즉 인간이 존재자를 존재자로서 마주치고 세계에 열리는 것은 존재사건이 일어나기 때문이다. 따라서 존재사건은 기본적으로 존재와 인간을 고유화하는 사건이다. 이는 존재와 인간이 서로에게 속하게 하면서 각각 그 자체로 머물게 한다.

하지만 존재사건이 일어나는 방식은 다시 두 양상으로 구별될 수 있다. 존재사건은 인간을 탁월하게 고유화할 수도 있고, 반대로 그 고유한 본질에서 벗어나게 할 수도 있다. 즉 본래적이거나 비본래적인 양상으로 일어날 수 있다. 존재 역사의 견지에서 보건대, 서구 형이상학이 지배하는 전 시기에 존재사건은 대체로 비본래적인 양상으로 일어났다. 특히 근대 후기에 이르러 현대 기술의 본질인 '몰아세움'이 지배적인 탈은폐 방식이 되면서, 존재사건은 극단적으로 비본래적인 양상으로 치닫게 된다. 이처럼 현대 기술의 '탈고유화Enteignis'하는 존재사건이 일어날 때, 인간은 고향상실Heimatlosigkeit과 허무주의에 처한다. 그러나 하이데거는 예술, 건축, 시 같은 활동에서 이와 정반대로 인간을 근원적으로 거주하도록 하는 존재사건이 일어난다고 본다. 이제부터 우리는 이러한 존재사건의 본래적인 양상이 어떻게 가능한가를 살피고자 한다.

2 / 예술과 진리

예술작품의 근원

전기에서 후기로 넘어가는 시기에 저술된 하이데거의 저작 중 가장 유명하고 중요한 글은 〈예술작품의 근원Der Ursprung des Kunstwerkes〉(1935~1936)이다. 하이데거의 독특한 예술론이 담긴 이 저작에는 예술뿐만 아니라 사물, 세계, 대지, 진리 등에 관한 하이데거의 사상이 빼곡히 담겨 있다.

하이데거는 제목대로 예술작품의 근원을 물으면서 논의를 풀어간다. 서두는 좀 복잡하게 전개된다. 어떤 것의 근원이란 그 본질이 유래한 곳이다. 그렇다면 예술작품의 근원은 예술작품의 본질이 유래한 곳이다. 그런데 그 유래가 예술가라는 것은 자명하지 않은가? 그러니 우선 예술가가 작품의 근원이라는 생각이 설득력을 얻는다. 하지만 예술가가 예술가라는 직함을 얻고 칭송받을 수 있는 것은 오로지 작품을 통해서다. 이렇게 보면 반대로 작품이야말로 예술가의 근원처럼 생각되기도 한다. 하지만 하이데거는 예술가와 예술작품 중에 어느 쪽이 근원인가에 관한 충돌하는 견해를 둘 다 거부하면서 제3의 견해를 제시한다. 예술작품과 예술가는 모두 '예술'을 통해서만 각각의 이름을 얻는다. 예술이 없다면, 각각이 예술작품일 수도 예술가일 수도 없다. 따라서 예술이 결국 작품과 예술가 모두의 근원이라는 것이다.

그런데 작품이나 예술가와 달리 예술 자체는 현실적으로 붙잡거나 지시할 수 있는 무언가가 아니지 않은가? 일견 예술은 그저 추상적인, 작품이나 예술가 같은 현실적인 것 모두를 포괄하는 단순한 집합명사에 불과해 보인다. 하지만 하이데거는 이러한 유물론적이고 유명론적인 견해를 거부한다. 그는 오히려 예술이야말로 작품과 예술가의 근원이고, 나아가 이것들이 현실적으로 존재할 수 있는 근거라는 견해를 피력한다. 전기 사상의 연장선상에서 해석하자면, '눈앞에-있음'이 사물의 존재 방식이고 '손안에-있음'이 도구의 존재 방식이듯이, '예술'은 예술작품이 존재하는 고유한 방식이다. 예술을 그저 현실성 없는 추상적인 것이라고 여기는 태도는 근본적으로 존재 방식과 존재자의 차이를 간과하면서 존재 방식 자체를 전혀 통찰하지 못하는 데서 비롯한다.

예술작품의 근원에 대한 물음은 이처럼 예술의 본질에 대한 물음이 된다. 그렇지만 하이데거는 예술이란 무엇인가에 대한 탐구는 다시 예술작품이란 무엇인지를 묻는 식으로 진행될 수밖에 없다고 본다. 하이데거는 예술이란 본디 예술작품에 머문다고 말한다. 예술의 본질이 관건이지만, 그에 대한 탐구는 그것이 머무는 존재자, 곧 예술작품을 통해 전개되어야만 한다. 역시 전기 사상의 연장선상에서 해석하자면, 존재는 존재자의 존재이니 존재물음도 존재자로부터 착수되어야만 하는 셈이다.

그러니 이제 예술작품으로 시선을 돌려 보자. 얼핏 보기에 예술작품이란 눈앞의 사물 가운데 하나다. 공공장소, 교회, 미술관 등으로 옮겨 설치할 수 있는 사물 말이다. 그러나 이는 명백히 피상적 견해다. 작품은 여느 사물 따위와 달리 특별한 미감적 체험 대상이기 때문이다. 단순히 사물과 동일시하는 피상적 견해를 극복하면, 이처럼 미감적 체험 성격을 반영하는 견해가 뒤따르기 쉽다. 이런 견해에 따르면, 작품이란 사물적인 것 이상이다. 석재나 목재 또는 캔버스와 물감 같은 사물적인 기저에 알레고리나 상징 같은 예술가적인 무언가가 결부될 때, 비로소 예술작품이 탄생한다는 것이다.

그러나 하이데거는 피상적 견해는 물론이거니와 체험 성격을 반영한 미감적 견해도 거부한다. 비판의 초점은 특히 미감적 견해로 향한다. 《존재와 시간》에서 도구란 사물적 기저에 유용성 같은 가치를 덧붙인 것이라는 해석을 거부했듯이, 여기서 하이데거는 작품이란 사물적 기저에 미감적 체험을 제공하는 예술가적 요소를 덧붙인 것이라는 해석을 거부한다.

하지만 단번에 그러한 결론에 도달하는 대신에 긴 우회로를 거친다. 이 우회로에서 사물에 대한 전통적 해석 여럿을 비판적으로 검토하고, 도구의 본질에 대한 새로운 해석을 제시한다. 그리고 그 과정에서 자연스럽게 작품과 예술의 본질에 대한 통찰에 이르고, 예술작품의 근원이 무엇인지에 대한 답도 제시한다. 간단히 말해 그 근원은 '진리'다.

사물에 대한 세 가지 전통적 해석

하이데거는 우선 당분간 저 미감적 견해의 사고 노선을 따라간다. 이 견해에 따르면 예술작품은 사물에 미감적 체험을 낳는 요소가 덧붙은 것이다. 그렇다면 예술작품의 본질을 파악하기 위해서는 먼저 사물의 본질에 대한 이해가 필요할 것이다. 그에 따르면 예술작품의 기저를 이루는 것은 아무튼 사물이기 때문이다.

그런데 '사물Ding'에 대한 넓은 개념과 좁은 개념이 통용된다. 넓은 개념에서 사물이란 사실상 존재자 모두를 포괄한다. 돌이나 책상만이 아니라 구름과 새, 나아가 인간이나 신도 느슨하게 다 사물이라고 불린다.[6] 이런 넓은 용법에서 보면 작품도 당연히 사물이다.

---

6 우리말 '사물'을 이런 넓은 용법으로 쓰기는 좀 어색하지만, 독일어 'Ding'이나 영어 'thing'에는 분명히 이런 넓은 용법이 있다. 우리말에서 그런 넓은 용법으로 쓰기에 더 잘 어울리는 번역어는 '이것', '저것', '어떤 것'이라고 할 때의 '것'이 아

하지만 예술작품이란 무엇인가라는 물음에 대해 저 피상적 견해나 미감적 견해가 사물에서 답변의 기초를 발견했을 때, 암묵적으로 받아들인 '사물'은 이런 넓은 개념이 아니다. '순전한'이라는 수식어가 잘 어울리는 사물, 곧 돌이나 나무판자 같은 그저 눈앞에-있는 사물이다. 예술가적인 것이 덧붙어야 할 사물적 기저란 구름이나 새 또는 인간이나 신 등이 아니라, 단순한 석재나 목재 같은 것이다. 그러니 온갖 존재자를 무차별적으로 가리키는 넓은 개념이 아니라 순전한 사물의 '사물성$_{\text{Dingheit}}$'을 가리키는 좁은 개념이 필요하다.

이런 배경을 깔아두고서 하이데거는 서양 철학사에서 사물의 본질에 대한 세 가지 전통적 해석을 찾아내어, 각각이 그런 좁은 개념을 적절히 제공하는지 검토한다. 첫 번째 해석에 따르면, 사물이란 속성들의 기저에 놓인 채로 그 속성들을 자기 안에 담아 지탱하는 실체다. 그러나 이런 해석은 곧장 탈락한다. 이는 돌과 나무 같은 좁은 개념의 사물만이 아니라 모든 존재자에 통용되기 때문이다. 인간이나 신조차도 속성들을 담은 실체로 파악된다. 더욱이 이런 해석은 사물에 고유한 '자생적인' 성격을 간과한다. 그 해석에 깔린 합리적으로 고찰하는 태도가 감각에서 특유하게 감지되는 사물의 본성을 폭력적으로 왜곡하는 듯 보인다.

두 번째 해석은 첫 번째 해석의 문제점을 상쇄한다. 두 번째 해석의 요점은 이렇다. '눈앞에 현존하는 사물을 사고가 위장하지 않

닐까 싶다.

은 상태로 가만히 놔두자. 그러면 색, 소리, 촉감 등이 여러 감각기관을 통해 신체로 밀려든다. 사물이란 이처럼 감각적으로 주어지는 다양한 것의 통일성이다.' 그러나 하이데거는 이러한 해석이 얼핏 진정한 사물 현상을 반영하는 듯 보이지만, 실은 사물이 우리에게 본래 현상하는 방식을 왜곡한다고 지적한다. 일상에서 사물은 순전히 무의미한 감각의 쇄도 속에서 나타나지 않는다. 우리가 사물에서 통상 경험하는 것은 사고가 철저히 배제된 감각적 요소가 아니라, 예컨대 '쾅'하고 문 닫는 소리나 '번쩍이는' 자동차 광채 같은 일정한 의미를 지닌 사물의 성질이다. 오히려 사물 경험으로부터 사물을 인위적으로 떨어뜨려 놓은 뒤에야 순전히 무의미한 감각을 느낄 수 있게 된다.

그렇게 두 번째 해석도 거부하고, 세 번째 해석에 대한 검토로 넘어간다. 세 번째 해석에 따르면 두 번째 해석에서 거론한 감각적으로 쏟아지는 색, 소리, 촉감 등은 사물의 질료에 해당한다. 하지만 사물은 단순히 질료적인 것이 아니라 질료와 형상이 함께 정립된 것이다. 즉 사물이란 형상과 질료의 결합 또는 형상화된 질료다. 이러한 해석은 작품이란 사물적인 것과 예술가적인 것의 결합이라는 최초의 가정과 상통한다. 그래서 얼핏 애초에 요구되던 답변을 찾은 듯 보이기도 한다. 하지만 첫 번째 해석과 마찬가지로, 이러한 해석 역시 단지 미학 영역에서만이 아니라 아리스토텔레스의 질료-형상론 이래 존재자 일반에 대해 통용되던 것이다. 즉 우리가 찾던 좁은 개념으로서 순전한 사물의 사물성을 알려 주는 해석이 아니다.

이렇게 세 해석이 부적격으로 밝혀지면서, '예술작품이란 예술가적인 것이 덧붙은 사물'이라는 견해를 뒷받침할 수 있을 사물 개념을 파악하려던 시도도 실패로 끝난다. 하지만 하이데거는 세 해석 중 어느 것도 붙잡을 수 없었던 사물의 성격이야말로 사물의 사물성을 알려 주는 중요한 단서가 아닌지 묻는다. 이처럼 인간의 파악 시도에서 빠져나가고 물러나는 것, '자체 안에 머물면서 어디로도 내몰리지 않는 것', '자신 안에 닫혀 있는 것', 이런 것이야말로 사물의 본질에 속하지 않을까? 여기서 하이데거는 이후에 제시할 '대지'에 속하는 사물의 성격을 암시한다.

도구의 근원적 본질로서 신뢰성

사물, 도구, 작품은 서로 다른 존재자의 유형이다. 셋 가운데 어느 하나를 먼저 탐구하고 이를 통해서 다른 둘로 나아가는 식으로 존재론적 탐구 절차를 세워볼 수 있다. 이제 밝혀진 바는 사물로부터 작품으로 이행하려는 절차는 실패한다는 사실이다. 그렇다면 혹시 사물 대신 도구에서 출발하여 사물과 작품으로 나아가는 탐구 절차를 밟아보면 어떨까? 대략 그런 취지에서 하이데거는 이제 도구의 존재를 고찰하겠노라고 한다.

그러면서 그는 마치 순전히 우연인 듯 신발, 그것도 농부의 신발을 도구의 예시로 든다. 또 실감 나는 묘사가 필요하다면서 고흐의 유명한 신발 그림을 불러온다. 그 그림에서 하이데거는 먼저 덩그러니 놓인 농부의 신발 한 켤레를 본다. 첫눈에 보이는 바는 가죽과 끈으로 이루어진 신발이다. 그런데 그 신발은 발을 감싸는 용

빈센트 반 고흐 Vincent van Gogh, 〈구두 Schoenen〉, 1886.

도로 제작되었다. 도구의 존재란 바로 이런 '용도성 Dienlichkeit'인 듯 싶다.

도구의 존재에서는 용도성이 분명히 식별된다. 그렇지만 농부의 신발이 발을 안전하게 감싸주는 용도에 정말로 충실한 건 논밭에서 실제로 사용될 때, 즉 농사일이 무탈하게 진행되도록 농부의 발을 지탱할 때다. 이를 염두에 두고서 그림을 그저 체험 대상으로 소비하는 대신, 그림 앞에 좀 더 진득하게 머물러 보자. 이제 텅 빈 배경에 신발 한 짝만 놓여 있는 그 작품에서 논밭 고랑을 따라 움직이는 느린 발걸음을 지탱하는 신발, 저무는 저녁에 황량한 들길 위를 내딛는 신발이 보인다. 하이데거에 따르면, 이때 신발은 그저 유용한 제작물이 아니라 논밭과 저무는 해 그리고 들길을 아우르는 '대지 Erde'에 속한다. 또 그렇게 대지에 속하는 신발을 관통하여 탄생과 죽음을 비롯한 인생의 희로애락이 지나친다. 역시 하이데거에 따르면, 이는 신발이 농부의 '세계Welt' 안에서 보호받음을 뜻한다.

신발 같은 도구의 본질은 단순히 용도성에 국한되지 않는다. 한때 하이데거는 도구의 도구성을 '~을 하기 위한'이라는 지시 구조 속에서 파악했다. 여기에 용도성의 견지에서 도구성을 바라보는 관점이 스며 있음은 의심의 여지가 없다. 하지만 이제 하이데거는 용도성보다 더 근원적인 도구의 본질을 제시한다. 그에 따르면 도구의 용도성은 '신뢰성Verlässlichkeit'에 근거를 둔다. 도구의 주인이 도구를 충분히 믿고 자신을 맡길 수 있을 때만 도구는 도구다운 용도를 발휘할 수 있다. 도구의 도구다움은 신뢰성에서 나온다. 충분히 신뢰받는 신발에는 온갖 사물이 모여든다. 그때 신발은 농부의 인생 속으로 깊이 들어온다. 신발에 자신을 기꺼이 믿고 맡길 수 있기 때문에, 농부는 신발을 통해서 말없이 부르는 '대지'에 귀의하고 자신의 '세계'에 안심하면서 거주한다. 도구의 신뢰성이야말로 세계에 안온함을 가져다주면서 대지가 고향의 터전일 수 있도록 허락한다.

믿을 만한 도구만이 그 도구다움을 간직한다. 용도성은 신뢰성이라는 본질의 결과다. 이는 신뢰받지 못하는 도구가 제 용도나 기능을 상실하게 된다는 뜻이 아니다. 싼값에 대량생산되는 제품을 하루이틀 적당히 사용하고 버리는 사람에게 그 제품은 믿고 자신을 맡길 수 있는 도구가 전혀 아니지만 여전히 어떤 의미에서 유용하다. 그러나 그 제품은 도구다움을 상실한다. 여기서 도구의 존재는 황폐화된다. 도구는 자신의 고유한 무게에서 나오는 본질을 잃고 소모품으로 전락한다.

이렇게 하이데거는 도구의 근원적 본질이 신뢰성임을 밝혀내는 데까지 왔다. 논의가 어떻게 전개 중이었는지 돌아보자. 그는 작품의 존재를 탐구하기 위한 디딤돌로서 먼저 도구의 존재를 탐구했다. 그때 마치 우연처럼 고흐의 신발 그림을 참고했다. 하지만 이는 사실 우연이 아니라 작품의 본질로 논의를 이어 가기 위한 서술 전략이라고 봐야 한다. 이제 돌아보니, 도구의 존재를 신뢰성으로 해명하는 작업이 고흐의 그림이라는 예술작품을 통해 이루어졌다. 즉 그 작품 가까이 머물면서 비로소 도구의 본질을 용도성으로 보는 친숙한 관념에서 벗어나 그 근원적 본질을 통찰하게 되었다.

요컨대 작품을 통해서 비로소 도구가 도구로서 고유하게 출현했다. 하이데거는 바로 여기에 작품의 본질이 놓여 있다고 본다. 작품의 본질은 단순히 사물, 예컨대 신발의 외양을 충실히 재현하는 데 있지 않다. 고흐의 그림에서 비로소 신발이라는 도구가 '비은폐성'으로 들어섰다. 즉 작품에서 진리가 일어났다. 작품에서 존재자의 존재가 세워져 빛나게 드러났다. 예술작품에서 이러한 진리가 일어난다는 통찰로부터, 하이데거는 예술의 본질이란 "존재자의 진리가 작품 속으로 자신을 정립함"이라는 결론을 얻는다.[7]

이로써 돌고 돌아 최초의 물음에 대한 답을 얻었다. 예술작품의 근원으로서 예술의 본질이란 '작품 속으로 진리를 정립함'이다. 결론을 놓고 보면, 앞서 작품을 사물적인 하부구조와 예술가적인 상부구조의 결합으로 바라보는 관점은 작품의 본질을 이해하기에 너

7 전집 5권, 21쪽(〈예술작품의 근원〉, 《숲길》 개정판, 신상희 옮김, 나남출판, 2020, 39쪽).

무도 불충분하고 피상적임이 드러난다.

또한 이제까지의 논의로부터 결국 사물, 도구, 작품이라는 존재자의 유형 가운데 존재론적 탐구의 출발점으로 삼아야 할 존재자는 '작품'으로 밝혀진 셈이다. 먼저, 사물에서 출발하여 작품으로 이행하려는 시도는 실패했다. 다음으로, 도구에서 출발하여 다른 존재자의 본질에 도달하려는 시도가 뒤따랐다. 하지만 결국에, 이는 오히려 예술작품을 통해서 도구의 본질이 해명되는 결과에 이르렀다. 하이데거는 탐구 방향의 역전을 제안하고 싶은 모양이다. 이미 도구의 근원적 본질은 고흐의 구두 그림에 대한 감상을 통해서 '신뢰성'으로 밝혀졌다. 사물의 근원적 본질 역시 작품에서 비로소 고유하게 드러나는 '대지'로부터 밝혀져야만 한다.

진리, 세계, 대지

작품의 감상자는 작품 속으로 진리가 정립되는 사건에 동참한다. 고흐의 신발 그림 앞에 차분히 머물 때, 그 작품은 신발이 어떻게 세계와 대지에 속하는가를 현시함으로써 신뢰성이라는 신발의 근원적 본질을 드러난다. 고흐의 그림에서 신발로 모여든 존재자 전체가 개방되는 사건이 일어난 것이다. 하이데거는 이를 '진리Wahrheit' 또는 '진리사건'이라고 부른다. 이로써 그는 진리와 미를 각각 과학과 예술의 영역으로 분리하는 통념에 도전한다. 또한 이와 더불어 진리와 미는 각각 객관성과 주관성의 영역에 해당한다는 관념 또한 거부한다. 예술에서야말로 실로 존재하는 것이 무엇인지 밝혀진다고 주장하기 때문이다.

이 모든 주장을 이해하려면, 이제까지 미뤄뒀던 하이데거의 진리론에 관한 해설이 본격적으로 필요하다. 통상 진리는 판단이나 진술이 사물 또는 현실과 일치함을 뜻한다. '이 칠판은 검다'라는 진술은 눈앞에 놓인 칠판이 실제로 검은색으로 확인될 때 옳다고 확증된다. 일치설이라고 불리는 이러한 진리관에서 진리는 진술이나 판단의 '옳음'을 뜻한다. 하이데거는 일치설을 단순히 부정하지 않지만 불충분하다고 비판한다. 일치설은 진리의 문제를 1차적으로 사고, 판단, 진술의 차원에 둔다. 그러니 일치설이 지배하는 곳에서 예술의 진리를 운운하는 일이 터무니없어 보이는 것도 무리가 아니다. 하지만 하이데거가 보기에 진리의 장소를 판단이나 진술에 두는 견해는 사태의 핵심을 놓친다. 사고나 진술이 제시하는 바대로 먼저 존재자가 존재하는 것으로 발견되어 드러나 있지 않다면, 사고나 진술이 옳다고 여겨질 수도 없다. 그런 점에서 근원적으로 진리에 해당하는 것은 사고나 진술의 옳음을 가능하게 하는 존재자의 개방성이다. 저 돌멩이나 나무에게 이러저러하게 존재하는 것으로서 칠판은 그저 닫혀 있을 뿐이다. 반면에 진술자에게 칠판은 검은 칠판으로 존재하는 식으로 개방되어 있다. 이러한 개방성이 비로소 진술의 옳음을 가능하게 하는 1차적 조건이다.

하이데거가 존재자의 개방성이라는 근원적 차원을 진리 문제에서 특별히 강조하는 또 다른 이유가 있다. 그는 진술 차원에서 진리 문제를 고찰하는 지배적 관념이 지나치게 이론적 대도에 경도되어 있음을 문제시한다. '이 칠판은 검다' 같은 진술은 그 칠판과 거리를 둔 채 관찰하면서 내린 판단에서 나온다. 이론적 태도에서 비롯하는 이런 진술에서 주어('이 칠판')와 술어('검다')는 각각 실체적 사물과 그 속성을 지시한다. 그러나 일상을 영위하는 사람에게 칠판과 관련해 더 쉽게 나올 수 있는 진술은 예컨대 '이 칠판은 불편하다' 같은 말이다. 중요한 것은 이런 진술에서 존재자의 개방성은 단순히 실체와 속성의 조합만으로 설명할 수 없다는 점이다.

'이 칠판은 검다' 같은 이론적 태도의 진술에서 존재자의 개방성은 실체와 속성의 조합으로 설명해도 문제없어 보인다. 그 진술에서 중요한 것은 아무튼 칠판의 검은색이기 때문이다. 반면에 '이 칠판은 불편하다' 같은 진술에서 문제가 되는 사태는 실체와 속성을 지시하는 이론적 진술의 형식으로 재구성될 수 없다. 그 사태는 단순히 눈앞에-있는 하나의 사물로서 칠판이 아니라, 그 칠판이 속하는 주위 환경의 맥락 및 진술자의 신체적 여건 등을 포함한 전체의 개방성이다. 강의실이라는 공간을 구성하는 존재자 전체의 개방성이 그런 진술을 낳는다. 이러한 비非실체론적이고 전체론적인 개방성이 일상적 삶을 영위하게 해 준다.

존재자에 관한 진술이나 판단의 기저에 이러한 전체의 개방성이 놓여 있다. 그리고 그러한 전체는 궁극적으로 세계다. 그래서 1929~1930년 겨울학기 강의에서 하이데거는 온갖 "존재하는 것이 존재하는 것으로서 전체적으로 개방되어 있음"을 세계라고 불렀다.[8] 《존재와 시간》에서 하이데거가 세계-내-존재로서 현존재

---

8 전집 29/30권, 501쪽(《형이상학의 근본개념들: 세계–유한성–고독》 개정판, 이기상 옮김, 까치, 2025, 643~644쪽) 참조. 칠판의 불편함이라는 예시도 이 책에서 가져왔다.

는 '진리-내-존재In-der-Wahrheit-sein'이기도 하다고 말했던 것도 이런 맥락에서다. 현존재에게 부단히 세계가 개시된다는 사실은 그가 진술보다 근원적인 진리의 차원에 본래부터 뿌리박고 있음을 뜻한다. 물론 근원적 진리 차원에 머문다고 해서 인간이 오류나 착각으로부터 면제되어 있다는 뜻은 아니다. 진술이나 판단은 참이거나 거짓이다. 진술 진리, 곧 옳음은 거짓을 배제한다. 반면에 근원적 진리 차원으로서 개방성은 불확실한 것, 불분명한 것, 불명료한 것, 미지의 것, 미확정적인 것 등을 모두 포괄한다. 그래서 하이데거에게 인간은 진리-내-존재인 만큼이나 비非진리-내-존재이기도 하다. 근원적 차원에서 진리인 '비-은폐성'은 언제나 비진리인 '은폐성'을 동반한다.

〈예술작품의 근원〉에서 하이데거는 이전 저술에서 주로 '세계'라고 불렀던 것을 '터Lichtung'라고 부르고, '세계'는 좀 더 한정적인 용법으로 사용한다.[9] 모든 존재자가 들어서고 물러나는 곳, 존재자가 이러저러한 존재자로서 우리에게 드러나는 곳이 터다. 사물과 도구, 자연과 역사, 자신과 타인 모두가 하나의 터에서 드러난다. 이러한 터에 속하는 존재자 전체에 대해, 하이데거는 다시 '세계'와 '대지'라는 상이한 용어를 쓴다. 터의 이중적 경향 각각에 대해 '세계'와 '대지'라는 용어를 쓴다고 해석할 수도 있다. 그럴 때 '세계'는 존재자 전체를 그 자체로부터 개방하는 경향을, '대지'는 존재자 전체를 그 자체 안에 간직하고 가둬 두는 경향을 가리킨다.

---

9 때로는 '터'와 '세계'를 서로 바꿔쓸 수 있는 방식으로 사용하는 듯 보인다.

거칠게 말해서, '세계'란 존재자를 이러저러한 존재자로서 개방하는 일정한 맥락과 질서다. 이러한 맥락과 질서는 역사적으로 변천한다. 예컨대 고대 그리스 시대의 세계와 오늘날의 세계는 근본적으로 다르다. 인간의 삶에서 무엇이 중한지, 인간이 탄생하고 죽는다는 것은 어떤 의미인지, 인간의 길흉화복은 어떻게 결정되는지, 어떤 인생이 위대하거나 비참한지가 역사적으로 달라진다. 역사적 세계에는 존재한다는 것이 무엇인지, 또 어떻게 존재해 나가야 하는지에 관해 당대에 확립되어 동시대인에게 공유되는 핵심 지침이 담겨 있다.

반면에 '대지'란 그러한 세계가 역사적으로 펼쳐지는 지반이자 토대다. 흙과 땅, 논밭과 숲, 산과 들, 강과 바다는 모두 대지에 속한다. 아무리 도시화와 산업화가 진행되어도, 또 아무리 가상현실이 일상 속으로 침투해도, 피와 살로 이루어진 인간은 자연에 뿌리를 내리고 있다. 세계는 이러한 대지 위에 역사적으로 건립되고, 다시 대지는 그러한 세계 속에서 이런저런 의미를 띤 채 개방된다. 예컨대 앞서 고흐의 신발 그림에서 확인했듯 황량한 들길로, 휴식처이자 안식처로 개방된다. 이렇게 세계 속에서 개방된 대지를 하이데거는 "고향적 터전"이라고도 부른다.[10]

그러나 대지는 자연환경을 위시한 고향적 터전에 국한되지 않는다. 존재자를 담아내는 모든 것이 사실상 대지에 속한다. 따라서 전통적으로 물질이라고 불리는 모든 것이 대지에 해당하는 셈이

10 전집 5권, 28쪽(〈예술작품의 근원〉, 《숲길》 개정판, 48쪽).

다. 일정한 형태를 안정적으로 지속함으로써 그로부터 고정된 의미가 개방되게 하는 것이 대지다. 이 책상의 딱딱함과 회색빛을 채우고 있는 것도, 이 컵의 원통형을 이루는 것도 모두 대지에 속한다. 존재자를 일정한 형상 속에서 안정적으로 지탱하는 대지가 세계에서 현출해야만, 온갖 존재자가 그 형상 속에서 지속적으로 동일한 의미를 지닌 채 개방될 수 있다.

존재자는 세계에서 개방되고 밝혀지며, 대지에서 간직되고 지탱되는 식으로 존재한다. 이처럼 '세계의 개방성'과 '대지의 지탱'이 서로 어우러지는 가운데 존재자가 우리에게 접근하는 곳이 '터'다. 인간은 언제나 이러한 터의 개방성에 거주한다. 《존재와 시간》의 '세계 개시'는 〈예술작품의 근원〉에서 세계와 대지의 연관을 포괄하는 '터의 개방성'으로 발전한다. 세계 개시가 근원적 차원의 진리로 해석되듯이, 터의 개방성 자체도 근원적 차원의 진리로 해석되어야 마땅하다.

하지만 〈예술작품의 근원〉에서 하이데거는 일상적 삶에서도 이미 늘 이루어지는 터의 개방성에 대해 '진리'라는 용어를 거의 사용하지 않는다. 이에 대해 서로 연관된 두 가지 이유를 생각해 볼 수 있다. 첫째로, 일상에서 세계 개시 또는 터의 개방성은 세인과 퇴락으로 점철된 공공적 세계 해석에 지배당하고 있어서, '진리'라는 이름에 걸맞지 못하고 오히려 존재하는 것을 무차별적이고 피상적이며 평준화하는 방식으로 보여 주는 경향이 강하다. 여기에서는 터가 터로서 트임으로써 비로소 존재자가 세계에서 유의미하게 개방되고 대지에서 간직되고 지탱된다는 사실이 거의 완전히 파묻힌다. 둘째로, 일상에서 터의 개방성은 거의 수동적으로 계속 일어날 뿐이지만, '진리'라는 이름은 본래 진술이나 판단 같은 능동적인 특정 활동에 더 잘 어울린다. 물론 '이 칠판은 불편하다' 같은 진술은 앞서 논한 대로 칠판을 둘러싼 강의실 전체의 개방성이라는 더 근원적 차원의 진리에 의존적이다. 하지만 그 진술은 칠판의 사정을 공적으로 전달될 수 있는 언어 형식으로 특별히 적시함으로써, 단순히 어두운 배경으로 머물던 강의실 전체를 가시화하여 주목하게 만든다. 즉 하이데거의 용어로는 은폐성으로부터 비은폐성으로 끄집어낸다. 이것이 진술을 정당하게 진리라고 부를 수 있는 중요한 이유다. 반면에 터의 개방성은 특수한 활동이 동반되지 않은 일상적 삶에서 수동적으로 또는 비非활성적으로 남아 있을 뿐이다.

하이데거는 예술에서 진리사건 또는 진리가 작품 속으로 정립되는 일이 일어난다고 한다. 이는 진술이나 판단에서 특별히 사태를 주목하게 하는 적시가 이루어지듯, 예술에서는 일상에 파묻힌 터의 개방성이 그 자체로, 곧 그 본원적 성격에 걸맞게 일어난다는 뜻이다. 고흐의 신발 그림은 그 자체가 하나의 특수한 열린 터가 된다. 그 터에서 신발이 속하는 농부의 세계가 열리고 침묵하는 대지가 솟아난다. 고흐의 그림은 이처럼 존재하는 것을 존재하는 것으로서 트고 밝히는 터의 개방적 성격을 고스란히 보여 준다. 진술은 기껏해야 약간의 배경에 주목하게 해줄 뿐이다. 반면에 작품은 존재하는 것 전체가 세계와 대지의 어우러짐 속에서 개방되는 터로 존재한다. 이런 점에서 작품은 일상에 파묻힌 터와도, 또 진술과도 차별되는 탁월한 진리의 자격을 얻는다.

예술적 진리사건

〈예술작품의 근원〉에서 하이데거가 진리와 관련해 관심을 쏟는 문제는 일상적 삶의 밑바닥에 파묻혀서 비활성적으로 일어나는 터의 열림이 아니라, '예술'이라는 특수한 활동에서 탁월하게 일어나는 터의 열림이다. 하지만 그런 탁월한 진리사건이 예술에서만 가능하진 않다. 하이데거는 국가를 건립하는 '정치', 최상의 존재자에게 봉헌하는 '신앙', 존재와 진리를 사유하는 '철학'에서도 그런 진리사건이 가능하다고 본다. 탁월한 진리사건의 공통된 특징은 일상적 세계 개시의 범상하고 표준적이며 친숙한 성격을 깨부순다는 점이다. 일상적 세계 개시에서 존재자가 존재한다는 것, 예컨대 강의실에 칠판이, 도로에 가로수가, 사무실에 사람이 존재한다는 것은 매번 어디서나 똑같이 발견되는 지겹고 지루한 사실로 다가온다. 반면에 탁월한 진리사건에서 존재한다는 것은 어마어마하고 낯설며 놀라운 사실로서 우리를 사로잡는다. 그때 우리는 진리사건과 존재사건의 위력 속으로 흡사 끌려 들어가는 듯하다. 하이데거의 견지에서 보건대, 예술, 정치, 신앙, 철학 등이 지닌 특유의 매력, 아니 마력은 어쩌면 이러한 낯설고도 비범한 사건의 위력에서 비롯하는지도 모른다.

이제 예술에 특유한 진리사건으로 초점을 옮겨 보자. 〈예술작품의 근원〉에서 가장 인상적이고 가장 많이 회자되는 문구 가운데 하나는 '세계와 대지의 투쟁'일 것이다. 바로 이것이 예술적 진리

사건에 고유한 특징이다. 이 문구로 하이데거가 말하려는 바는 사실 지극히 사태에 충실한 것으로 전혀 난해한 내용이 아니다. 다만 '대지'의 다의성 때문에 주의가 필요하긴 하다. 앞서 고흐의 신발 그림에서 터가 열리고, 그곳에서 신발을 중심으로 농부의 인생행로를 근본적으로 규정하는 세계 및 그 세계를 떠받치는 대지가 현시한다고 언급했다. 이때 대지는 논밭과 들길, 강물과 호수, 숲과 산과 같은 '고향적 터전'에 해당한다. 반면에 '세계와 대지의 투쟁'에서 '대지'는 존재자를 그 자체 안에 담아내고 심지어 닫아거는 것을 가리킨다.

우선 예술작품에서 어떻게 '세계'가 존재자 전체를 개방하는가를 간단히 살펴보자. 지금 앞에 예술작품이 세워져 있다고 하자. 그 작품을 손으로 날라 옆으로 옮긴다. 이때 작품의 존재 방식은 사실 사물이나 물체의 존재 방식과 같다. 그것은 예술에서의 존재 방식이 아니다. 이제 작품에 눈길을 주고서 차분히 시간을 두고 충분히 감상한다고 하자. 그때 작품은 무언가를 현시한다. 하이데거식으로 말하자면, 존재자 전체가 들어서는 터를 열어 낸다. 예술의 방식으로 존재하는 작품으로부터 존재자가 이러저러하게 존재하는 식으로 개방된다. 고흐의 신발 그림에서처럼 말이다. 이때 세계는 존재자를 그 존재로부터 환히 밝혀 주는 역할을 맡는다. 또한 하이데거는 고대 그리스 신전을 예시로 삼아 어떻게 그로부터 존재자가 개방되는지를 섬세하게 묘사한다. 무엇보다도 신전에서는 신이 현존하는 세계가 열린다. 시 같은 문학에서도 마찬가지다. 예컨대 황동규의 〈즐거운 편지〉를 낭독하는 독자는 계절이 바뀌는 내내 사랑하는 이를 기다리는 한 인물의 세계가 열림을 경험한다.

이처럼 예술작품에서는 신발, 신전, 기다리는 인물 같은 어느 존재자를 중심으로 온갖 다른 존재자가 모여들어, 존재자 전체가 '세계'로부터 열린다. 세계는 그 안에서 모든 존재자가 이런저런 존재자로서 개방되도록 한다. 세계는 여하한 존재자가 일정한 의미로 이해될 수 있도록 개방한다. 고흐의 신발 그림에서는 논밭과 들길, 저무는 해 등이 모두 특정하게 이해되도록 개방된다. 황동규의 시에서도 골짜기에 퍼붓는 눈, 떨어지는 낙엽, 사랑하는 이를 기다리는 화자가 마찬가지로 개방된다. 물론 과학같이 대상을 완전히 투명하게 설명하려는 것은 아니지만, 예술작품에서 열린 세계는 그 안에서 존재자를 개방함으로써 그에 대한 이해 가능성을 도모한다. 세계는 말하자면 존재자를 밝혀 주는 빛과 같다.

그러나 예술작품에는 세계의 개방하는 힘에 맞서는 정반대 힘도 작용한다. 그것이 '대지'다. 길가에 놓인 묵직한 돌덩이는 (예컨대 세계에서 돌팔매질 용도로 이해되기 이전에) 순수하게 대지에 속하는 것으로 마주치게 된다. 손안에 움켜쥐어질 때 돌덩이는 그 무거움을 말없이 내뱉는다. 이런저런 의미로 파악하려는 인간의 시도 앞에서 스스로 뒤로 물러난다. 그 중량이나 크기를 재거나 이름을 붙이거나 어떤 용도로 사용하고자 하는 그 모든 시도에도 불구하고, 고갈되지 않는 내적 깊이를 그 안에 간직한다. 의미를 앗아가면서 그 자체 안에 머물고 그 자체 안에 갇혀 있는 것, 이것이 대지 본연의 특성이다. 하이데거에게 사물은 이런 대지에 속한다. 일정한 의미로 존재자를 개방하는 힘이 일상을 지배하기 때문에, 일상에서 이런 대지를 순수하게 마주치기란 어렵다. 하지만 예술작품에서 대지는 이처럼 그 자체를 닫아거는 것으로서 현출한다. 대지는 세계의 개방적 특성을 거슬러, 존재자가 자신 안에 닫힌 채로 머물도록 한다.

회화, 조각상, 건축물, 시 등 모든 종류의 예술작품은 특정한 질료로 구성된다. 각각의 예술작품은 물감, 청동, 석재, 낱말 등의 질료로 이루어진다. 이런 질료는 그 자체만으로는 색, 촉감, 모양, 소리 같은 순전한 감각적인 것만을 제공할 뿐, 무의미한 것으로 머문다. 손에 쥔 묵직한 돌덩이가 자신의 무거움과 단단함만을 알려 줄 뿐, 의미를 내보이려 하지 않는 것과 마찬가지다. 작품에서 세계가 열리도록 하려면 약간 뒤로 물러나서 작품을 하나의 전체로 조망해야 한다. 하지만 한번 아주 가까이 다가가 작품의 부분 부분을 본다고 해 보자. 그때 작품은 세계를 열어 내는 대신에 순전히 질료적인 것만을 감각하도록 내준다. 이때 작품은 세계를 개방하지 않으므로 예술의 고유한 방식으로 존재하지 않는다. 이제 다시 세계가 열리도록, 약간 물러나 작품을 전체로서 감상하자. 그때 작품은 단순히 세계를 개방하기만 하는 것이 아니다. 작품은 세계를 개방하되 그 개방이 자체의 질료로부터 이루어지도록 한다. 그래서 이때 질료적인 것이 작품에서 함께 현출하지 않을 수 없다. 회화에서 물감의 고유한 색채와 질감, 조각상에서 청동의 고유한 질량감과 빛깔, 건축물에서 석재 기둥의 고유한 지탱력과 형체, 시에서 낱말의 고유한 운율 등이 함께 솟아난다. 이 모든 것은 작품에서 아무것도 아닌 것이 아니라 작품성을 결정하는 핵심 요소다. 각각의 작품 내부에는 다양한 질료가 한데 어우러지는 특유한 방식이 있다. 이처럼 세계에서 존재자를 담아내면서 현출하는 질료적인 것을 하이데거는 대지라고 부른다.

작품에서 세계는 오로지 대지를 통해서만, 즉 다양한 질료의 일정한 배열 및 구성 방식을 관통해서만 열릴 수 있다. 여러 물감이 선을 긋고 모양을 만들고 색을 채우는 방식 또는 여러 낱말이 말소리의 연속과 휴지를 만들고 운율과 울림을 자아내는 방식을 통해, 예컨대 고흐의 그림에서 농부의 세계가 열리고 황동규의 시에서 사랑하는 이를 기다리는 화자의 세계가 열린다. 질료가 빚어내는 일정한 형상을 뚫고서 존재자 전체가 이러저러한 방식으로 존재한다고 이해할 수 있는 세계가 열린다. 여러 질료가 배열되는 방식으로서 '형상Gestalt'은 그래서 "진리가 빛나는 틈새"다.[11] 대지에 새겨진 형상에서 진리의 빛이 트인다. 즉, 터가 트이고 열린다. 세계에서 온갖 존재자가 일정한 의미로 개방된다. 물감이나 청동, 석재나 낱말 등의 배열이 지속적으로 고정된 형상을 갖추어야만, 거기에 진리와 세계가 단단하게 확립될 수 있다.

진리는 형상 속에 세워진다. 작품에서 일어나는 진리사건을 묘사하기 위해서, 하이데거는 우리말 '세움'이나 한자 '立'(설 립)으로 번역할 수 있는 어근을 포함하는 여러 어휘를 작품의 진리 묘사에 쓴다. 정립Setzen, 확립Feststellen, 설립Einrichten, 건립Errichten, 창립Stiftung 등이 그 예다. 이런 용어는 모두 작품에서 진리가 고정된 형상 속에

11 전집 5권, 51쪽(〈예술작품의 근원〉, 《숲길》 개정판, 81쪽).

안정적으로 세워짐을 가리킨다. 진리 수립의 안정성은 대지에 빚진다. 작품에서 열리는 세계는 무작위적이거나 제멋대로일 수 없다. 작품의 대지에 새겨진 형상을 통해서만 세계가 열리기 때문이다. 작품의 대지적인 것이 존재자의 개방성을 규정하는 기반이다.

하이데거가 보기에 작품 창작은 예술가의 천재적 영감이나 내면적 체험 같은 것으로 적절히 설명할 수 없다. 또 마찬가지로 작품 감상도 예술가의 원체험을 추체험한다는 식으로는 충분히 설명할 수 없다. 이런 점에서 하이데거는 창작과 감상에 대한 주관주의적이거나 심리학적인 설명을 거부한다. 창작 행위는 예컨대 회화의 경우 캔버스와 물감이라는 대지에 일정한 형상을 갖추게 함으로써 그로부터 세계가 열리도록 진리를 설립하는 일이다. 창작에서는 진리가 대지의 형상 속으로 자신을 설립하는 사건이 일어난다. 마찬가지로 작품 감상이란 작품 가까이에 머물면서, 그 형상을 틈새로 삼아서 비치는 진리가 일어나도록 하는 것이다. 그래서 하이데거는 '작품 감상' 대신에 '진리 보존'이라는 용어를 쓴다. 하이데거에 따르면 우리가 '작품을 감상한다'고 말할 때 벌어지는 일은, 작품에서 일어나는 진리에 동참함으로써 그 진리를 작품에 잘 보존하는 일이다.

진리가 빛나는 틈새로서 대지의 형상은 대지와 세계가 투쟁하는 균열이기도 하다. 세계는 말하자면 대지를 찢고 나온다. 형상은 세계가 대지를 찢고 나오는 틈새이자 균열이다. 대지는 찢고 나오려는 세계를 지탱하는 동시에, 그 세계를 자신 안에 다시 닫아걸어 두려고 한다. 대지의 질감과 소리, 빛깔과 형체는 일정한 형상을 이루면서 그로부터 세계가 열려 존재자들을 이해할 수 있도록 해준다. 하지만 동시에 대지는 무겁게 그 자체 안에 머물면서 그로부터 열리는 의미를 다시 그 자체 안에 담아 두고자 한다. 작품을 사물로서 보고 질감과 소리 등에 초점을 두면 세계가 아예 열리지 않을 수도 있다. 하지만 세계가 열리도록 작품을 작품으로서 감상할 때도 질감과 소리 등은 그로부터 열리며 나오는 의미를 자꾸 다시 그 자체 안으로 끌어내린다. 시의 운율을 이루는 낱말도 감상자에게 세계를 열어 주는 듯싶다가, 이내 무의미한 소리 감각으로 감상자를 붙들어 두고자 한다. 이를 두고서 하이데거는 '세계와 대지의 투쟁'이라고 명명한다. 존재자를 이해할 수 있도록 개방하려는 경향성과 존재자를 자체 안에 닫아두려는 경향성이 작품에서 충돌한다.

작품은 그 자체의 대지가 감각적으로 현출하도록 함으로써 감상자를 그러한 감각적 현출에 머물도록 한다. 하지만 동시에 대지에 새겨진 형상을 비집고 나와 세계가 트이고 열리도록 하는 사건으로 감상자를 끌고 온다. 작품 감상이란 이처럼 대지의 균열에서 세계가 열리도록 하면서도, 그러한 개방성의 토대로서 대지가 그 본연의 성격대로 솟아나게 하는 것이다. 예술작품을 감상할 때 언제나 알 듯 모를 듯한 느낌이 남는 이유는 세계의 개방적 힘을 억누르는 대지의 특유한 힘 때문일 것이다.

예술작품에 고유한 진리사건의 특징은 세계와 대지의 투쟁이다. 하지만 하이데거는 예술에 진리의 자격을 부여하면서도 선통적으로 예술에 남겨졌던 미의 자격을 박탈하지 않는다. 세계와 대지가 투쟁하는 균열 자체가 작품이 아름답게 빛나는 원천이기 때문이다. 형상의 틈새에 균열을 내면서 진리가 비칠 때 감상자는 아름다움을 느낀다. 의미를 자신 안에 닫아걸려는 물감의 두터운 터치를 뚫고서 세계가 개방되는 사건은 진리일 뿐만 아니라 그 자체로 아름답다.

예술과 역사적 사명

하이데거의 예술론에서 이제까지 언급하지 않은 또 다른 특기할 만한 부분이 있다. 하이데거는 예술작품이 개시하는 세계가 민족 또는 공동체의 운명 및 역사적 사명을 규정하고 제시한다고 본다. 예술작품으로부터 열리는 세계에서 역사적 민족을 위한 중차대한 결단이 내려진다. 그 세계는 승리와 패배, 축복과 저주, 화와 복 같은 인간 삶에서 근본적인 문제에 대한 결단을 보여 준다. 예컨대 하이데거에 따르면 고대 그리스 신전에서 열린 세계는 그리스 민족이 신의 현존 속에서 살아가야 하는 방식에 대한 근본적인 지침을 담고 있다.

하이데거에게 예술작품의 창작이란 진리의 창립이다.[12] 그는 이때 '창립'의 의미를 '선사Schenken', '토대 건립Stiftung', '시작Anfang'이라는 용어를 통해 삼중으로 해설한다. 첫째로, 작품에서 개방된 진리는 통상적으로 알려진 것, 비근한 것, 범상한 것의 척도로 재단할 수 없는 어떤 특별한 것, 곧 어마어마하고 엄청난 것이다. 이런 점에서 진리의 창립은 일상을 초과하는 선물을 '선사'하는 일이

---

12 전집 5권, 63쪽 이하(〈예술작품의 근원〉, 《숲길》 개정판, 97쪽 이하).

다. 둘째로, 창립은 진리를 보존할 역사적 민족을 위한 '토대를 건립'한다. 즉 놀랍고도 비상한 진리를 선사하는 창립은 역사적 민족을 위한 토대를 건립하는 일이기도 하다. 이러한 이중적 의미의 창립은 나아가 세 번째 의미로 연결된다. 창립은 비근하고 통상적이며 평준화된 것과 싸우면서 역사적 민족이 앞으로 도약할 시원을 형성한다. 따라서 셋째로, 창립은 역사의 새로운 '시작'이다.

여기서 생각해 볼 문제는 과연 예술작품에 대해 역사의 시작으로서의 창립을 요구하고 기대하는 것이 합당한가이다. 하이데거는 고대 그리스 신전이야말로 그 적절한 사례라고 주장할 듯싶다. 하지만 우리가 의심의 여지 없이 예술이라고 손꼽는 여러 작품이 모두 하이데거가 의미하는 바의 역사적 창립을 실행한다고 해석하기란 아마 쉽지 않을 것이다. 하이데거는 자신의 예술에 관한 논의는 언제나 "위대한 예술"에 관한 것이라고 지나치듯이 언급한다.[13] 이러한 언급에서 앞선 문제 제기에 대한 하이데거의 답변을 예상할 수 있다. 즉 역사적 창립을 수행하지 못하는 작품은 사실 예술작품으로서 결격이라는 것이다.

실로 하이데거는 '예술의 죽음'이라는 헤겔의 논제를 받아들인다.[14] 19세기 초에 헤겔은 예술의 죽음을 선언했다. 위대한 예술의 시대는 끝났다는 것이다. 절대정신을 주창하는 헤겔에게 이는 별

---

13 전집 5권, 26쪽(〈예술작품의 근원〉, 《숲길》 개정판, 44쪽).

14 하이데거가 헤겔의 논제를 어떻게 수용하고, 또 그로부터 거리를 두는지에 관한 상세한 고찰로, Julian Young, *Heidegger's Philosophy of Art*, Cambridge & New York: Cambridge University Press, 2001, 6쪽 이하 참조.

로 애석한 일이 아니었다. 그에 따르면 예술은 절대정신이 현현하는 낮은 차원의 형식에 불과하기 때문이다. 절대정신은 종교 그리고 궁극적으로 철학을 통해 더 고차적으로 현현할 수 있다. 반면에 하이데거에게 예술의 죽음은 지극히 애석한 일이다. 그에게 오늘날 예술이 더는 역사적 민족을 위한 시원을 창립하지 못한다는 현실은 예술의 퇴락을 의미한다. 하이데거의 견지에서 보면, 예술이 자극적인 체험 대상이나 이색적인 문화상품으로 전락한 현실은 위대한 예술 실종의 이면일 뿐이다.

예술에서 진리가 정립되는 사건이 일어난다. 독일어를 쓰는 하이데거는 사건의 일어남Geschehen은 역사적geschichtlich이라는 주장을 어원적 동일성에 따라 자연스럽게 제시한다. 나아가 예술의 진리사건에 특별한 역사적 의미를 부여한다. 그러나 이러한 예술 규정이 하이데거 개인의 예술에 대한 과도한 기대에서, 달리 말해 1930년대 중반 독일이라는 역사적 격변기에 그가 품은 시대사적 관심에서 비롯하진 않았는지 성찰이 필요해 보인다. 이는 예술에 대한 순수한 현상학적 통찰에서 비롯하지 않았을 수도 있다.

3 / 근대 과학과 근대의 본질

고대와 중세의 존재 경험

전기 하이데거는 서양 철학사의 '해체'를 주장했다. 그는 '전통'이라는 이름으로 정형화된 해석을 물리치고 위대한 형이상학자의 텍스트와 직접 대결하면서 텍스트의 이면에 가려진 사태의 흔적을 발굴함으로써, 자신의 현상학적 탐구를 검토·보완·확증하고자 했다. 이때 그는 암묵적으로 사태의 동일성을 가정한다. 전기 하이데거에게 '존재와 시간'이라는 사유의 사태는 시대가 변천한다고 해서 달라지지 않는다. '해체'가 필요했던 이유는 과거의 형이상학자들이 보지 못했던 사태를 자신이 제시하기 위해서였다.

반면에 후기 하이데거는 존재의 역사를 주창한다. 시대에 따라 사유의 사태, 곧 존재는 변천한다. 시대마다 존재 해석이 달랐던 이유는 실제로 존재가 달랐기 때문이다. 각 시대의 대표적 사상가는 자신의 시대에 드러났던 존재를 탁월하게 사유했던 인물이다. 따라서 그들의 텍스트에서 시대에 따라 변천했던 존재를 확인할 수 있다. 이제 하이데거는 과거 사상가들의 존재 해석을 '해체'하기 위해서가 아니라, 오히려 당대에 드러난 존재의 모습을 확인하기 위해 그들의 사상을 독해한다.

그런데 하이데거가 형이상학의 역사에 그토록 관심을 기울였던 이유는, 비단 존재자의 존재에 대한 형이상학자들의 파악을 통해서 시대에 따라 어떻게 존재가 변천했는지를 확인하기 위해서만은 아니었다. 하이데거는 각 시대에 형이상학적으로 파악된 존재가 그 시대의 모든 현상을 밑바닥에서부터 규정하는 근거라고 본다. 한 시대를 특징짓는 다양한 현상을 당대에 지배적인 존재를 통해서 설명할 수 있다는 뜻이다. 따라서 존재의 역사는 단순히 책상 앞 철학자의 순전히 이론적인 관심사로 한정되지 않는다. 하이데거에 따르면 존재의 역사는 결국 인류 문명의 역사적 변천의 뿌리인 셈이다. 형이상학의 역사에 새겨진 존재의 역사를 통해서 인류사 전체를 해명할 수 있다. 나아가 존재의 역사가 동시대 또한 지배하기 때문에, 작금의 인류가 겪는 곤경과 그 타개 방향 역시도 모두 그 근원적 역사로부터 모색되어야만 한다. 이처럼 형이상학의 역사에 대한 하이데거의 관심은 훨씬 더 포괄적인 관심을 바탕에 두고 있다.

하이데거는 존재의 역사가 시작된 출발점을 고대 그리스로 본다. 최초의 시원에서 존재는 '피시스physis'로 나타난다. 피시스는 오늘날 '자연'으로 번역된다. 그러나 하이데거는 이 번역에 오해의 소지가 많다고 본다. 고대 그리스인이 경험했던 피시스는 자연이라는 번역어로는 전혀 전달되지 않기 때문이다. 역사와 대비되는 자연은 존재자의 한정된 영역을 가리킨다. 반면에 피시스는 존재자 전체의 존재 방식을 가리킨다. 하이데거에 따르면 고대 그리스인이 근원적으로 경험했던 피시스는 존재자가 피어오르고, 그 자체를 열면서 펼치고, 펼치는 가운데 현출하고, 그런 "현출 속에 머물면서 성盛함"을 일컫는다.[15] 또한 피시스는 그 자체를 인간에게 열면서 인간 위로 덮쳐 오는 것이기도 하다. 피시스가 '자연'이라고 번역된 이유는 이처럼 그 자체로부터 피어오르며 펼쳐 내는 존재자의 전형이 자연이었기 때문이다. 그러나 하이데거에 따르면 고대 그리스인은 기본적으로 존재자 전체가 이런 식으로 존재한다

15 전집 40권, 16쪽(《하이데거의 형이상학 입문》 개정판, 박휘근 옮김, 그린비, 2023, 41쪽) 참조.

고 경험했다.

고대 그리스에서 존재는 플라톤의 사상에서 변곡점을 맞이한다. 플라톤에게 존재는 이데아다. 하이데거에 따르면 플라톤이 경험한 이데아는 여전히 피시스같이 그 자체를 열어 내는 빛으로서의 성격을 간직한다. 그러나 동시에 이데아는 항구히 지속적인 형상으로서 존재자가 무엇인지를 규정하는 근거이기도 하다.[16] 이 후자의 존재 성격이 피시스로서의 존재 방식을 뒷전으로 밀어내고 존재의 중심을 차지하면서, 본격적으로 서구 형이상학의 역사가 시작된다. 그때부터 존재는 기본적으로 언제나 불변하는 항구적 기체基體로 통용된다.

또한 피시스에서 이데아로의 변천과 더불어 진리 또한 점차 변천한다. 피시스로서 존재는 본질적으로 그 자체를 빛나게 열어 내는 비은폐성이다. 피시스에서 존재자는 인간에게 활짝 열려 모여들고, 인간의 사유와 인식은 그러한 존재자를 환한 빛 속에 모아들여서 붙든다. 그래서 피시스로서의 존재와 비은폐성으로서의 진리는 서로 연결된다. 반면에 이데아는 진술의 옳음을 불변적으로 보장해 주는 실체다. 여기서 진리의 자리는 존재에서 진술로 옮겨 간다. 최초의 시원에서 인간이 사유한다는 건, 그렇게 피어오르며 덮쳐 오는 것에 가까이 머물면서 그것을 모아들여 밝힌다는 뜻이었다. 이는 곧 비은폐성의 사건이자 진리다. 플라톤에게도 진리는 아직 비은폐성이라는 근원적 의미를 간직한다. 하지만 진술이 이데

16 플라톤의 이데아에 대한 하이데거의 해석으로는, 나의 논문, 〈1931/32년 강의에 나타난 하이데거의 이데아 해석〉, 《철학》 제144집, 2020, 183~194쪽 참조.

아와 일치해야 한다는 요구가 그 이상으로 중요해진다. 이러한 경향성이 강화되면서 일치설로서 진리관이 서구 형이상학을 지배하게 된다.

플라톤에게 아직 남아 있던 고대 그리스인의 근원적인 존재 경험은 로마인에게 고스란히 계승되지 않았다. 하이데거는 그리스어가 라틴어로 번역되면서 존재가 근본적으로 변천한다고 본다. 예컨대 피시스가 '나투라natura'로 번역될 때, 그 자체를 열어젖히며 다가옴이라는 사태는 지워지고 단순히 한 존재자 영역인 자연만이 남게 된다.

하이데거는 중세 시대에 지배적인 존재는 "현실성actualitas"이라고 본다.[17] 여기서 현실성은 어떤 원인의 힘에 의한 작용의 작동이다. 그 원인은 궁극적으로 가장 순수하게 현실적인 것, 곧 다른 원인에 의한 작용을 받지 않고 스스로 작용하기만 하는 것이다. 이는 물론 창조주 신이다. 그리고 여타의 현실적인 것, 곧 존재자는 모두 피조물이다. 피조물로서 현실적인 것의 현실성은 신의 작용을 받는다. 피조물은 단지 최초의 탄생뿐만 아니라 이후의 인생에서도 신의 작용을 계속 받는다. 즉 인생은 신이 부여한 목적을 향해 나아가는 과정으로 이해된다. 따라서 피조물의 존재란 신의 작용을 받음을 뜻한다. 결국 중세에 존재자(피조물)가 존재한다는 것은 신의 질서와 섭리 밑에 있다는 뜻이 된다.

근대인에게 존재는 또다시 근본적으로 변천한다. 하이데거의

---

17 전집 6.2권, 411쪽 이하(《니체 2》, 박찬국 옮김, 도서출판 길, 2012, 380쪽 이하) 참조.

주된 관심사는 근대에 지배적인 존재 방식을 통해서 근대의 본질을 파악하는 것이다. 왜냐하면 근대가 오늘날까지 여전히 뿌리 깊은 영향력을 행사하고 있기 때문이다. 근대의 본질 파악은 곧 동시대의 본질 파악과 거의 같다. 다만 하이데거는 오늘날 근대의 본질이 극단적으로 치달으면서 새로운 존재 양상이 전개된다고 보고, 그 양상에 대해 '조작Machenschaft', '의지에의 의지Wille zum Willen', 그리고 가장 결정적으로 '몰아세움' 같은 용어를 사용한다. 이후에 우리는 몰아세움이라는 존재 양상에 관한 성찰을 살펴보겠지만, 먼저 근대의 본질과 근대를 지배한 존재 방식을 들여다볼 필요가 있다.

'세계상의 시대'와 근대적 현상

〈세계상의 시대Die Zeit des Weltbildes〉(1938)는 존재사적 사유의 전초적 형태를 보여 준다. 여기서 하이데거는 각 시대에 파악된 존재는 그 시대의 주요 현상을 철저히 지배하는 근거라고 본다. 한 시대의 본질이자 근거로서 존재는 당대의 형이상학에서 모습을 드러낸다. 시대마다 형이상학은 존재자의 본질을 특정하게 해석하고 또 진리를 특정하게 파악함으로써, 한 시대의 본질적 형태를 제시한다. 이는 형이상학이 각 시대를 핵심적으로 정초한다는 뜻이다.

〈세계상의 시대〉는 근대 과학의 본질을 규명하고, 이를 통해 다시 근대 전반의 형이상학적 근거를 밝혀낸다는 점에서 특히 중요한 저술이다. 제목대로 하이데거는 궁극적으로 근대 세계가 '세계상Weltbild'으로 전락했음을 보여 주고자 한다. 이어지는 내용에서는 이 저작의 논의를 따라가면서 과학과 근대의 형이상학적 의미를 성찰하고자 한다.

하이데거는 근대의 본질적 현상으로 '과학', '기계기술', '감성미학Ästhetik',[18] '문화', '탈신성화' 다섯 가지를 꼽는다. 각각은 '학문', '기술', '예술', '인간의 고차적 활동', '종교'와 관련된다. 아마 누구나 인정하겠지만, 이것들은 인간의 삶과 사회에서 본질적이다. 그리고 시대에 따라 형이상학적 근거가 변천하면서, 이 다섯 가지도 변천한다. 즉 각 시대의 형이상학적 근거에 의해서 매번 달리 규정된다. 하이데거가 체계적인 도표를 만들려고 시도하지는 않았지만, 하이데거 사유의 연장선상에서 근대처럼 고대와 중세에 대해서도 시대에 따라 달리 나타나는 다섯 유형을 상이한 명칭과 개념으로 제시할 수도 있을 것이다. 예컨대 학문은 고대에 '인식episteme(에피스테메)', 중세에 '교의doctrina'와 '지식scientia'이라고 불렸다. 단지 명칭만 다르진 않았다. 고대의 인식에서는 존재자가 가까이 현전하도록 눈앞에 불러오는 것이 중요하다면, 중세의 지식에서는 최고선이자 최고의 존재자를 향한 신앙에 봉사하는 것이 중요하다.

이후에 상세히 논할 과학을 제외하고, 하이데거는 남은 네 가지 근대적 현상을 간략하게 해설한다. 우선 '기계기술'은 단순히 근대적 수리·자연과학의 응용이 아니다. 기계기술 자체가 그 본성상 수학적 자연과학의 이용을 요구한다. 이러한 생각은 나중에 〈기술에 대한 물음〉(1953)에서 훨씬 더 발전된 형태로 다시 나타난다.

---

18 'Ästhetik'은 통상 '미학'으로 번역하지만, 이 단어로는 하이데거가 의미하는 바가 전달되지 않는다. 그래서 부득이 어색한 조어인 '감성미학'으로 번역했다.

다음으로 근대 예술은 '감성미학'의 영역으로 떨어진다. 이는 예술이 체험 대상으로 소비된다는 것, 예술이 창작자 개인의 생生의 표현으로 이해되고 예술 감상은 그것을 뒤따라 다시 체험하는 일로 간주된다는 것을 뜻한다. 여기서 재차 하이데거의 '예술의 죽음' 논제를 확인할 수 있다.

또한 근대에 인간의 고차적 활동은 '문화'로 파악된다. 하이데거는 문화가 철저히 근대적 현상이라고 본다. 그에게 '고대 문화'나 '중세 문화'란 적절치 못한 표현으로, 근대적 관점을 고대나 중세에 투사하는 것과 다름없다. 문화란 인간의 고차적 가치를 실현하는 것이다. 하지만 이 가치라는 개념 자체가 근대적 주관주의의 산물이다. 가치는 인간 주체의 평가에 의해 확립된다. 가치 추구로서 문화의 만연은 인간중심주의의 일면이다. 또한 하이데거는 영화관이나 관광을 비롯한 문화상품이 근대에 광범위하게 유행하는 현상은 존재의 진리를 상실한 허무주의가 도래하면서 생겨난 공허와 공백을 대체하려는 무익한 시도라고 본다.[19]

마지막으로 하이데거는 '탈신성화'에 대해 다루면서, 먼저 이것이 조야한 무신론과 같은 의미는 아니라고 운을 뗀다. 근대에도 종교는 지배적이다. 실로 오늘날에도 마찬가지다. 하이데거는 심지어 근대에 세계상이 기독교화되었다고 본다. 왜냐하면 데카르트, 스피노자, 라이프니츠만이 아니라 셸링과 헤겔에 이르기까지, 세계의 근거는 무한자이자 절대자로 파악되기 때문이다. 하지만 거

---

19 전집 65권, 139쪽(《철학에의 기여》, 이선일 옮김, 새물결, 2015, 208쪽) 참조.

꾸로 기독교 자체도 하나의 세계관으로 전락한다. 즉 세계를 바라보는 하나의 관점으로 여겨질 따름이다. 이제 종교는 만인에게 절대적 신앙을 요구하지 못한다. 신의 현존을 위해 자신의 전부를 내걸고 헌신하는 결단은 부재하고, 그 부재를 그저 종교적 체험이 채울 뿐이다. 여전히 종교는 유행하지만, 교회는 신성 강림의 자극을 맛보기 위한 전당일 뿐이다. 하이데거는 여기서 신이 떠나감을 목도한다. 이런 전반적 현상이 '탈신성화'로 의미하려는 바다.

근대 과학의 본질

하이데거는 다섯 현상 중에서 첫째로 꼽은 '과학'을 토대로 삼아, 근대를 지탱하고 규정하는 형이상학적 근거가 무엇인지를 묻는다. 근대의 다섯 현상 모두의 근저에 동일한 형이상학적 본질이 깔려 있으므로 어느 현상을 토대로 탐구를 진행해도 동일한 결론을 얻게 될 것이다. 그렇지만 하이데거는 〈세계상의 시대〉에서 다른 현상을 젖혀두고 과학의 본질에 대한 물음만을 던진다. 이는 분명 그가 다른 어느 현상보다 과학에서 특히 근대의 본질이 명확하게 드러나리라고 보았기 때문일 것이다. 오늘날 누구도 우리 사회에서 과학이 차지하는 중차대한 비중을 감히 부인하려 들지 않는다. 분명 과학은 현시대를 지배하는 근본 현상이다. 따라서 과학의 본질 규명을 통해 근대와 현시대의 본질에 대한 통찰을 얻으려는 시도는 극히 자연스러워 보인다.

하이데거에 따르면 근대 과학은 고대의 에피스테메(인식)나 중세의 교의 및 지식과는 근본적으로 다르다. 이러한 차별성을 고려하여 하이데거는 근대 과학을 '연구Forschung'라고 명명한다. 이처럼 본질적 차이가 있기 때문에, 아리스토텔레스 물체론의 운동 이론과 갈릴레이의 자유낙하 이론을 나란히 놓고 비교하면서, 후자가 옳고 전자는 틀렸으니 과학은 점차 진보한다는 식으로 생각해서는 곤란하다. 고대의 에피스테메에는 그 본질상 정확성 자체가 요구되지 않는다. 그것은 근대 과학에 한정된 요건이다. 하이데거가 보건대, 자연에 대한 아리스토텔레스의 학문과 갈릴레이의 학문 사이의 관계는 아이스킬로스의 시와 셰익스피어의 시 사이의 관계와 마찬가지다. 누구도 셰익스피어의 시가 아이스킬로스의 시보다 진보했다고 함부로 단언할 수 없다. 그 사이에는 근본적인 역사적 차이가 있다. 마찬가지로 학문 간에도 근본적인 역사적 차이가 있다. 여기에서 현대 과학의 오만에 대한 경고의 목소리를 듣기란 어렵지 않다. 아울러 시대 간 학문적 성격의 근본적 차이에 관한 하이데거의 주장은 패러다임의 차이로 인한 이론 간 통약불가능성을 주장하는 토머스 쿤Thomas Kuhn의 과학철학을 연상케 한다.

근대 학문은 '연구'다. 그렇다면 연구의 본질은 무언가? 하이데거는 세 가지 특징을 꼽는다. 첫째는 '구상', 둘째는 '절차', 셋째는 '운영'이다. 이 셋은 등가적이지 않다. 첫째 특징이 가장 근본적이고, 이것이 둘째를 규정하고, 다시 이 둘이 함께 셋째를 규정하는 식이다.

1) 'Entwurf'이라는 용어는 《존재와 시간》 이래로 하이데거의 여러 저작에서 조금씩 다른 의미로 등장한다. 여기서는 '기투'나 '기

획투사'보다 '구상構想'이라는 번역어가 더 적합하다. 이는 독일어에서 이 단어의 통상적 의미에 더 가깝기도 하다. 인식은 탐구되는 존재자의 한 영역을 미리 구획하고 설립하고 확정함으로써 근대 과학으로서 연구가 된다. 연구는 한 영역의 존재자를 특정한 윤곽 속에서 미리 구상하고, 그렇게 구상된 윤곽이 인식의 모든 진행과정과 절차를 미리 구속하도록 만든다. 연구의 엄격성은 이처럼 사전에 구상된 윤곽의 구속력에서 나온다. 구상을 통해 연구는 그 자체의 '대상구역Bezirk'을 확보한다. 연구에서 한 영역의 존재자는 특정 구역의 대상으로 확정되어 정돈된다.

지금까지 설명에 가장 잘 들어맞는 전형은 물론 자연과학, 그중에서도 특히 물리학이다. 소위 근대 과학혁명(하이데거가 쓰는 표현은 아니다)의 계기가 되었던 건 바로 갈릴레이와 뉴턴의 물리학이었다. 이들의 물리학을 '수리물리학'이라고 부른다. 수학적인 것이 모든 가설과 실험에 우선한다. 자연, 곧 강과 바다, 땅과 들, 인간과 동물 등을 아우르는 존재자의 한 영역이, 수학적 구상을 통해 시공간상에서 무차별적으로 균일하게 계산될 수 있는 대상구역으로 전혀 새롭게 정립된다. 자연에서 벌어질 수 있는 모든 사건이 특정한 윤곽, 곧 "시공간적으로 연관된 질점들의 자체적으로 완결된 운동 질서"로 구상된다.[20] 이러한 윤곽에는 더 세부적인 규정이 뒤따른다. 하이데거는 그러한 규정의 일부로서 '운동은 장소 변화를 뜻한다, 어떠한 운동 및 운동 방향도 다른 것과

---

20 전집 5권, 78쪽(〈세계상의 시대〉, 《숲길》 개정판, 신상희 옮김, 나남출판, 2020, 122쪽).

달리 특별하지 않다, 모든 장소는 다른 장소와 동등하다, 어떤 시점도 다른 시점에 대해 우위를 갖지 않는다, 모든 힘은 운동, 즉 장소 변화의 크기를 시간 단위당 초래하는 정도에 따라 규정된다' 등등을 열거한다.

이처럼 특정한 윤곽 속에 자연을 구상함으로써 물리학은 그 자체의 대상구역을 안전하게 확보한다. 또한 연구 단계는 어떻게 진행되어야 하는가에 관한 구속력 있는 지침을 얻는다. 수학적 계산 가능성이 자연 구상을 지배하기 때문에, 수리적 자연과학에 고유한 인식적 엄격성은 정확성이 된다. 물리학 연구가 정확성이라는 위상을 누리는 것은 단순히 계산해 낸 값들이 실제로 정확하게 맞아떨어진 결과가 아니다. 수리적 자연과학의 대상구역 자체, 또 그것이 본질적으로 요구하는 연구 진행 절차와 지침에 이미 정확성의 성격이 들어 있다. 즉 수로 정확하게 계산될 수 없다면 자연 사건으로 여겨질 수도 없다. 자연에 대한 수학적 구상을 통해 대상구역이 확정되고 확보된다. 결과적으로 물리학은 앞으로 자연을 인식한다고 할 때, 자연이란 도대체 무엇이어야 하는가를 미리 규정하는 셈이다. 이제 철저히 정확하게 수학적으로 예측하여 계산될 수 있는 것만이 자연이라고 불리게 된다. 이런 관점이 일반화되면, 산과 들 같은 고향적 터전으로서 자연은 낭만적이고 주관적인 개념으로 전락한다.

하이데거는 주로 자연과학을 염두에 두고 논의하지만, 근대 과학에 대한 그의 논의는 자연과학으로 한정되지 않는다. 그에게 역사학은 또 다른 중요한 과학 분야다. 역사학은 역사라는 존재자 영역을 특정한 대상구역으로 확보하는 독자적인 구상을 통해 연구로 확립된다. 역사학은 역사를 과거의 것, 곧 이제는 종결되어 지나간 사건으로 봄으로써 대상화한다. 또한 역사학적 설명은 모든 지나간 사건을 다른 지나간 사건과 비교함으로써 이해할 수 있는 것으로 만든다. 이처럼 과거를 설명될 수 있는 인과적 질서로 구상함으로써 역사학은 역사의 윤곽을 확정한다. 즉 역사학의 연구 대상을 확보한다.

따라서 역사학은 그 연구의 엄격성을 정확성에서 찾을 수 없다. 연구의 대상구역이 다르면, 그 엄격성의 성격도 달라야만 한다. 하이데거에 따르면 이는 인문학 일반, 심지어 생명과학에 대해서도 타당하다. 역사학적 구상의 엄격성은 자연과학적 구상의 정확성처럼 단순하지 않다. 하이데거는 역사학적 구상과 대상 영역 확보가 실행하기에 훨씬 더 까다롭다고 본다. 인문학이나 생명과학이 학문적으로 엄격해지고자 자연과학을 좇아서 정확성을 추구하려는 것은 학문의 자기 오해일 따름이다. 역사학이 정확하지 않은 것은 결함이 아니라 오히려 역사학에 고유한 연구 양식의 엄격성 요구를 따른 결과다.

2) 연구의 구상에는 엄격성이 내재한다. 이는 그에 합당하게 엄격한 '절차Verfahren'를 요구한다. 수리적 자연과학에서의 엄격성, 즉 정확성을 따르는 절차란 잘 알려진 바대로 실험이다. 하이데거는 고대와 중세의 학문에는 근대 과학에서와 같은 실험은 없었다고 본다. 근대의 '실험Experiment'은 그 어원적 뿌리인 아리스토텔레스

의 ‘엠페이리아empeiria’ 및 중세 학문의 ‘엑스페리엔티아experientia’와 근본적으로 다르다. 후자는 사물의 속성과 변화를 여러 조건 아래에서 관찰하여 사물의 경과를 일반적으로 정립하는 지식을 추구했다. 다만 고대와 중세의 학문도 사물을 관찰한 내용을 수로 기록하고 정리했다. 근대에 이르러서야 비로소 수를 사용하여 실험을 했다는 주장은 사실이 아니다.

근대 과학의 실험에서 결정적인 것은 경험적 관찰과 수를 사용한 기록이 아니다. 근대의 실험이란 무전제에서 무작위로가 아니라, 가설적으로 수용한 법칙을 토대로 결과를 정밀하게 예측하는 데서 출발한다. 무수히 다양한 자연 사건의 가능성을 하나의 특정한 대상구역 안에 확고히 붙들어 두기 위해서 필요한 것은 일련의 법칙이다. 실험 설계란 자연 사건의 전개를 필연성에 따라서 계산할 수 있는 조건을 표상하는 일이다. 그러한 조건이 법칙이다. 물론 처음에는 가설을 세우고 여러 사실에 관한 실험에서 확증되면 비로소 법칙이 된다. 이렇게 확증된 법칙은 거꾸로 계산 가능성을 마련함으로써, 실험 결과를 비롯한 다양한 사실이 왜 그렇게 될 수밖에 없는가를 설명하고 예측할 수 있도록 해준다.

실험에서 법칙 형태의 가설을 수립하기 위한 근거는 최초의 구상에서 나온다. 자연이라는 존재자 영역을 시공간적으로 무차별적인 질점의 운동으로 구상한다는 대원칙이 특정한 대상구역을 확보한다. 실험에 앞서는 구상이 대상구역 내부의 모든 다양한 사건을 필연적으로 규정하는 법칙을 탐색하도록 허용한다. 그래서 하이데거는 “자연의 윤곽을 정확하게 구상할수록 실험의 〔계산적 설계〕

가능성도 그만큼 더 정확해진다"라고 말한다.[21] 또한 실험이 정확성을 기할수록 대상구역의 확보는 그만큼 철두철미해진다.

역사학 연구의 엄격성이 자연과학 연구의 엄격성(곧, 정확성)을 흉내 낼 수 없듯, 마찬가지로 역사학 연구의 절차는 자연과학 연구의 절차(곧, 실험)을 표방할 수 없다. 역사학의 연구 절차는 '사료비판'이다. 이는 사료를 발견하고, 중요도를 평가하여 선별 및 분류하고, 안전하게 관리하여 보존하고, 또 마지막으로 해석하는 작업 모두를 아우른다. 사료 비판은 단순히 개별적인 사실의 보고를 무작위로 나열해서 검토하는 식으로 진행할 수 없다. 자연과학 연구에서 실험이 법칙 형태의 가설을 세워서 진행되듯이, 역사학 연구에서 그 엄격성을 마련하고 보증해야 할 사료 비판도 숱한 우연적 사실을 관통하는 영속적인 것을 표상하고자 한다. 물론 그 영속적인 것을 법칙같이 정확한 공식으로 표명할 수는 없다. 하지만 사료 비판은 개개의 역사적 사건에서 항상 비교할 수 있는 무엇을 찾아낸다. 전 시대의 다양한 역사적 사건을 모두 비교 가능한 어떤 형식 속에서 재단하고 평가한다. 여기서 역사적 사실은 특정한 윤곽에 고정되고 결과적으로 하나의 대상구역 안에 확보된다.

자연과학과 역사학은 구상과 절차의 엄격성을 통해서 자연 존재자 및 역사 존재자의 영역을 각각의 특정한 대상구역으로 확보한다. 하이데거가 특별히 이 저작에서 언급하지는 않지만, 그의 견지에서 보건대 근대 과학의 대상구역 확보는 결과적으로 자연 및

---

21 전집 5권, 81쪽(〈세계상의 시대〉, 《숲길》 개정판, 126쪽).

역사의 근원적 본질 망각을 초래한다고 지적할 수 있을 것이다. 피시스 또는 대지로서의 자연은 자연과학에 의해서 철저히 추방된다. 그러한 자연 경험은 자연과학이 지배하는 곳에서 주변화된다. 또한 존재사로서의 역사는 물론이거니와 여느 사건과 동일한 표준으로 비교할 수 없는 위대한 사건도 역사학적 탐구로부터 제외된다. 결과적으로 근대 과학이 영향력을 발휘할수록 자연과 역사의 근원적 경험은 어려워진다.

3) 연구로서 근대 과학은 각기 나름의 구상을 토대로 그 자체의 대상 영역을 획정한다. 그 대상 영역은 상호 배타적으로 구분된다. 그러니 근대 과학은 본질적으로 개별 과학일 수밖에 없다. 더욱이 각각의 개별 과학은 구상과 절차를 더욱 엄격하게 전개할수록 또다시 더 국지적인 세부 분야로 전문화될 수밖에 없다. 하이데거의 식견에 따르면, 오늘날 갈수록 첨예화하는 학문 분과의 구분은 단순히 학문이 점차 발전하면서 그 연구 결과가 너무 많이 축적되어, 개별 연구자가 인식 능력 한계로 부분만을 탐구하게 되면서 생겨난 결과가 아니다. 근대 과학의 본질에 놓인 구상과 절차의 엄격성이 필연적으로 연구 분과의 구분을 촉진한다. 이런 점에서 하이데거가 역시 언급하지 않으나 그의 견지에서 보건대, 오늘날 분과 구분의 폐해를 소위 융합의 이름으로 상쇄하려는 시도는 연구의 본질에 대한 역행이요, 잘해 봐야 땜질식 처방에 불과하다.

연구 분과의 구분은 얼핏 여러 연구 분야를 파편화할 듯 보인다. 하지만 하이데거는 연구의 세 번째 특징이 이를 통제한다고 본다. 그 특징이란 '운영Betrieb(경영, 영업, 가동, 운행)'이다. 연구의 구상과 절차는 내적으로 운영을 요구하고, 운영에서 실현되고 완성된다. 근대 과학으로서 연구는 본질적으로 운영의 성격을 갖는다. 공장의 기계장치들이 서로 맞물려 가동되듯이, 연구는 스스로 가동되는 식으로 운영된다. 연구의 결과는 언제나 새로운 연구 계획을 추동하고 자극한다. 새로운 연구의 결과는 또다시 새로운 연구의 가능성을 내비친다. 결과적으로 연구는 계획과 결과의 연쇄가 꼬리에 꼬리를 물며 끝없이 이어져야 한다고 요구한다. 또 연구 결과는 새로운 연구 장비의 개발을 촉진한다. 새로운 연구 장비는 다시 새로운 연구 가능성을 연다. 역시 결과적으로 연구는 새로운 연구 장비와 새로운 연구 결과의 연쇄가 끝없이 이어져야 한다고 내적으로 요구한다. 이렇게 연구가 다른 연구를 불러오는 내적 요구가 운영으로서 연구의 본질이다. 이러한 연구 자체에 내재하는 운영 성격을 고려하면, 왜 기술 개발의 흐름을 법과 윤리 규범을 동원해서 외적으로 통제하는 일이 그토록 어려운가도 자연히 깨닫게 된다. 기술 개발 및 진보 과정의 내적 연속성, 나아가 그 가속화는 모두 연구에 본질적인 운영 성격에서 비롯한다.

하이데거는 연구의 운영 성격이 표면적으로 나타나는 현상이 '제도'라고 본다. 연구는 대학, 학과, 연구소, 학회, 교육부, 연구재단 같은 여러 기관의 제도의 경영 방식에 따라 운영된다. 제도는 다양한 행정 지침과 규정을 통해서 연구의 효율적 진행을 도모하고, 분과 구분을 촉진하는 동시에 개개의 분과를 통합적으로 관리하여 체계적인 짜임새를 유지한다. 제도를 통한 연구 운영에는 실험 장비 관리, 자료 정리 및 유통, 학술지 발행, 연구 인력 배치, 연구 성과 평가, 향후 연구 계획 및 준비 등이 모두 포함된다.

특히 대학의 행정은 모든 학과를 동일한 제도적 체계 속에서 관리한다. 이는 예컨대 오늘날 역사학 연구가 과거에 행해진 역사 탐구보다 오히려 근대의 물리학 연구와 더 비슷한 모양새로 운영되도록 만든다. 이처럼 제도는 분과로 나뉜 연구의 통일적 관리와 경영을 도모하는 데 중요한 역할을 맡는다. 하지만 근본적으로 보건대, 제도가 비로소 연구 운영을 가능하게 하는 것이 아니다. 구상과 절차로 특징지어지는 연구의 본질에 애초부터 운영 성격을 내재하고, 그 결과로 제도가 발생할 수밖에 없는 것이다.

근대의 본질

근대 과학이란 구상, 절차, 운영으로 특징지어지는 연구다. 이제 하이데거는 이러한 연구가 본질적으로 존재자와 어떤 관계를 맺고 있는지, 또 여기서 어떤 식으로 진리가 성립하는지를 파악하고자 한다. 그에 따르면 한 시대의 형이상학적 본질이란 그 시대에 존재자와 진리가 어떻게 취급되고 해석되는가에서 포착할 수 있기 때문이다.

'구상으로서 연구'는 존재자의 한 영역을 특정한 대상구역으로 정립한다. '절차로서 연구'는 대상구역의 모든 세부를 계산하고 평가할 수 있도록 만든다. '운영으로서 연구'는 그렇게 계산 가능한 대상의 모든 세부 사항을 언제든지 활용하고 처분할 수 있도록 대기시킨다. 이렇게 특징지어지는 연구의 본질은 무엇보다도 존재자의 존재를 '대상성'과 '표상성'에서 발견하도록 만든다.

존재자는 스스로 솟아나 인간을 덮치는 식으로 인간에게 와닿는 것, 곧 피시스가 아니다. 또 최상 존재자의 원인에 의해 야기된 현실적인 것, 곧 피조물도 아니다. 고대나 중세에 존재자는 인식하는 주관 앞에 맞세워져 속속들이 설명되고, 그런 설명을 토대로 예측되고 또 활용될 수 있는 대상이 아니었다. 반면에 근대 학문에서 존재자는 예측과 계산을 통해서 확실하게 앞에 세워지는 대상으로 존재한다. 근대에 존재자가 존재한다는 것은 곧 대상으로 표상된다는 뜻이다. 달리 말해서 대상으로 표상되지 않는다면, 즉 계산하고 설명하는 표상 속에 확실하게 확보되지 않는다면, 그것은 존재하는 것일 수 없다. 근대 학문에 내재한 이러한 성격을 고려하건대 실증주의는 근대 학문의 적자다. 또한 이러한 근대 학문의 성격으로부터 '존재하는 것을 결정하는 심판자는 오로지 자연과학'이라고 믿는 과학주의가 태동하기까지 거리는 한달음도 되지 않는다.

근대 학문에서 존재자의 존재가 대상성으로 환원되면서, 진리는 이제 확실성이 된다. 연구에서 인식이란 본질적으로 존재자를 언제든지 계산하고 활용할 수 있도록 자신의 표상 속에 안전하게 확보하여 확실하게 마주 세우는 것이다. 진리는 이때 확보되는 확실성이다. 표상의 확실성이 근대를 지배하는 진리의 형태다. 고대의 인식이 존재자를 비은폐의 빛 속으로 가까이 가져옴에서, 중세의 인식이 신적 정신 속에서 존재자와 일치하는 데서 성립했다면, 근대의 인식에서 진리는 인식 주관의 자기 확실성이다. 자신의 표상 속에서 대상을 확보했다는 인식 주관의 확고한 자기의식이 곧 진리다. 하이데거가 다른 저술에서 밝혔듯, 물론 확실성으로서 진리에도 존재자와의 일치는 남는다.[22] 이런 점에서 '비은폐성으로부터 일치로의 이행'과 '일치로부터 확실성으로의 이행'은 그 성격이 다르다. 확실성으로서의 진리에서도 자신의 사고는 대상과 일치해야만 한다. 다만 이때의 일치는 오로지 주체의 확고한 표상에서만 확인될 수 있다.

진리가 주체의 표상적 확실성이 되면서, 근대는 형이상학적으로 주관주의의 시대가 된다. 하이데거는 여기서 인간 본질이 변화한다고 말한다. 인간은 이제 더는 신을 닮은 특수한 피조물에 그치지 않는다. 인간은 탁월한 기체基體가 된다. 히포케이메논hypokeimenon으로서 기체는 여러 속성 및 변화하는 상태를 담지하는 근거, 곧 실체를 뜻한다. 아리스토텔레스 이래 본래적으로 존재하는 것은 언제나 이러한 실체를 뜻했다. 하지만 인간은 그런 수많은 실체 가운데 특별한 위상을 차지한다. 인간은 여타 사물이 대상으로서의 진리, 곧 확실성을 지닌 것으로 세워지기 위한 토대다. 계산하고 표상하고 확보하는 인간 사고라는 토대 위에서 존재자는 존재자로서, 즉 대상으로서 존재할 수 있다.

흔히 근대의 핵심은 고대와 중세를 지배한 초월적 이데아 또는 신적 질서로부터의 해방이라고들 한다. 근대는 해방의 시대다. 하이데거는 이러한 판단이 옳긴 하다고 본다. 하지만 그러한 판단에

---

22 전집 7권, 83쪽(〈형이상학의 극복〉, 《강연과 논문》, 신상희 · 이기상 · 박찬국 옮김, 이학사, 2008, 108쪽).

만 머무른다면 시대의 본질을 은폐하고 말 것이다. 해방은 초월적·종교적 질서 및 구체제로부터의 해방이다. 하지만 어디로의 해방인가? 물론 자기 자신으로의 해방이다. 그러나 하이데거에 따르면, 이때의 자기 자신이란 자신의 표상 속에서 모든 대상을 계산하고 확신하여 확보하는 주체다. 이러한 주체가 모든 인식과 진리를 위한 부동의 확고한 토대다.

하이데거는 데카르트 철학의 원리, 곧 '나는 생각한다, 고로 존재한다'가 근대를 본질적으로 규명하는 정식이라고 본다. 인식의 확실성을 확보함으로써 모든 존재자를 자신의 표상 속에 확립하는 주체가 곧 데카르트적 주체다. 자기 존재의 확실성을 자신의 사유 속에서 1차적으로 확보한 주체는 다시 다른 모든 존재자의 진리를 자기 표상의 확실성 속에서 확보한다. 그래서 데카르트적 주체는 모든 존재자를 대상으로 존재하도록 하는 토대로서 저 탁월한 기체일 수밖에 없다.

근대의 형이상학적 본질은 존재자가 대상으로, 진리가 확실성으로, 인간이 주체로 변화한다는 데 놓여 있다. 하이데거는 '세계상'이라는 용어로 이러한 변천을 집약적으로 읽어 낸다. 사람들은 근대의 세계상을 중세나 고대의 세계상과 비교하려 한다. 하지만 하이데거가 보기에 이는 근대의 관점을 중세나 고대의 세계에 투사하여 왜곡하는 것에 불과하다. 중세나 고대에는 세계상 같은 것이 없었기 때문이다. 반면에 근대는 세계상의 시대다. 즉 근대의 본질은 바로 세계 자체가 '상像, Bild'으로 파악된다는 사실에 놓인다.

하이데거에 따르면, 세계가 상이 된다는 말은 마치 앞에 놓인상을 자세히 들여다보듯 주체가 세계의 복잡한 사정을 속속들이 파악한다는 뜻이다. 나아가 근대의 주체는 그 모든 다양한 존재자를 자신의 표상 속에서 하나의 상으로 결합한다. 그래서 하이데거는 '세계상'에서 "상"은 "체계"를 가리킨다고도 해석한다.[23] 근대의 주체는 존재자를 그 대상성으로 환원되도록 구상하는 동시에 그 전체적 얼개를 통일적으로 파악하기 위해 체계적인 상이 필요하다. 이런 점에서 '체계' 역시 인식 일반이 아니라 근대의 인식에 고유한 특징이다. 이는 플라톤이나 아리스토텔레스의 철학이 덜 체계적으로 보인다고 해서 이를 그들 철학의 결함으로 간주하면 안 된다는 뜻이다. 체계적인 상의 부재는 존재자를 더욱 빛나게 현출하도록 하고 더욱 가까이 현전하도록 하는 고대 그리스적인 인식에서는 결함으로 여겨질 수 없다.

근대는 세계를 상으로 파악하는 주체가 근본이자 중심인 시대다. 근대를 지배하는 형이상학적 이념은 주관주의다. 하지만 근대에 정반대로 객관주의와 과학주의가 유행하기 시작한 것은 어떻게 설명할 수 있는가? 하이데거의 견지에서 보건대, 객관주의도 주관주의의 한 형태일 뿐이다. 존재하는 것을 객체 형태로 대상화하여 파악하는 인식은 고대에도 중세에도 없었다. 객관적으로 인식될 수 있는 것만이 존재한다는 객관주의적 신념에 따라서, 데카르트적 사고주체나 현상학의 지향적 의식을 부정하려 드는 것은 사실 순진한 자기 망각일 뿐이다. 왜냐하면 바로 이러한 주체의 의식이야말로

23 전집 5권, 100쪽(〈세계상의 시대〉, 《숲길》 개정판, 149쪽).

바로 객관성이라는 인식의 이념을 성립시키는 토대이기 때문이다.

하지만 근대에는 개인주의, 집단주의, 전체주의, 공동체주의, 국가주의 같은 다양한 이념이 유행하지 않는가? 이를 보면 근대의 본질을 주관주의라고 단정하는 일은 지나치게 성급하지 않을까? 그러나 하이데거에 따르면 그런 모든 이념은 인간이라는 주체를 어떤 단위에서 파악하는 것이 옳은가에 대한 의견 차이를 보여 줄 뿐이다. 형이상학적으로 주관주의가 지배해야만, 근대적 이념 간의 충돌이 생길 수 있다. 인간 주체를 어떻게 파악할지가 중차대한 시대적 과제가 되어야만, 그러한 다양한 이념이 서로 충돌하면서 등장할 수 있는 것이다. 다양한 이념의 중심에 언제나 인본주의가 자리를 잡는 것도 형이상학적 주관주의라는 배경을 고려하면 자연스러운 일이다.

하이데거는 20세기 초엽에 딜타이와 야스퍼스를 비롯한 철학자들 사이에서 유행한 '세계관Weltanschauung'이라는 용어도 근대의 형이상학적 본질에 대한 자신의 견해에 따라서 이해한다. 인간이 세계를 체계적인 상으로서 파악하는 시대에, 각 인간 주체는 존재하는 것 전체에 대한 자신의 태도를 확립·확보하는 것을 삶의 과제로 받아들인다. 존재하는 것 전체에 대한 태도와 관점, 이것이 곧 세계관이다. 세계관을 확보함으로써 인간 주체는 존재자 전체에 대해 척도를 부여하는 특별한 위상을 획득한다. 그러나 모든 인간 주체가 동일한 세계관을 공유하지는 않는다. 그래서 결과적으로 세계관의 확보와 관철을 둘러싸고 투쟁과 대결이 펼쳐지게 된다. 여기에서 온갖 정치적·이념적·종교적 갈등의 근본 원인을 찾을 수 있다.

근대의 형이상학적 본질에 대한 하이데거의 통찰은 오늘날에도 유효하다. 아니, 그의 저작 〈세계상의 시대〉가 나온 지 90년이 다 되어 가는 현시점에 오히려 더더욱 유효해 보인다. 근대화가 진척된 만큼이나 근대를 규정하는 형이상학적 본질은 더더욱 명약관화해졌다. 과학과 기술을 위시하여 예술, 문화, 종교를 비롯한 현대 사회의 모든 영역에서, 인간 주체는 계산과 표상을 통해 온갖 존재자를 대상으로 확보하라는 시대적 요구를 부단히 따른다. 그런 요구 아래에서 예술은 체험 대상으로, 문화는 소비 상품으로, 신은 증명 대상으로 전락한다. 또 개인과 집단은 이념 투쟁으로 부딪친다. 하지만 그 통찰의 유효성을 받아들이면서도, 하이데거가 근대의 해방적 성격이 갖는 의미를 충분히 인정하지 않는다는 점을 문제시할 수도 있다. 그는 분명히 근대가 구질서로부터의 해방이라는 성격을 지닌다는 견해가 옳다고 인정한다. 그러나 그러한 견해에 너무 많은 의미를 부여하면서 그 이면이나 배경에 도사린 형이상학적 의미를 놓치는 것을 심히 경계한다. 이러한 하이데거의 태도는 전적으로 합당하다. 그 해방적 성격에 너무 많은 의미를 부여하다가 결국 그에 매몰되어 다른 것을 망각한다면 잘못이다. 하지만 어디까지가 '너무 많은'인가? 근대의 해방적 성격은 자유주의와 민주주의라는 정치 이념을 마련함으로써 인간 사회와 인류 역사에 중대한 유산을 남기지 않았는가? 이를 인정한다고 해서 근대의 해방적 성격에 과도한 의미를 부여하는 것인가? 하이데거가 근대의 세계상을 다분히 위험하고 경계해야 할 것으로 묘사하는 만큼, 균

형잡기를 위해서라도 근대적 해방의 긍정적 의미에 대한 숙고도 필요할 것이다.

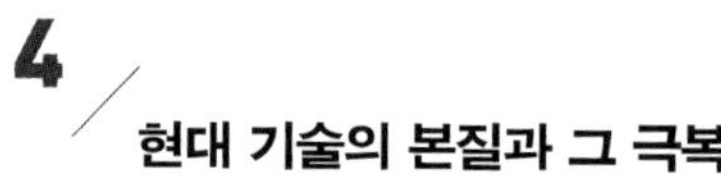

4 현대 기술의 본질과 그 극복

하이데거의 문제의식

오늘날은 흔히 과학기술의 시대라고 불린다. 몇 년 전 한창 4차 산업혁명으로 시끄럽더니, 이제는 어디서나 인공지능이 어떤 새로운 세상을 가져올지를 떠드느라 정신이 없다. 4차 산업혁명이나 인공지능이 정말로 새로운 시대를 가져올까? 답은 얼마나 미시적으로 또는 거시적으로 보는가에 따라 다를 것이다. 미시적 관점은 때로 무척 유용하고 필수적이다. 그런 관점에서는 새로운 기술의 등장이 새로운 시대를 연다고 볼 수 있다. 하지만 이는 근시안적 관점일 수도 있다. 역사 전체의 전개 과정을 문제로 삼는 거시적 관점에서 보면, 4차 산업혁명이나 인공지능의 개발은 근대의 흐름에 속하는 국지적 사건일 뿐이다. 설령 그런 사건이 결과적으로 인류의 파멸이나 낙원을 가져올 수 있다고 해도 말이다. 17세기 초에 근대 과학이 등장하고, 대략 150년 뒤인 18세기 중엽에 이른바 산업혁명이 이루어졌다. 첨단 기술을 끊임없이 개발하여 사회의 모든 분야에 최적으로 활용하려는 의지는 그 이후로 오늘날까지 점차 공고해졌다. 이러한 과정에서 최근에 가장 화두가 된 하나의 사례가 대형언어모델을 비롯한 인공지능 기술일 뿐이다.

쉽게 예상할 수 있겠지만, 존재의 역사를 사유하는 후기 하이데거는 거시적 관점을 선호한다. 온갖 최신 기술의 등장도 근대 시작부터 전개되었던 기술의 본질이 드러내는 다양한 현상적 측면에 불과하다. 하이데거는 이런저런 기술이 아니라 모든 기술의 근저에서 그 현상을 뿌리부터 규정하는 본질에 관심이 있다. 이런 견지에서 하이데거는 원자력의 평화적 사용과 핵무기 사용이 동일하다거나, 현대식으로 공업화된 농업 기술과 나치의 집단학살 수용소에서 시체를 처리하는 기술이 마찬가지라는 식으로 말한다.[24] 이런 발언은 정치적으로 무척 부주의하고 심각한 오해를 불러오기 쉽다. 하지만 그의 요지는 분명하다. 양쪽 기술이 존재사적 견지에서, 또 그로부터 밝혀지는 본질의 수준에서 동일하다는 것이다. 물론 달리 평가하자면, 그 발언은 양쪽 기술을 구별하는 정치적으로 중대한 차이에 대한 철학적 해명을 하이데거에게서 기대하기 어렵다는 한계를 뜻하기도 한다.

하이데거는 현대 기술의 광범위한 영향력에 대해 강한 문제의식을 느꼈다. 이런 점에서 그가 현대판 러다이트주의자 같은 기술 반대론자나 기술에 의한 자연의 파괴를 우려하는 생태주의자와 통한다고 비칠 수도 있다. 실제로 하이데거는 기술의 본질이 우리 시대를 지배하고 있으며, 그것이 극단의 위험이라고까지 본다. 그에 따르면 19세기부터 서구 유럽을 잠식한 허무주의도 바로 이로부

24 전집 79권, 27쪽 참조.

터 비롯한다. 그의 견지에서 보건대, 플라톤 이래 시작된 '존재망각Seinsvergessenheit'의 역사는 존재가 대상성과 표상성으로 환원되는 근대 주관주의에 접어들면서 한층 심각해지며, 근대 후기에 기술의 본질이 본격적으로 인간의 삶과 사회에 속속들이 침투하면서 존재 상실은 극단에 이르고 말았다. 그래서 하이데거는 언젠가 기술 시대의 극복을 통해서 황폐해진 인류가 자신의 본질을 회복하는 역사의 새로운 시원이 열리리라 희망한다.

그러나 하이데거는 단순히 기술에 반대하자는 입장이 아니다. 그는 기술의 본질을 통찰함으로써 기술에 대한 종속에서 벗어날 수 있다고 본다. 그런데 단지 기술을 맹목적으로 찬양하면서 신기술의 수입과 활용에 열을 올리는 사람만 기술에 종속된 건 아니다. 정반대로 기술 활용을 악마시하면서 기술 자체를 부정하려고 드는 사람도 기술에 부자연스럽게 얽매여 있기는 마찬가지인 것이다. 하이데거는 두 입장 모두 기술의 본질을 놓친다고 본다.

나아가 생태주의가 인간이 기술을 사용해 자연을 착취한다는 생각에서 비롯한다면, 하이데거는 그런 생태주의에도 착각이 깔려 있다고 지적할 것이다. 인간의 자연 착취라는 생각에도 암암리에 근대적 주관주의가 내재한다. 이런 생각에서 인간은 기술을 이용해 자연을 착취하여 자기 이익을 달성하는 주체로 그려진다. 하지만 하이데거는 근대적 주관주의 시대와 달리, 오늘날 기술 시대에는 인간이 기술에 대해서 그런 주체적 위치에 서 있지 않다고 본다.[25]

---

25 전집 79권, 28쪽 참조.

그에 따르면 인간이 자연을 착취한다는 생각은 사실 기술의 위력을 과소평가하는 것이다.

또한 하이데거는 이른바 기술의 가치중립성 논제도 거부한다. 기술이 사회 전 분야에 미치는 영향력이 커질수록, 기술을 나쁜 방향으로 흘러가지 않도록 제한하고 좋은 방향으로 활용하도록 유도하는 일이 중요하다는 견해가 설득력을 얻는다. 지금 우리 사회에서는 인공지능 기술과 관련해서 그런 논의가 한창 진행 중이다. 이런 견해에는 기술이 그 자체로는 가치중립적인 수단이며, 단지 인간이 그 수단을 어떤 목적으로 어떻게 이용하는가에 따라서 좋을 수도 나쁠 수도 있다는 생각이 깔려 있다. 하이데거는 자동차나 핵무기 같은 개개의 기술적 대상을 염두에 두고 보면 이러한 생각이 옳긴 하다고 본다. 하지만 가치중립성 논제는 기술의 본질을 알아보지 못한다는 점에서 훨씬 더 중대한 진실을 놓친다고 비판한다.

하이데거에 따르면 기술은 본질적으로 인간이 부리는 수단에 불과하지 않다. 인간이 의지대로 통제할 수 있는 대상이 아니다. 기술에 대한 도구주의적이자 인간중심적인 견해를 거부한다는 점에서 하이데거의 기술론은 이른바 기술결정론적 사고와 통한다. 기술결정론 역시 기술의 발전과 전개 및 영향은 그 내재적인 흐름에 의해서 결정될 뿐, 사회나 윤리 같은 외부 인자에 의해서 결정되지는 않는다고 주장하기 때문이다. 기술결정론에서 인간은 기술 사용의 주체가 되지 못한다. 이런 점에서는 하이데거의 기술론과 일치한다. 하지만 이러한 일치 역시 피상적이다. 기술결정론은 원인과 결과의 영향 관계라는 관점에서 기술의 자율성을 주장한다.

하이데거의 견지에서 보면 그런 주장은 존재자 사이의 인과관계 분석에 머물 뿐, 그런 인과성이 작동하는 지반으로서 존재에 대한 성찰까지 나아가지 못한다. 즉 존재자 간의 인과관계보다 더 근원적인 수준에서 작동하는 기술의 본질을 놓친다. 바로 그렇기에 기술결정론은 기술의 영향력에 대한 일종의 운명론이 되고 말지만, 하이데거는 이런 운명론을 거부한다.

하이데거는 1949년 브레멘에서 열린 연속 강연에서 기술의 본질에 대한 성찰을 본격적으로 제시했다. 그리고 그때의 강연을 다듬고 더욱 발전시켜서, 1953년 후기 저술 가운데 가장 중요한 작품의 하나로 평가되는 〈기술에 대한 물음〉을 강연한다. 이어지는 내용에서는 이 강연을 중심에 두되, 〈몰아세움〉, 〈위험〉, 〈전회〉 같은 브레멘 강연을 일부 참조하면서 하이데거의 기술론을 고찰하고자 한다.

현대 기술의 본질

개개의 기술과 기술의 본질은 다르다. 핸드폰, 자동차, 발전소 등은 기술에 속한다. 또 인간이 그것을 사용하는 방식이나 목적 등도 광범위하게는 기술에 속한다. 하지만 하이데거의 '기술에 대한 물음'은 이를 넘어서 기술의 본질을 묻는다. 서두에서 그는 숲에서 보이는 이 나무 저 나무가 나무의 본질과 근본적으로 다르듯이, 개개의 기술을 기술의 본질과 혼동해서는 안 된다고 주의를 준다.

그렇다고 해서 하이데거가 말하는 '본질'을 단순히 일반적 개념이나 종과 유의 관계 같은 것과 동일시해도 곤란하다. 그에게 예컨대 나무의 본질이란 이런저런 나무가 나무로서 현존하는 근본적 방식이다. 그에 따르면 '본질'은 전통 형이상학에서와 같이 실체를 가리키는 명사적 표현이 아니며, 오히려 동사적 표현으로 이해해야 한다. 본질이란 무언가가 지속하면서 그 자체를 우리에게 내주고 머무는 방식이다. 나아가 무언가의 본질이란 그것이 비은폐성으로 나오는 방식, 곧 탈은폐하는 방식이다. 전기 사상의 용어로 좀 더 간단히 표현하자면, 하이데거는 '기술에 대한 물음'으로써 기술적 존재자의 존재 방식을 묻는 것이다. 후기 저술에서는 그 대신에 탈은폐 방식이라는 표현을 즐겨 쓴다. 하이데거는 이렇게 기술 시대에 지배적인 존재자의 탈은폐 방식을 묻는다.

존재의 역사를 주창하는 하이데거에 따르면, 시대마다 존재 경험이 다르고 존재의 탈은폐 방식이 다르다. 역사적 시대마다 서로 다른 존재가 인간의 삶과 사회를 다른 방식으로 지배하고 규정한다. 존재사에 관한 하이데거의 사유는 그의 후기 저작에서 조금씩 다르게 변주되어 등장하는데, 〈기술에 대한 물음〉에서 고대 그리스 시대의 탈은폐 방식은 특이하게도 피시스가 아니라 '포이에시스'로 제시된다.[26] 이는 통상 '제작'으로 번역한다. 그래서 하이데거도 통상 제작이나 산출을 뜻하는 'Hervorbringen'으로 번역한다. 하지만 그는 이 낱말을 무언가 앞에 데려와서 가까이 현존하도록 해줌, 나아가 은폐성으로부터 비은폐성으로 데려와 현출하도록 해줌이라는 뜻에서 '이리로-앞으로-데려옴Her-vor-bringen'으로 풀어 해

26 그러나 여기서 '포이에시스poiesis'는 다른 저작에서 말하는 '넓은 의미의 피시스'와 사실상 동일한 뜻인 듯 보인다.

석한다. 이런 넓은 의미의 포이에시스에는 질료에 형상을 각인하여 이전에 없던 작품을 만들어 내는 수공예 작업뿐만 아니라, 생장하여 활짝 피어나는 꽃과 같은 자연의 활동도 포함된다. 하이데거에 따르면, 고대 그리스인은 자연과 수공예 모두에서 무언가를 현존하도록 은폐성으로부터 꺼내 와 비은폐성의 밝은 터로 데려옴을 경험했다.

따라서 고대 그리스 시대에 수공예적 기술이란 일종의 탈은폐다. 덧붙여 하이데거는《니코마코스 윤리학》6권에서 아리스토텔레스가 테크네techne(기술)를 알레테우에인aletheuein(탈은폐)의 한 방식으로 여긴다는 사실을 두고서, 테크네란 존재자를 탈은폐하는 알레테이아aletheia(진리)의 한 방식을 가리킨다고 해석한다.

현대 기술의 본질도 일종의 탈은폐다. 그러나 누구나 아는 바처럼 수공예 기술과 정밀한 자연과학에 힘입은 현대 기술은 굉장히 다르다. 하이데거 역시 그렇다고 본다. 존재의 탈은폐 방식은 고대 그리스, 중세 로마, 근대에서 각각 모두 달랐다. 중세 시대의 존재 방식은 모든 것을 최고의 존재자라는 궁극적 원인으로부터 야기되는 현실성으로 탈은폐했다. 근대의 존재 방식은 모든 것을 자기 앞에 맞세워 계산하고 표상하여 확보하는 인간 주체의 사고 작용으로부터 정립되는 대상으로 탈은폐했다. 하이데거는 근대 후기에 해당하는 기술 시대의 탈은폐 방식은 근대의 탈은폐 방식의 극단화로 여긴다. 플라톤 시대부터 후대로 갈수록 탈은폐 방식은 점차 그 탈은폐의 성격 자체를 은폐하는 식으로 전개됐다. 그래서 하이데거는 존재망각의 역사를 주장하는 것이다.

하이데거는 현대 기술의 탈은폐 방식을 우선 '도발적 요청Herausforderung'이라고 해명한다. 발전소, 유전, 광산과 채탄장 등에서 쓰이는 기계와 장비는 자연을 강압적으로 도발하여 그로부터 에너지를 끄집어낸다. 채굴되고 채취된 에너지는 어느 기계 설비에 의해 다른 형태의 에너지로 변환된다. 변환된 에너지는 어느 기계장치에 저장된다. 저장된 에너지는 송전탑과 케이블을 통해 전송된다. 전송된 에너지는 가정이나 공장 등에서 다른 기계나 장비의 작동을 위해 소모된다. 현대 기술은 이 모든 절차와 공정이 도처에서 진행되어 효과적인 결과가 달성되도록 제어하고 그에 알맞은 모든 설비와 인력을 확보한다. 이러한 제어와 확보가 존재자를 도발적으로 요청하는 탈은폐의 주요 특징이다.

예컨대 강에 건설된 수력발전소는 강을 강압적으로 도발하는 식으로 탈은폐한다. 발전소는 에너지 조달에 가장 효과적인 형태로 강의 흐름, 형태, 유수량 등을 통제한다. 에너지 채취를 위한 최적의 방식으로 강을 발전소에 끼워 맞추는 것이다. 반면에 현대 기술이 아니라 과거의 수공예적 기술에 해당하는 물레방아는 그렇지 않다. 근대 정밀과학을 동원하지 않는 물레방아는 정반대로 강의 흐름에 그 자체를 맞춘다. 여기서 강은 여전히 본연의 강 그대로 현존한다. 물레방아 기술은 강의 현존 방식을 방해하거나 왜곡하지 않는다.

다음으로 하이데거는 현대 기술의 탈은폐를 '주문 요청Bestellen'으로 묘사한다. 도발적으로 요청하는 탈은폐에서 존재자는 언제든 활용할 수 있는 자원으로 주문받는다. 주문 요청에 따라서 온갖 존재자가 에너지자원, 동물자원, 실험자원, 산업자원, 인적자원, 교육자원, 문화자원, 생태자원 등으로 탈바꿈한다. 이러한 자원은 기계 설비, 장비, 공장, 시설, 전력망, 인력, 통신망, 서버, 데이터 저장장치 등 온갖 복잡한 공정 절차 속에서 매번 다른 주문 요청에 끼워 맞춰진다. 이러한 주문 요청은 거대한 연쇄 사슬을 형성한다.[27] 하나의 설비는 다른 설비의 가동을 위해 상시 대기하라는 주문을 받는다. 그 다른 설비도 다시 또 다른 설비를 위해 최적으로 제 기능을 하라는 주문을 받는다. 이러한 주문 요청은 수력발전소나 인공지능 같은 현대 기술의 결정체를 구성하는 서로 연관된 온갖 장비와 설비의 존재 방식을 설명해 준다.

언제나 가용한 자원으로서 주문받고 조달되는 존재자를 하이데거는 '주문품Bestand(재고품)'이라고 부른다. 근대 주관주의 시대를 지배하는 탈은폐에서 존재자가 '대상Gegenstand'으로서 마주 세워진다면, 기술 시대의 탈은폐에서 존재자는 더 이상 대상이라는 자립적 지위를 갖지 못한다. 존재자는 주문 요청의 연쇄 사슬 속에서 상시 처분 가능한 대기 자원으로 존속한다. 수력발전소를 구성하거나 그와 연결된 온갖 존재자가 이러한 사슬 속에서 주문품으로 탈은폐될 때, 그 존재자는 대상으로서 앞에 마주 서지 않고 대체 가능한 '부속품Bestandstück'으로서 활용되고 소모된다.[28] 하이데거는 얼핏 대상처럼 표상되는 활주로 위의 항공기도 정비소, 조종석, 관제탑, 항공사 등으로 구성되는 주문 요청의 연쇄 사슬 속에서 이

27 '연쇄 사슬'에 대한 언급은, 전집 79권, 28쪽 참조.

28 '대체 가능한 부속품'에 대한 언급은, 전집 79권, 37쪽 참조.

륙을 위해 대기하라는 주문을 받는 부속품이라고 지적한다. 기술 시대의 존재자는 언제나 적시 적소에 배치되어 최적의 결과를 가져오라고 요청받는 재고품이다. 그것은 주문 요청의 총체적 연쇄 사슬을 구성하는 한 자리를 차지하지만, 동일한 효과를 가져오는 다른 부속품으로 언제든 얼마든지 대체될 수 있다.

물론 이 모든 주문 요청의 연쇄적 틀에서 인간 역시 자유롭지 못한 처지다. 기술에 대한 도구주의적이자 인간중심적인 견해와 반대로, 인간은 주문 요청의 총체적 탈은폐 속에서 역시 하나의 가용한 재고품으로 존재한다. 하이데거는 인적자원이니 임상자원이니 하는 이미 당대에 떠돌던 언어가 인간 역시 주문품이자 재고품으로 탈은폐되는 현실을 반영한다고 본다. 이런저런 기술적 장비 모두를 만들어 내는 것은 명백히 인간이다. 그러나 그러한 장비나 시설 등이 탈은폐되는 방식은 인간의 의지대로 좌지우지할 수 없다.

인간은 물론 여느 주문품과 달리 현대 기술의 탈은폐 방식에 자신의 몫을 갖는 식으로 동참한다. 인간이 없다면 어떠한 주문 요청도 성립할 수 없을 테니 말이다. 하지만 바로 그래서 인간은 더더욱 특별한 방식으로 도발적 요청과 주문 요청 속으로 호출된다. 인간은 쇄도하는 주문의 한가운데서 그 모든 주문이 원활히 돌아가게 하라는 강압적 도발을 당한다. 즉 인간은 온갖 존재자를 주문품으로 현존하도록 하라고, 또한 거기서 자기 자신 또한 주문품이어야 한다고 도발적으로 요청받는다.

근대 주관주의 시대에 인간은 모든 존재자를 대상으로 표상하고 정립하려는 의지의 주체로 존재했다. 반면에 기술 시대에 인간은 주문 요청의 연쇄 사슬 속에서 일정한 주문을 요청받는 어느 자리에 배치되어, 언제나 최적의 결과를 실현하리라 기대되는 재고품이다. 또 주문 요청의 성과가 기대와 다를 때 언제든 대체될 수 있는 부속품이기도 하다. 하이데거의 견지에서 보면, 언제 어디에서나 이처럼 강압적으로 주문을 요구받는 처지는 현대인이 현대인이기를 포기하지 않는 이상 피할 수 없는 스트레스의 원천이라고 볼 수 있다. 또 우울증이나 공황장애를 비롯한 온갖 현대인의 질병은 그러한 끝없는 요청과 닦달에 시달리기를 더는 견디지 못할 때 생겨난다.

하이데거는 이처럼 인간에게 자신이 마주치는 온갖 존재자를 상시 가용한 주문품으로 조달하라고 강압적으로 도발하는 탈은폐 방식에 대해 최종적으로 '몰아세움Ge-stell(닦달)'이라는 용어를 도입한다. 그가 이 용어로 도발적 요청과 주문 요청이라고 부른 사태와 다른 무언가를 가리키지는 않는다. 다만 현대 기술의 탈은폐 방식이 지닌 집약적이고 총체적인 성격을 부각하고자 한다. 몰아세움이 지배하는 곳에서 인간은 존재하는 모든 것을 최적의 성과를 위해 조달되는 주문품이자 부속품으로 탈은폐하라는 도발적 요청을 언제 어디서나 끊임없이 받고, 또 현대인으로서 그 요청에 어떻게든 응할 수밖에 없다.

발전소, 핵무기, 자동차, 비행기, 컴퓨터, 핸드폰, 인공지능 같은 현대 기술의 산물만이 몰아세움의 방식으로 탈은폐되는 것은 아니다. 이것들은 단지 몰아세움의 전형적 존재자일 뿐이다. 《존재와 시간》에서 도구적 존재 방식으로서 손안에-있음이 단지 책상, 의자, 망치 같은 전형적 도구만이 아니라 자연 사물까지 포괄하는 존재 방식이었듯이, 몰아세움은 현대 기술의 산물과 인간 그리고 자연까지 모두 포괄하여 지배한다. 나아가 삶의 양식, 사회제도, 윤리와 법규 등까지도 속속들이 규제하면서, 사실상 모든 시대적 현상에 개입하여 영향력을 행사한다. 몰아세움의 탈은폐가 성盛하는 시대에 상시 가용한 재고품이라는 성격을 거스르는 존재자는 이제 비현실적이고 부적절하게 비칠 수밖에 없다. '존재자가 존재한다'는 것의 의미 자체가 몰아세움으로부터 규정되기 때문이다. 예컨대 〈예술작품의 근원〉에서 언급된 바처럼, 신뢰성이라는 도구의 근원적 본질을 간직하여 고향적 대지에 귀의하고 세계 안에서 보호받는 신발이라는 생각은 몰아세움의 탈은폐가 지배적인 곳에서는 불가해하거나 무의미하다고 치부되기 십상이다.

〈세계상의 시대〉에서 근대 자연과학은 존재자의 존재를 대상성과 표상성으로 환원하는 근대의 형이상학적 본질에 뿌리를 둔다고 설명되었다. 여기서는 아직 근대 후기에 본격적으로 나타나는 산업화된 기술적 현상이 그것만의 본질에 입각해 설명되지 않았다. 하지만 〈기술에 대한 물음〉에서 현대 기술의 산물은 단순히 근대적 본질이 아니라 그것이 극단화된 새로운 형태, 곧 몰아세움에 의해서 규정된다고 밝혀진다. 이와 더불어 자연과학의 본질적 의미 또한 재해석된다.

현대 기술의 산물에는 근대 물리학 같은 자연과학 지식이 적용되어 있다. 이를 두고 세간에서는 현대 기술이 근대 자연과학의 응용이라는 식으로 설명하곤 한다. 하이데거는 이런 설명을 표면적이라고 여기고 이를 뒤집어 보라고 요구한다. 즉 근대 자연과학의 기저에서 강압적으로 도발하고 요청하는 몰아세움의 탈은폐가 이미 성하고 있지 않았다면, 근대 자연과학을 공학적으로 응용하는 현실화 작업 또한 이루어질 수 없었으리라는 것이다. 근대 자연과학이 자연을 '정밀하게 계산할 수 있는 힘들의 연관 구조'로 표상할 때, 이러한 표상 방식은 이미 자연을 송두리째 특정한 틀 속으로 집약시켜 포획하는 성격을 지닌다. 여기에 이미 몰아세움의 전조가 보인다. 그로부터 자연을 에너지 저장고로 탈은폐하는 현대 기술까지는 그 본질적 성격 측면에서 보건대 단지 한 걸음이 필요할 뿐이다. 물론 실제 역사에서 그런 기술이 탄생하기까지는 대략 150년의 세월이 흘러야 했다. 요컨대 하이데거는 근대 자연과학의 탄생이 현대 기술의 탄생보다 시점상 한참 앞서지만, 그 본질이라는 측면에서 볼 때 오히려 현대 기술의 본질이 근대 자연과학의 본질을 앞당겨 규정하고 있다고 본다. 하이데거는 양자역학 같은 현대 물리학에서 대상을 직관적으로 표상하기가 점차 어려워지는 사정도, 자연을 탐구자 앞에 자립적으로 세워진 대상이 아니라 대상성을 상실한 주문품으로 탈은폐하는 몰아세움이 물리학에 성하기 때문이라고 추측한다.

극도의 위험

오늘날 인간은 어디에서나 존재자를 상시 가용한 재고품으로 주문하라는 도발적 요청을 받는다. 이것이 오늘날 지배적인 탈은폐 방식이다. 시대마다 인간은 존재자를 탈은폐하는 특정한 방식으로 모아들인다. 이처럼 하나의 탈은폐의 길로 모아들여 '보내는 schicken' 역사적 사건을 하이데거는 역사적 운명, 즉 '역운Geschick' 이라고 부른다. 역운이 우리를 특정한 탈은폐의 길로 '보낸다'는 것은 우리로서는 다른 탈은폐 방식을 상상하기도 어려워진다는 뜻이다. 이런저런 기술의 산물은 적어도 어느 정도까지 인간의 의지대로 통제할 수 있다. 반면에 몰아세움이라는 탈은폐 방식 자체는 오늘날의 역운이다. 즉 그것은 인간이 제아무리 강력한 의지를 발휘한다고 해도 끝장낼 수 없음은 물론이거니와 언제 어떻게 종결될지를 예측할 수도 없다.

통제 불가능한 역운은 그 자체로 위험이다. 하이데거는 기술 시대를 지배하는 몰아세움이라는 탈은폐 방식의 특수한 위험을 거론하기 전에, 역운의 탈은폐에 일반적으로 내재하는 위험을 거론한다. 역운은 모든 존재자를 하나의 탈은폐 방식으로 구속하기 때문에 그 자체로 위험하다. 하이데거는 두 가지 예시를 든다. 먼저 중세인의 존재 경험에서처럼 모든 존재자가 원인과 결과의 질서라는 견지에서 현시할 때, 인간은 신조차도 그러한 인과 질서에 따라 탈은폐하게 된다. 그러나 하이데거에 따르면 이는 신의 신성함을 깎아내리는 일이다. 인과성의 최초 자리에 배치될 때, 신은 더 이상 '멂을 간직하는 신비'로서 존재할 수 없게 되기 때문이다. 마찬가지로 근대 자연과학의 탈은폐 방식에 따라서 자연이 계산 가능한 힘들의 연관 구조로 표상될 때, 이는 옳은 진술을 허용하지만 동시에 피시스로서 경험할 수 있을 자연을 철저히 은폐하게 된다. 요컨대 역운이 모든 존재자에 대해 획일적으로 하나의 탈은폐 방식만을 허용하기 때문에, 그러한 탈은폐 방식에 본질적으로 적합하지 않은 존재자의 존재가 감춰지고 망각된다.

하지만 이러한 역운의 위험은 몰아세움의 역운에서 가장 심각해진다. 몰아세움의 탈은폐 속에서 피시스로서의 자연, 신뢰성의 도구, 자기은폐적 대지에 속하는 사물, 진리를 스스로 정립하는 예술작품 등은 모두 일방적으로 언제든 활용할 수 있는 재고품으로 주문받고 최적의 성과를 끌어내야 할 부속품이 된다. 각각에 고유한 탈은폐 방식은 허용되지 않는다. 물론 인간 자신도 예외일 수 없다. 인간은 존재하는 것 전체를 대상으로 파악함으로써 자신의 위상을 안전하게 확보하는 주체로 서지 못한다. 인간은 대상이 아니라 재고품으로 주문된 부속품에 둘러싸인다. 이러한 부속품의 주문자로서 인간은 "낭떠러지의 최극단"으로 내몰린다.[29] 더욱이 그 자신조차도 그저 가용한 재고품으로 전락하고 만다. 지구의 정복자라는 근대적 인간상은 몰아세움의 시대에는 하나의 기만일 뿐이다. 이런 기만 속에서 인간은 자신이 몰아세움의 도발적 요청에 강요당하는 처지임을 완전히 은폐한다. 하지만 사실 이는 인간이 그토록 뿌리 깊게 몰아세움의 역운에 종속되고 있음을 역설적으로 웅변할 따름이다.

더욱이 몰아세움의 역운은 존재자를 비은폐성으로 데려오는 탈은폐 성격 자체를 다른 어느 역운보다 철저히 감춘다는 특징을 지닌다. 몰아세움의 탈은폐 한가운데 던져진 인간은 트인 터에서 존

---

29 전집 7권, 28쪽(〈기술에 대한 물음〉, 《강연과 논문》, 신상희·이기상·박찬국 옮김, 이학사, 2008, 36쪽).

재자가 존재자로서 밝혀지는 진리사건을 사유하기도 경험하기도 어렵다. 매 절차와 공정에서 가용한 재고품을 어떻게 제어하고 확보할 것인지가 인간의 관심사를 송두리째 사로잡을 따름이다. 여기서 하이데거가 다른 후기 저작에서 빈번히 언급하는 '존재 상실'이나 '허무주의'의 뜻이 분명해진다. 존재가 인간을 떠나고, 그 대신 무無를 남기는 데서 허무주의가 등장한다. 현대인을 지배하는 공허는 몰아세움의 탈은폐에 동반되는 존재 상실로부터 설명되어야 한다.

이처럼 하이데거는 개개 기술의 위험성을 경고하는 것이 아니다. 그런 기술의 근저, 나아가 다른 온갖 존재자의 근저에 있는, 그 존재자들이 우리에게 현존하는 방식 자체의 위험성을 문제로 삼는다. 몰아세움의 역운은 위험 중에서도 극도의 위험이다. 첫째로, 그것은 모든 존재자를 현대 기술의 산물로서 존재자와 동일한 방식으로 존재하도록 강제한다. 둘째로, 그런 획일적 탈은폐 방식에서 인간도 예외일 수 없어서, 주문자로서 인간 역시 주문품이 되어야 한다는 도발적 요청을 받는다. 셋째로, 몰아세움은 탈은폐의 진리 성격 자체를 은폐하고 위장해서 허무주의와 존재 상실을 몰고 온다.

구원과 극복

하이데거에 따르면 몰아세움이라는 탈은폐 방식은 기술 시대의 역운이다. 이러한 시대 진단은 무척 암울해 보인다. 주문품과 부속품으로의 전락은 불가피하고 변할 수 없는 인간 운명이라는 예언처럼 들린다. 그러나 존재의 역운은 결정론적인 운명이 아니다. 하이데거는 몰아세움의 역운에서 동시에 구원의 희망을 본다.

'위험이 있는 곳에 구원자 또한 자라난다'라는 횔덜린의 시구를 인용하면서 하이데거는 위협자가 실은 구원자이기도 하다고 주장한다. 그에 따르면 현시대에 몰아세움의 방식으로 인간을 위협하는 것이 실은 인간에게 "최상의 존엄"이라는 선물을 베풀기도 한다.[30] 몰아세움은 존재자를 비은폐성으로 데려오는 진리사건의 한 방식이다. 즉 역운으로서 존재사건의 한 유형이다. 그러나 트인 터에서 진리사건이 몰아세움의 방식이 아니라 비은폐성과 은폐성을 함께 수호하는 진리의 본질을 보증하는 식으로 일어난다면, 위협자가 이제 인간 본질을 회복하는 구원자로 거듭난다. 위협자가 존재사건의 비본래적이고 비본질적인 방식이라면, 구원자는 그 동일한 존재사건의 본래적이고 본질적인 방식이다.

이처럼 위협자의 뿌리에서 구원자가 자라나게 하려면, 인간은 무얼 어떻게 해야 하는가? 이러한 물음을 던지는 하이데거에게 진리사건이란 인간의 재량에 달려 있지는 않지만 또한 인간의 동참 없이는 아무것도 아니라는 사실, 즉 진리사건에 인간의 고유한 몫이 있다는 사실은 명백하다. 물론 구원자의 성장은 단순히 인간이 최선의 의지로 노력한다고 해서 성취할 수 있는 일이 결코 아니다. 몰아세움이라는 탈은폐가 모든 것을 가용한 자원으로 조달하도록 인간을 닦달할 때, 인간이 그에 대해 간단하게 '아니오'라고 답하

---

30 전집 7권, 33쪽(〈기술에 대한 물음〉, 《강연과 논문》, 45쪽). 〈휴머니즘 서간〉에서도 "인간의 본래적 존엄"을 언급한다. 전집 9권, 330쪽(〈휴머니즘 서간〉, 《이정표 2》, 143쪽).

면서 사태를 뒤집을 수는 없다. 역운의 변천은 아무도 장담할 수 없다. 언제 어떻게 극단으로 치달은 형이상학의 시대가 종결되고 새로운 시대가 열릴지는 어느 인간도 예측할 수 없다. 이런 점에서 탈은폐의 역운은 인간 주체를 넘어선다. 하지만 탈은폐의 사건이 인간을 필요로 하고 그 사건에 인간의 몫이 있는 이상, 새로운 역운의 도래를 간절히 기다리고 희망하면서 인간이 할 수 있고 또 해야만 하는 일은 있다. 이런 점에서 하이데거는 숙명론자가 아니다.

인간은 우선 기술의 본질을 성찰함으로써 밝혀진 몰아세움이 탈은폐의 절대적 방식이 아니라 단지 하나의 방식임을 충분하게 인지해야 한다. 몰아세움이 아닌 탈은폐 방식이 가능하다는 사실, 인간이 진리의 본질을 보증하는 더욱 근원적인 탈은폐에 동참할 수 있다는 사실을 통찰해야 한다. 하이데거는 자신의 철학을 통해 바로 이것을 요구한다. 하이데거는 자신의 사유를 "구원자를 향한 길", 즉 동시대의 역운을 넘어서기 위한 예비 작업으로 이해한다.[31]

그러나 이러한 철학적 통찰만으로 곧장 구원자가 도래하진 않는다. 구원자 즉 진리의 근원적 본질을 수호하는 방식의 탈은폐가, 위협자 즉 몰아세우는 방식의 탈은폐에 맞서 현실적으로 전개될 수 있어야 한다. 구원자가 도래하여 더는 위협자가 우리 시대에 성하지 못하도록 막는 바로 그때, 극단화된 형이상학의 시대가 막을 내리고 새로운 시원이 시작될 것이다. 그때 플라톤 이후 대략 2천 5백 년간 서구를 지배한 형이상학적 탈은폐가 종결되고 새로운 시

---

31 전집 7권, 36쪽(〈기술에 대한 물음〉, 《강연과 논문》, 49쪽).

대가 열릴 것이다.

〈기술에 대한 물음〉에서 하이데거는 예술이 구원자를 자라나게 하는 탈은폐 방식일 수 있지 않을까 하는 기대와 희망을 건다. 이전에 〈예술작품의 근원〉에서 그는 예술작품의 본질에 역사적 사명을 알려 주는 세계를 현시함으로써 민족 공동체가 살아갈 터전을 건립한다는 이념을 끼워 넣었다. 〈기술에 대한 물음〉에서는 이런 견해를 더는 고수하지 않는 듯하다. 아마 그럴 필요가 없을 것이다. 이제는 서구화된 사회의 인류 모두가 겪는 몰아세움의 탈은폐를 극복하는 일이 과제이기 때문이다. 또한 고대 그리스 신전처럼 작품이 개방하는 터에서 민족 공동체나 인류가 나아갈 방향이 직접 제시될 필요도 없다. 근본적으로 중요한 것은 몰아세움의 탈은폐와 현격히 대조되는 작품의 진리 성격 자체이지, 그로부터 현시되는 세계의 특정한 모습이 아니기 때문이다. 작품이 터를 개방하여 그곳에서 비은폐성과 은폐성의 투쟁이 빛나는 광채 속에서 현시하도록 한다는 사실 자체가 중요하다. 작품에서 일어나는 진리의 정립은 진리의 본질을 수호하는 근원적인 탈은폐 방식 가운데 하나다.

하지만 하이데거는 여전히 '예술의 죽음' 논제에 동조한다. 위대한 예술은 죽었다. 오늘날 예술은 통상 감성미학의 영역에서 체험되고 감상된다. 즉 예술은 주로 자극적 체험을 위한 소비 상품으로 소모된다. 그래서 하이데거는 예술이 정녕 구원의 문을 열어 줄지를 열린 물음으로 남겨둔다. 다만 예술이 본질을 회복함으로써 광포한 현대 기술의 탈은폐에 제동을 걸어 주리라는 희망을 품을 뿐이다.

그러나 하이데거가 구원의 길을 열어 줄 다른 방식의 탈은폐와 관련해 기대를 거는 것은 예술뿐만이 아니다. 어쩌면 그보다도 더 인간 삶에 기초적이고 그래서 그만큼 더 영향력을 미칠 수 있는 또 다른 방식의 탈은폐를 '사역세계四域世界, Welt-Geviert'와 '거주Wohnen'에 관한 사유를 통해서 모색한다.[32] 사역세계를 '집수執囚하여sammeln(거둬들여)' 인간이 본질적으로 거주하도록 하는 탈은폐는 현시대를 집어삼키려는 도발적 요청의 탈은폐에 맞선다. 또한 하이데거 자신의 저술이 보여 주는 바처럼, 근원적 물음을 던지는 사유 역시 몰아세움의 탈은폐에 거슬러서 진리의 본질을 가까이 두는 방식이다.

하이데거의 기술론은 결국 개개인에게 현대 기술의 산물을 사용하지 말라는 메시지를 전하는 듯 들리기도 한다. 어쨌든 그런 산물은 몰아세움의 탈은폐라는 위험에 깊이 연루되어 있기 때문이다. 그러나 하이데거의 견해는 단순한 기술 사용 금지가 아니다. 인간이 주문품으로 확고하게 전락하는 건, 그가 맺는 존재자와의 관계가 모조리 몰아세움의 탈은폐에 종속될 때다. 현대 기술의 산물에 둘러싸인 환경에서 그 기술을 신속하게 다루고 처리하는 작업으로 자기 삶이 채워질수록, 인간은 몰아세움의 탈은폐가 부리는 노예가 된다. 그러나 비록 자기 삶에서 현대 기술의 산물을 수시로 사용한다고 할지라도, 거꾸로 현대 기술의 본질을 꿰뚫어 봄

32 '사역세계'에 관한 구체적 내용은 '5장 사역세계와 거주'를 참조하라.

으로써 그에 내재한 도발적 요청과 주문 요청의 탈은폐가 자기 삶과 실존에서 중핵을 차지하지 못하도록 막을 수도 있지 않을까? 그럴 때 예술과 사역세계에서의 거주 그리고 철학적 사유는 자기 실존에서 몰아세움의 탈은폐가 지배적이지 못하도록 막는 데 결정적 역할을 할 것이다.

하이데거는 일단 현대 기술의 시대가 찾아왔기 때문에 그 이전 시대로 그저 복귀하는 일은 불가능하다고 십분 인정한다. 미래의 모습이 어떠할지를 예측하기란 불가능에 가깝지만, 현대 기술의 산물이 어떤 식으로든 존속하리라는 것만큼은 누구라도 거의 확실하게 예측할 수 있다. 때로 그가 이전 시대에 대한 향수를 내비친다고 할지라도, 그것이 그가 복고주의자임을 입증한다고 할 수는 없다. 오히려 하이데거는 〈전회〉에서 새로운 역운으로의 변천이 그저 기존 역운의 제거일 수는 없다고 밝힌다. 고통을 극복한다는 것은 고통이 존속하더라도 그에 지배당하지 않고 감당해 낸다는 뜻이다. 마찬가지로 다른 시원에서 몰아세움의 역운을 극복한다고 해서 그것이 단순히 몰락하고 소멸하지는 않는다. 새로운 시대의 도래에도 현대 기술은 제거되지 않고 존속한다.[33] 〈사물〉에서도 하이데거는 존재의 역운이 단순히 순차적이지 않다고 지적한다.[34] 지금 시대의 역운인 몰아세움이 다음 시대에는 새로운 역운으로 대체되는 것이 아니라, 다음 시대에도 몰아세움은 어떻게든 남으리

---

33 전집 79권, 68~69쪽.

34 전집 7권, 186쪽(〈사물〉, 《강연과 논문》, 신상희 · 이기상 · 박찬국 옮김, 이학사, 2008, 239~240쪽).

라는 것이다.

하나의 해석이지만, 하이데거의 요점은 구원이란 몰아세움의 제거가 아니라 그 변양에 놓여 있다는 것인 듯하다. 예술과 사역세계에서의 거주 그리고 철학적 사유 같은 다른 탈은폐가 각자의 실존에서 또는 시대 전반에서 중심을 차지할 때, 몰아세움의 탈은폐는 변방으로 또는 적어도 중심 바깥으로 밀려난다. 이때 몰아세움은 모든 존재자를 언제 어디서나 가용한 재고품으로 주문하고 조달하도록 인간을 강압할 정도로 총체적이고 지배적일 수 없다. 몰아세움은 한정된 영역의 존재자, 곧 현대 기술의 산물만을 탈은폐하는 방식으로 국지화된다. 이처럼 몰아세움이 개인의 관점에서 자기 실존과 거시적 역사의 관점에서 시대 전반을 지배하길 중단하고 국지적인 탈은폐 방식으로 변양될 때, 구원의 문이 열린다. 이러한 해석은 본래적인 실존이 퇴락의 제거가 아니라 변양일 뿐이라는 전기 사상과도 잘 어울린다.

5 / 사역세계와 거주

'짓기'와 '살기'

〈기술에 대한 물음〉에서 하이데거는 예술에서 몰아세움의 탈은폐를 극복하는 구원자의 성장이 이루어지길 기대했다. 그러나 예술은 삶의 특수한 경험에서 제한적으로 이루어진다. 일상적으로 반복되는 삶의 형식에서 예술을 창작하거나 감상하는 활동은 잘해봐야 이따금 이루어질 뿐이다. 이러한 사정은 설령 하이데거가 원하는 바대로 예술이 체험을 위한 소비 대상이 아니라 진리를 정립하는 사건으로 일어난다고 할지라도, 그것만으로 몰아세움의 극복을 희망하기란 어려우리라는 점을 시사한다.

다행히도 하이데거는 일련의 강의를 통해서 몰아세움의 탈은폐를 극복하는 더욱 광범위한 방식을 제시했다. 〈사물〉(1950), 〈건축함 거주함 사유함〉(1951), 〈"…인간은 시적으로 거주한다…" "…dichterisch wohnet der Mensch…"〉(1951) 등에서 하이데거는 인간이 이 땅 위에 거주한다는 사실의 근본적 의미를 규명한다. 그로써 특정한 활동이 아닌 인간의 실존 양식 자체로부터 몰아세움을 극복할 가능성을 모색한다. 셋은 거의 같은 시기의 저술로서 그 내용이 일부 중복되기도 하나 상당 부분 상호 보완적이다. 이어지는 내용에서는 세 강연을 하나로 연결하여 해석하면서 하이데거가 그려 보이는 대안적인 삶의 형태를 탐구하고자 한다.

〈건축함 거주함 사유함〉에서 하이데거는 독일어 'bauen(건축함)'과 'wohnen(거주함)'이 어원적으로 무엇을 뜻하는가를 분석하면서, 건축과 거주의 근원적 본질에 대한 탐구를 시작한다. 그러나 한국어는 독일어와 어원학적 접점이 별로 없기 때문에, 독일어 어원을 깊이 추적하여 분석할 필요는 없을 듯하다. 그 대신 한국어 표현에 주의를 기울여서, 하이데거가 전하려는 요지를 최대한 얻어 내고자 한다.

독일어로든 한국어로든 'wohnen'/'거주하다'라는 표현은 통상 '집에 거주한다', '도시에 거주한다' 같은 식으로, 또는 확장된 용법으로 '그는 요새 거의 일터에 거주한다' 등과 같이 쓰인다. 여기서 'wohnen'/'거주하다'는 말은 대체로 많은 시간을 보내는 특정한 장소에서 휴식이든 수면이든 일이든 특정한 활동을 하는 것을 가리킨다. 그러나 하이데거는 'wohnen'의 본래적 의미는 특정한 장소에서 특정한 활동을 하는 것이 아니라 "대지 위에 죽을 자로서 존재한다는 것"이라고 주장한다.[35]

한국어로 보면, 이러한 본래적 의미의 'wohnen'은 '살다'라는 순우리말로 더 잘 전달될 듯하다. '살다'는 중의적이다. 우선 '말기 암인데도 그는 살아 있다' 같은 진술에서처럼 '생명'의 보존과 유지를 가리킬 수 있다. 하지만 '어디 살아?' 'OO동에 살아' 같은 대화에서처럼 일정한 거처에서의 '거주'를 가리킬 수도 있다. 또한 '요즘 어때?' '그럭저럭 살아' 같은 대화에서 '살다'는 삶의 형편이나 사정을 가리키는데, 여기서는 거주와 생명이라는 두 의미가 사실상 구분되지 않고 녹아 있는 듯하다. 생명의 의미에서 '살다'라는 말은 결국 인간의 존재를 가리키고, 이를 거주의 의미와 연결하여 보면 이 말은 인간의 삶이 어딘가에 뿌리박은 채로 영위됨을 가리킨다. 종합하건대, '산다$_{\text{wohnen}}$'라는 말은 근원적으로 인간이 이 땅 위에 살아가고 또 계속해서 존재해 나가는 것, 죽을 자로서 자신의 존재를 어떻게든 영위하는 것을 뜻한다.

하이데거는 'bauen'이 어원적으로 본래 이러한 의미의 '살기'

35 전집 7권, 149쪽(〈건축함 거주함 사유함〉, 《강연과 논문》, 신상희 · 이기상 · 박찬국 옮김, 이학사, 2008, 187쪽).

와 통한다고 본다. 'bauen'은 한국어로 '건축하다'뿐만 아니라 폭넓게 '짓다'로 번역할 수 있다. 즉 하이데거가 어원 분석을 통해 전하려는 바를 한국어로 표현하자면, 곧 '짓기'와 '살기'가 상통한다는 것이다. 요컨대 인간이 산다는 말은 본래 이 땅 위에서 무언가를 짓는다는 뜻이다. 이때 무얼 짓는가에 따라 짓는 행위에 대한 명칭이 별도로 생겨난다. 또 그런 명칭이 독자적으로 자라나면서 각각의 '짓는' 행위도 점차 별개로 이해된다. 논밭에서 생장하는 무언가를 살피고 돌보는 '짓기'는 '농사'라는 이름을 얻고, 다리, 길, 집 같은 건물을 '짓기'는 '건축'이라는 이름을 얻는다. 우리말 '옷 짓기'나 '밥 짓기'처럼 일상적 삶에 속하는 물건을 만드는 행위도 일종의 '짓기'다. 시를 '짓는' 행위는 '문예 창작'이라는 특별한 이름을 얻는다. 농사, 건축, 수공예, 살림살이, 문예 등등의 이름이 생겨나면서, 이 모두가 대지 위에서 거주하기 위한 '짓기'의 서로 다른 방식이라는 사실은 잊히고 제각기 독립적으로 이해된다.

짓기와 살기에 대한 하이데거의 어원 분석이 얼마나 타당하고 한국어에 얼마나 들어맞는지는 분명히 논란의 여지가 있을 것이다. 다만 여기서 그의 요지는 분명하다. 농사, 건축, 수공예, 살림살이, 시 창작 등은 모두 인간이 거주하며 사는 방식에 속한다는 것이다. 뒤에 보겠지만 특히 '시 짓기'는 다른 짓기 활동을 위한 척도를 제공한다는 점에서 탁월한 거주 방식이다. 인간은 이런 다양한 짓기 활동을 하면서 대지 위에서 죽을 자로서 거주하며 산다.

다양한 짓기는 삶을 일구는 방식으로서 거주하기에 속한다. 어원 분석에 기초한 해명대로 짓기와 살기가 근원적으로 상통한다면, 살기를 외면하는 형태의 짓기는 본질적으로 짓기로서 자격 미달인 셈이다. 농사를 짓고, 집을 비롯한 건물을 짓고, 시를 짓는 활동 등은 근원적인 삶과 거주에 부합하는 가능성이다. 몰아세움의 탈은폐가 지배하는 곳에서, 이런 활동은 주변화되거나 삶과 거주를 외면하는 방식으로 전개된다.

어원 분석에 기초한 해명에 이어서, 하이데거는 근원적 의미의 거주를 사물 및 세계와 관련하여 더욱 발전시킨다. 이에 대해서는 뒤에서 더 상세히 밝힐 예정이다. 여기서는 일단 '거주', '세계', '사물'의 관계를 형식적으로 파악해 두는 것으로 족하다. 여기서 '세계'는 대지, 하늘, 신적인 것, 죽을 자라는 '사역四域, Geviert'이 하나로 어우러지는 세계다. '거주'는 우선 사역 각각을 보살피고 보존한다는 뜻이다. 하지만 동시에 '사물' 곁에서 체류한다는 뜻이기도 하다. 이는 《존재와 시간》에서 하이데거가 세계-내-존재를 설명하기 위한 사전 작업으로 존재자 '곁에 있음'을 체류 및 거주의 견지에서 설명했던 것을 연상케 한다. 사역세계를 보살피고 보존하는 거주는 사물 곁에서 머무는 식으로 이루어진다. 사역세계의 보살핌이 사역세계를 사물에 모아들여서 보호하는 식으로 이루어지기 때문이다. 결과적으로 '대지 위에서 죽을 자로서 존재함'이라는 의미의 거주는 이제 '사물 곁에 체류하면서 사역세계를 사물로 집수하여 보살핌'이라는 의미로 발전한다.

거주의 의미가 이처럼 발전하면, 그에 따라서 짓기의 의미도 재해석되어야 한다. 이제 짓기는 곁에 가까이 둘 사물이자 사역세계를 집수하고 보살펴 줄 사물을 '짓는' 것을 뜻한다. 실제로 하이데거는 그런 사물에 해당하는 구체적 예시로 〈건축함 거주함 사유함〉에서 다리를, 〈사물〉에서 단지를 든다.

건축의 본질

하이데거는 건축에 대한 철학적 사유를 제시한 드문 철학자 중 하나다. 그의 건축론은 철저히 그 사유의 전체 맥락에서 나온다. 그에 따르면 건축은 거주에 속하는 짓기의 한 방식이다. 또 그에게 거주란 사역세계를 보살피고 그 본질에 맞게 지켜냄이다. 그래서 건축이란 사역세계를 집수하여 보살필 수 있을 특별한 종류의 사물, 곧 건축물을 짓는 일이다. 거주를 허락하는 여느 다른 사물과 달리, 건축물은 특유하게도 그 자체가 하나의 장소로서 사역세계가 세워질 소재지를 마련한다.

물론 사역세계와 연결된 건축 개념에 들어맞는 건축 사례가 오늘날 많지 않다는 사실을 하이데거는 분명하게 자각한다. 아파트 공화국인 서울에서 그런 사례를 찾기란 정말 어려울 것이다. 그러나 그에게 이러한 사실은 그의 건축론이 잘못되었다고 입증하기는 커녕, 몰아세움의 시대에 건축이 얼마나 그 본질로부터 멀어졌는가를 실증할 따름이다. 하이데거가 보기에 진짜 주택난은 주택 공급이 수요보다 적다거나, 지하나 옥탑 같은 살기에 불편한 집이 많다는 것이 아니다. 이 역시 문제지만, 그런 문제가 개선된다고 해도 근원적인 주택난은 남는다. 그에 따르면 집을 비롯한 건축물이 사역세계를 모아들이지 못한다는 실태야말로 진짜 주택난이기 때문이다. 하이데거는 자신의 건축론에서 '고향상실'이라고 부르는 근원적인 주택난에 대한 대안을 제시한다고 할 수 있다.

후기 하이데거는 자신의 사상을 선명하게 전달하기 위해 예시를 즐겨 활용한다. 그는 사역세계를 집수하는 건축물의 전형으로 '다리'를 채택한다. 〈예술작품의 근원〉에서 고흐의 구두 그림이나 고대 그리스 신전이 어떻게 진리를 정립하는가를 묘사했던 것에 못지않게, 여기서는 추정컨대 하이델베르크의 유명한 오래된 다리를 염두에 두고서 다리가 어떤 식으로 현존할 수 있는가를 선명하게 묘사한다. 그렇지만 다리가 근원적인 거주에 속하는 것으로서 어떻게 대지, 하늘, 신적인 것, 죽을 자 각각을 그 자체에게로 모아들이고 또 어우러지도록 하는가는 그다지 분명하지 않다. 그래도 이를 되도록 체계적으로 재구성하자면, 대략 이러할 것이다.

'대지'는 인간, 사물, 나아가 동식물을 지탱한다. 땅과 물, 산과 들, 강물과 바다, 숲과 호수 등이 모두 대지에 속한다. 강물은 땅과 땅을 가르며 흐른다. 다리는 강물 위에 세워져서 갈라진 두 땅을 연결한다. 다리의 도로는 강둑을 사이에 두고 마주 보는 두 땅, 예컨대 논밭과 마을을 잇는다. 다리의 도로를 통해서 사람들뿐만 아니라 논밭에서 길러낸 식량이나 산에서 캐낸 석재와 목재 등이 운송된다. 이런 식으로 다리는 대지를 그 자체에게로 모아들이면서 대지가 대지로서 현존하도록 한다. 이때 다리는 강으로부터 최대의 에너지를 추출하여 저장하거나, 땅과 땅 사이의 시간적 거리를 최소화하여 그 사잇길을 오가는 사람과 사물을 상시 주문 가능한 재고품으로 소모하게 만들지는 않는다.

'하늘'은 해, 달, 별과 그 운행, 밤낮의 교대, 구름의 이동, 강우와 강설을 비롯한 날씨 변화 등을 모두 아우른다. 다리는 그런 하늘로 열려 있다. 하늘에서 쏟아지는 햇빛을 받아 내고 내리는 비에 젖고 눈으로 덮인다. 또 비나 눈으로 불어난 강물의 세찬 물살을 강바닥에 박힌 기둥으로 견뎌 낸다. 다리는 하늘의 날씨 변화를 감당하도록 준비된다. 또 다리는 밤이 되면 어둑해지고 낮이 되면 환해진다. 하지만 밤이라 어둡다고 해도 조명등으로 대낮처럼 환하게 밝히려 들지 않는 편이, 하늘을 수용하는 다리의 본질에 더욱 적합하다. 반면에 몰아세움의 방식으로 탈은폐되는 다리, 예컨대 댐은 하늘의 변천에 그 자체를 맞추는 대신에 주문품과 부속품을 주문하고 조달하기 위한 최적화에 하늘마저도 끼워 맞추려 든다.

'신적인 것'은 우선 신이나 신성을 암시적으로나 명시적으로 전달하는 표식 같은 것을 가리킨다. 하이데거는 한 예로 다리 아치에 장식된 성인의 형상을 언급하기도 한다. 우리식으로 보자면 성스러운 기운을 담으려 다리목에 세워진 장승, 석인상, 솟대 등이 신적인 것에 해당할 것이다. 그러나 신적인 것을 더 넓게 해석할 필요가 있다. 성스러운 형상이나 조각상이 신적인 것의 전형인 이유는 그로부터 직접 성스러움의 현존이 인간에게 고지될 수 있기 때문이다. 거꾸로 그만큼 직접적이지 않을지라도 성스러움의 현존을 경험할 수 있도록 해준다면 모두 신적인 것이다. 하이데거는 다리 자체가 그렇다고 본다. 강이나 협곡 위를 넘어가는 다리는 죽을 자로서 인간이 고난과 재앙을 다행히도 넘어서는 이행의 경험 및 소망을 '상징적으로' 담아낸다. 재앙이나 불운을 넘어서는 극복은 때때로 단순히 인간 의지의 힘으로 다 설명할 수 없는 무언가로 경험

된다. 그러한 경험을 해본 사람이 꼭 흔히 말하는 뜻에서 종교적일 필요는 없다. 그럼에도 그는 그런 이행과 극복의 경험에서 신적인 것과 연결되었던 셈이다. 다리에 장식된 성스러운 형상은 재앙의 극복 경험에 따른 감사의 마음을 시각적으로 각인한 것이다. 하지만 하이데거에 따르면 그런 형상을 달지 않더라도, 다리는 그 본질상 이행하는 것이라는 점에서 신적인 것을 모아들이는 식으로 존재한다.

끝으로 '죽을 자'로서 인간은 궁극의 유한성으로서 자신의 사멸성을 받아들이는 자를 가리킨다. 그러한 인간은 자기 죽음을 회피하거나 흐리멍덩하게 만들지 않는다. 《존재와 시간》의 죽음으로의 선구 개념이 제시했던 바대로, 그는 자기 존재를 언제나 하나의 유한한 전체로서 이해한다. 나아가 자신에게 개방되는 세계를 지성적 인식으로 투명하게 만들 수 없다는 유한성 또한 받아들인다. 즉 죽을 자로서 인간은 자신이 들어선 터에 은폐성이 성함을 받아들인다. 이처럼 죽음을 본래적으로 수용하는 자만이 대지를 자신과 사물을 지탱하는 것으로서, 하늘을 불가항력적인 변화의 원천으로서, 신적인 것을 이러한 대지와 하늘에 깃든 성스러움의 현존으로서 경험할 수 있다. 하이데거에 따르면 이러한 인간이야말로 본질적이자 근원적으로 거주한다. 이러한 거주를 허락하도록 건축된 다리는 대지, 하늘, 신적인 것을 그 자체에 한데 모아들여 어우러지도록 함으로써, 인간에게 사역세계를 보살피도록 한다.

이처럼 건축물로서 다리는 대지와 하늘, 신적인 것과 죽을 자를 각각의 방식으로 그 자체에 모아들인다. 이러한 사역의 집수가 사물의 본질이다. 하지만 하이데거는 다리를 통해 그런 사물 중에서도 건축물이 지니는 특별한 점을 밝힌다. 그리고 바로 그런 점으로 인해 건축은 인간의 본질적 거주에서 특히 중요한 위상을 누린다. 건축물은 다리나 집과 같이 그 자체가 하나의 장소다. 건축물을 세운다는 것은 하나의 장소를 마련함으로써 기존의 지형을 근본적으로 새롭게 바꾸는 일이다.

건축물로서 장소는 사역이 머물고 현존하는 소재지다. 이러한 장소는 단순히 수학적으로 측정할 수 있는 3차원 공간이 아니다. 순수 기하학적 공간에서 각각의 위치는 다른 위치와 무차별적인 간격을 가질 뿐이다. 반면에 건축물로서 장소는 대지와 하늘, 신적인 것과 죽을 자가 한데 어우러지도록 인간과 사물을 위한 여러 고유한 자리를 마련하고, 그런 자리 사이를 역시 고유한 길로 연결한다. 다리 아래 흐르는 강물과 다리를 받치는 기둥, 다리 위 도로와 다리목에 배치된 조각상, 강둑에 자라난 수풀과 강둑 양편의 마을과 들판 등등, 건축물은 그 자체를 중심으로 가깝거나 먼 다양한 자리와 길을 마련한다. 그 모든 자리와 길이 인간이 거주하는 터전이다. 즉 건축물의 수립과 더불어 거주의 터전으로서 사역이 어우러진 공간이 조성된다. 그럼으로써 건축은 인간을 거주하도록 하는 탁월한 방식이 된다. 인간이 어떤 사물이나 자리를 얼마나 가깝게 또는 멀게 경험하는지에 관한 척도는 기본적으로 건축물이 설정한다. 건축은 인간의 공간성을 형성하고 규정한다.

그러나 이는 건축가가 임의로 결정하는 것이 아니다. 건축의 본질은 건축물이 사역을 보살피고 보존하여 인간이 본질적으로 거주하도록 해준다는 데 있다. 인간의 공간성을 규정하는 지침은 어떻게 해야 사역이 형성하는 각각의 본질이 한데 어우러질 수 있는가에 관한 성찰로부터 나온다. 이러한 성찰 속에서 건축가는 사역의 본질에 열려 있고 그에 응답한다. 예술가의 예술 창작이 개인의 천재적 영감이나 체험에서 기원하지 않듯이, 건축가의 건축도 단순히 개인의 내적 구상으로부터 설명할 수 없다. 그의 설계도는 처음부터 사역의 본질에 대한 응답에 기초한다.

예술 창작과 마찬가지로 건축도 일종의 탈은폐다. 무언가를 비은폐성의 진리로 데려와 현존하도록 한다는 뜻에서 탈은폐다. 그러나 몰아세움의 탈은폐처럼 도발적 요청과 주문 요청의 방식으로 현존하게 만들지도, 탈은폐의 성격 자체를 축소하지도 않는다. 건축은 사역세계를 보존하는 소재지를 설립하고 인간이 그곳에 거주하도록 한다. 말하자면 건축은 인간의 거주 환경이 사역으로 충만하게 만든다. 사역이 어우러지는 공간을 자신의 거주 환경에서 언제 어디서든 마주치고 경험하도록 한다. 대지가 인간을 지탱하고, 하늘이 인간을 구속하며, 신적인 것이 인간을 구원하고, 인간이 죽을 자로서 자신을 경험할 수 있도록 하는 거주의 공간을 열어 낸다.

사물의 본질과 사역세계

하이데거는 그의 긴 사유 여정에서 여러 차례 사물의 본질을 고찰했다. 《존재와 시간》에서 사물의 존재는 도구의 존재 방식인 손안에-있음과 대비되는 눈앞에-있음으로 파악됐다. 이는 단지 전통 형이상학에서 파악된 존재 방식에 불과했다. 즉 하이데거 자신의 철학에서 적극적으로 개진하고자 하는 주제는 아니었다. 반면에 〈예술작품의 근원〉에서 하이데거는 전통적 사물 개념을 거부하면서 대안적인 사물 개념을 스스로 제시한다. 즉 사물의 본질은 속성들을 지탱하는 실체도, 다양한 감각적 자극의 통일적 원천도, 질료와 형상의 결합체도 아니다. 그 본질은 우리에 대해 그 자체를 닫아거는 대지의 성격에서 구해야 한다. 하지만 〈사물〉에서 하이데거는 〈예술작품의 근원〉에서 제시한 사물 개념과도 다른, 그야말로 철학사적으로 유례없는 사물론을 선보인다.

이제 사물이 사물로서 존재한다는 것은 그 사물이 세계를 그 자체에게 집수한다는 뜻이다. 이미 앞에서 건축물인 다리를 전형으로 삼아, 사물의 본질이 어떻게 세계와 연관되는지 살폈다. 하지만 건축물은 그 자체가 장소로서 거주의 공간을 마련하는 특수한 종류의 사물이다. 이제 여느 사물이 어떤 식으로 세계를 모아들이는가를 확인할 차례다.

사물은 사유하는 주체의 표상 속에 맞세워진 '대상'이 아니고, 언제든 활용할 수 있도록 주문되는 '재고품'도 아니다. 대상으로 표상하거나 재고품으로 몰아세울 때 사물은 그 본질을 드러내길 거절한다. 사물을 사물로서 경험하고 그 경험에 충실하게 사유하기 위해서 하이데거는 마실 물 따위를 담는 단지를 예시로 삼아 논의를 전개한다. 여기서 확인되다시피 하이데거는 '사물'이라는 말을 《존재와 시간》이나 〈예술작품의 근원〉에서보다 더 느슨하게 쓴다. 이전 저작에서 '사물'은 거의 도구를 가리키지 않고 순전한 자연물만을 가리켰지만, 이제는 오히려 돌덩이나 나무보다는 단지나의자 같은 거주 공간을 채우는 가재도구나 물건을 가리킨다. 물론 이제 하이데거는 이러한 도구적 사물을 손안에-있음으로 설명하려고 하지 않는다. 다만 〈예술작품의 근원〉에서 도구의 근원적 본질로 제시된 신뢰성 개념과는 어느 정도 통할 수 있을 듯하다.

단지는 그 질료상 바닥과 벽면으로 이루어진다. 우선은 그런 가시적인 부분이 단지라는 사물의 사물성을 형성하는 듯 보인다. 하지만 단지의 단지로서의 성격은 오히려 그것이 비어 있다는 데 있다. 그 비어 있음이 무언가를 담을 수 있도록 해준다. 한데, 담기는 본래 붓기를 위함이다. 단지는 물이나 술을 나중에 누군가에게 부어 주기 위해서 담는다. 이로부터 하이데거는 단지의 본질을 '선사함'이라고 본다. 단지는 비어 있고, 채워졌을 때도 채워진 그것을 누군가에게 주기 위해서 다시 그 자체를 비운다.

단지의 본질은 선사함이다. 선사하는 것은 '대지'와 '하늘'에서 온다. 단지가 선사하는 물에는 그것이 경유한 대지의 산천과 암석, 하늘의 비와 이슬이 깃든 채 간직되어 있다. 또 단지가 선사하는 청주에는 논에서 수확한 쌀과 누룩이 담겨 있다. 대지의 자양분과 하늘의 햇살이 한데 어우러지면서 선사할 것을 빚어낸다. 이처럼 단지에는 대지와 하늘이 나름의 방식으로 머물고 깃든다.

또한 단지가 선사하는 물이나 술은 대개 '죽을 자'인 인간의 갈증을 해소하고 여유를 마련하거나 사교를 북돋기 위한 것이다. 때로는 제사에서 제삿술을 담은 단지가 조상의 넋에 바쳐진다. 아니면 교회의 성체성사에서 신에게 봉헌된다. 화와 불운을 다행히 비껴갔음에 감사하고, 앞으로 닥칠지 모를 재앙을 막아 달라고 기도 한다. 이처럼 단지에는 죽을 자인 인간과 '신적인 것'이 역시 함께 머문다.

이처럼 무언가를 선사하는 사물로서 단지에는 대지와 하늘, 죽을 자와 신적인 것이 각기 나름의 방식으로 깃든다. 넷이 한데 포개지고 어우러지면서 단지는 단지로서 현존한다. 여기서 넷은 단지의 속성으로서 발견되는 것이 아니다. 빨갛다, 둥글다, 작다 같은 속성은 실체적으로 파악된 사물에서 발견할 수 있다. 단지는 실체적으로 파악되기 이전에 인간의 근원적 거주에서 현존한다. 그때 단지는 사역을 그 자체에 모아들이는 식으로 현존한다. 이때 모아들임은 물론 단지라는 사물의 질료 속에 넣어둔다는 뜻이 아니다. 또 사역의 집수는 사역이 단지가 차지하는 외연 안으로 들어온다는 뜻도 아니다. 이런 오해 역시 단지를 실체적으로 파악할 때 벌어진다.

사역을 모아들임은 사물이 비非대상적이고 비非실체적으로 현존하는 방식이다. 즉 사물이 탈은폐되고 존재의 진리가 일어나는 방식의 하나다. 물론 앞서 보았듯 주문품으로 몰아세움도 사물이 탈은폐되는 방식의 하나다. 즉 이런 몰아세움 역시 사물의 속성은 아니다. 그러나 여기서 사물은 그 본질에 부합하게 현존하지 않는다. 사역을 그 자체 곁으로 불러 모아, 그곳에서 사역으로서 머물도록 하지 않는다. 하지만 이것이야말로 사물이 본질적으로 존재하는 방식이다.

대지와 하늘, 죽을 자와 신적인 것은 단지를 비롯한 어떠한 사물로도 제한되거나 갇히지 않는다. 하이데거가 사물이 사역을 보관하고 보호한다고 말한다고 해서 보석함이 보석을 간수하는 이미

지를 떠올리면 곤란하다. 사역으로 이루어진 세계는 사물 같은 한정된 존재자가 아니다. 그러니 사역세계가 사물 안으로 들어갈 수도 없다. 모아들인다는 것은 빛처럼 퍼져 나가고 번져 나가서, 붙잡을 수 없어 결국 은폐되고 나아가 망각되기 쉬운 것을 한곳으로 불러들여 탈은폐한다는 뜻이다. 또 다른 비유를 들자면 '정신을 한곳에 집중한다'라는 말은 정신이 그곳 안으로 들어간다는 뜻이 아니라, 실은 온 곳에 퍼져 있는 정신을 한 방향으로 집약하여 겨눈다는 뜻일 테다. 마찬가지로 세계가 단지 같은 어느 사물에서 집수된다고 함은 본래 특정한 사물에 담길 수 없는 세계가 그 사물에서 특별히 집약적으로 현현한다는 뜻이다.

인간이 근원적으로 거주한다는 것은 곧 사역을 보살피고 보호하여 그 각각이 제 본질에 적합하게 현존하도록 한다는 뜻이다. 또한 그것은 인간이 사물 곁에 체류한다는 뜻이다. 이때 사물은 다리나 단지처럼 사역을 모아들이는 사물을 가리킨다. 인간은 자연물만이 아니라 스스로 '지은' 사물과 더불어 거주한다. 다리 같은 건축물은 인간의 거주 공간을 마련하고, 단지 같은 도구는 그 거주 공간의 여러 자리를 채운다. 인간은 그런 여러 사물 곁에서 체류하기 때문에 사역을 보살피고 보호하고 보존하면서 거주할 수 있다. 거주의 공간이 대상이나 부속품이 아니라 이처럼 자체적으로 충만한 사물로 채워질수록, 인간은 몰아세움의 탈은폐 대신에 사역세계의 탈은폐를 경험하기가 더 쉬워질 것이다. 그런 공간에서 살아가는 인간은 어느 자리에서나 사역세계가 사물을 통해서 한데 어우러져서 탈은폐되는 방식에 동참한다. 이처럼 본질적이고 근원적으로 거주하는 인간은, 조심스럽게 해석하건대 사물에서 특별히 일어나는 세계로부터 의미의 충만을 경험할 것이다. 이것이 하이데거가 몰아세움의 탈은폐에서 경험되는 존재 상실, 고향상실, 허무주의를 거주의 근원적 본질에서 극복할 수 있다고 보는 이유다.

사물과 사역세계에 대한 해석

하이데거는 사물의 본질이 사역세계가 한데 어우러지는 사건을 집수하는 데 있다고 주장한다. 이러한 주장을 뒷받침하는 전형적 유형으로 다리와 단지를 제시했다. 이에 대해서 독자는 아마 여러 생각과 의문을 품을지 모른다. 우선 하이데거가 오늘날 모든 다리와 단지가 실제로 사역세계를 집수한다고 주장하지 않는다는 건 명백하다. 몰아세움의 탈은폐가 여전히 위세를 떨치는 시대이니, 오히려 하이데거는 소수의 다리와 소수의 단지가 사역세계를 집수한다고 생각했다고 보아야 할 것이다. 하지만 사물의 본질에 관한 하이데거의 주장을 고려하건대, 다리가 아닌 건축물 또는 단지가 아닌 가재도구에서도 어떤 식으로든 사역세계의 집수가 일어나야만 한다. 이는 하이데거 자신이 해명하지 않은 부분이다. 이는 간단한 문제가 아니다. 이를테면 다리에 특유한 '이행' 성격에서 신적인 것의 집수가 일어난다는 주장은 다리가 아닌 건축물에 그대로 적용할 수 없다. 또 단지의 사역 집수에 대한 해명에서 기초가 되었던 '선사함' 역시 가재도구 일반이 아니라 단지에 특유한 것이다. 예컨대 학교 같은 건축물이나 식탁 같은 물건이 어떻게 사역세계를 집수하는지는 독자의 상상에 맡겨져 있다.

또한 하이데거는 모든 종류의 사물이 사역세계를 집수한다는 본질을 충족한다고 보지 않았다. 〈사물〉의 말미에서 하이데거는 자신이 보기에 사역세계를 집수할 수 있는 사물의 목록 일부를 열거한다. 단지와 벤치, 오솔길과 쟁기가 그렇다. 거울과 죔쇠, 책과 그림, 왕관과 십자가도 그렇다. 또 나무와 연못, 실개천과 산도 그렇다. 왜가리와 노루, 말과 황소도 그렇다. 하이데거가 이 목록에서 텔레비전과 에어컨, 인공위성과 로켓 같은 현대 기술의 산물을 넣지 않은 것은 당연히 우연이 아니다. 몰아세움의 탈은폐와 사역세계를 집수하는 탈은폐는 사물이 현존하는 대조적인 방식이다. 하이데거에게 현대 기술의 산물은 사물처럼 보이고 어떤 의미에서 사물이지만 사물의 본질을 충족하지 못하는 주문품, 재고품, 부속품에 불과하다.

하지만 하이데거가 제시한 목록에서 또 다른 의문이 생긴다. 그 목록에 실개천이나 왜가리 등이 포함되는 이상, 자연 사물이 사역세계를 집수하는 방식은 어떠한지, 그러한 방식은 건축물이나 도구 같은 여느 사물과 어떻게 다른지, 그것이 어떻게 근원적 거주에 기여하는지도 해명이 필요하다. 〈사물〉은 이에 대해서도 답변하지 않으므로, 이 역시 독자가 스스로 해석해야 할 몫으로 남는다.

여러모로 후기 하이데거의 사물론은 하나의 이론이라기에는 빈틈이 많다. 사실 하이데거 스스로 체계적 이론을 의도하지도 않았을 것이다. 더욱이 빈틈이 많다는 것이 꼭 한 사상의 취약점이라고만 할 수도 없다. 적은 말로 많은 사태를 말해야만 하는 사상가에게 핵심을 찌르면서 여러 빈틈을 남기는 일은 얼마든지 허용될 수 있다. 다만 이 모두에도 불구하고, 적어도 독자가 그러한 빈틈이 적절히 채워질 수 있으리라는 희망을 품을 수는 있어야 한다.

또 하나 짚어 보아야 할 문제는 사물이 그 곁에 모아들인다는 '사역'을 어떻게 이해해야 하는가다. 대지와 하늘, 신적인 것과 죽을 자는 존재자적인가? 즉 신이나 인간 같은 특정 존재자나 여러 존재자를 포괄하는 특정 존재자 영역을 가리킬 따름인가? 대지에 대해서 암석과 물, 생장하는 동식물을 언급하고, 하늘에 대해서 해, 달, 별과 구름의 이동 등을 언급할 때, 하이데거는 사실상 그러한 존재자 영역을 가리키는 듯 보인다. 하지만 하이데거가 마지막 사유의 결실로 내놓는 텍스트에서 '존재자적'인 것을 읽어 내는 것은 《존재와 시간》부터 일관된 '존재'의 사상가로서 그의 면모와 도무지 어울리지 않는 듯하다. 사실 암석과 물, 해와 달 같은 특정한 존재자가 시나 문예가 아닌 철학적 성찰의 주제일 수 있다고 생각하기조차 어렵다. 게다가 눈에 보이는 저 해나 달이 다리나 단지에 '집수된다'는 말은 거의 불가해하다.

이런 맥락에서 한 연구자가 지적하듯이, 사역에 대한 하이데거의 언급은 무척이나 당혹스럽다.[36] 존재자적 해석의 당혹스러움으로 인해서 여러 연구자는 철저히 존재론적인 해석을 내놓는다.[37]

---

36 Graham Harman, *Heidegger Explained: From Phenomenon to Thing*, Chicago: Open Court, 2007, 131쪽.

37 Graham Harman, *Heidegger Explained,* 133~134쪽; Karsten Harries, "Unterwegs zum Geviert," in Dieter Thomä (ed.), *Heidegger—Handbuch: Leben—Werk—Wirkung,* 2. Bearb. und erg., Stuttgart: Metzler, 2013, 257~258쪽; Hubert Dreyfus & Charles Spinosa, "Further reflections on

그 가운데 하나에 따르면, 대지는 〈예술작품의 근원〉에서와 같이 비非개시적이면서 인간을 구속하는 것으로 해석되고, 하늘은 이러한 대지의 구속을 넘어서는 탈자적 차원으로 열린 터로서 해석된다.[38] 여기서 사역은 특정한 존재자나 존재자 영역으로 해석되지 않는다. 그래서 '대지'나 '하늘'이라는 명칭은 다분히 상징적인 것이 되고 만다. 그러나 아마 이는 텍스트에서 근거를 찾기 어려운 자의적 해석이라는 혐의를 벗어나기 어려울 것이다.

어쩌면 사역을 존재자적인 것과 존재론적인 것 중 어느 한쪽이 아니라 그 사이에 두면 문제의 실마리가 풀릴지 모른다. 대지는 암석이나 강물, 동식물 등의 존재자를 단순히 모두 합친 것이 명백히 아니다. 그렇다고 존재자적인 내용을 결여한 순전히 존재론적인 것도 아니다. 대지는 암석이나 동식물 등을 담아내고 지탱하는 것, 따라서 인간의 거주에서 '뿌리와 지반'에 해당하는 것이다. 인간 거주의 기초를 이룬다는 특징은 존재론적인 규정에 가깝지만, 실제로 그런 기초는 산, 들, 강 같은 눈으로 보고 손가락으로 가리킬 수 있는 존재자로 구성된다. 또한 하늘은 해와 달, 별과 구름 등을 아우르는 영역이되, 거주 공간에서 인간이 좌지우지할 수 없고 단지 그 변화를 받아들여야만 하는 '높이'의 차원에 해당한다. 하늘은 오만해질 수 있는 인간에게 겸허를 가르친다. 대지가 인간에게 거주의 자양분을 베푼다면, 하늘은 인간에게 자신의 한계를 받

Heidegger, technology, and the everyday," *Bulletin of Science, Technology & Society*, vol. 23 no. 5, 2003, 339~349쪽.

38 Karsten Harries, "Unterwegs zum Geviert," 257쪽.

아들이고 인간적 힘 이상의 것을 인정하라는 높은 곳의 요구를 현시한다. '대지'와 '하늘'은 각각에 속하는 존재자들이 인간에게 와 닿아 현존하고 머무는 방식과 그 의미를 가리키는 듯 보인다.

하늘에 대한 이러한 해석은 〈"…인간은 시적으로 거주한다…"〉에서 나타나는 하늘과 신적인 것에 대한 언급과도 잘 일치하는 듯하다. 하늘은 우선은 해와 달의 운행같이 인간에게 친숙한 현상으로 이해된다. 하지만 시인이 '지은' 시는 그런 현상으로부터 자신을 숨기는 신을 앞으로 불러낸다. 하늘의 현상이 지닌 불가항력적 성격은 시인의 시에서 신적인 것이 그 자체를 알리는 통로로 밝혀진다. 그렇게 하늘과 신적인 것이 통한다. 이런 신적인 것은 기독교의 신도, 미신 숭배의 대상도 아니다. 이는 거주 공간에서 죽을 자로서 인간이 절대적으로 수용하고 따라야만 하는 "척도"를 가리킨다.[39] 신적인 것 또는 신은, 옳고 그른 삶이나 좋고 나쁜 삶을 측량하는 다른 모든 척도의 적합성을 측량하는 궁극의 척도다. 인간이 홀로 감당할 수 없는 불운이나 불화와 마주할 때, 또는 반대로 그런 재액을 견뎌 내고서 감사를 느낄 때, 인간은 그런 척도와 마주한다. 시인의 시 짓기는 인간 삶에 대한 궁극의 척도를 거주 공간으로 불러내어 현존하도록 한다는 점에서 탁월한 방식의 짓기다. 따라서 사역을 보살피고 보존하는 근원적 거주는 곧 시적인 거주다.

---

39 전집 7권, 200쪽(〈"…인간은 시적으로 거주한다…"〉, 《강연과 논문》, 신상희 · 이기상 · 박찬국 옮김, 이학사, 2008, 256쪽).

부록

용어 해설
국내에 출간된 하이데거 관련 저작
참고문헌
하이데거 연보

용어 해설

각자성各自性, Jemeinigkeit 하이데거는 우리 자신인 존재자, 곧 현존재가 각자성에 의해 규정된다고 말한다. 제아무리 가까운 사이일지라도 나는 나로, 너는 너로, 각자 자신으로 존재한다. 이는 인간이 개인으로 존재한다는 익숙한 생각 이상을 뜻한다. '개인성'이 통상 사회 속 성원이 서로에 대해 구분되는 독립적 단위임을 가리킨다면, '각자성'은 이러한 개인성의 고려에 앞서서 '존재한다'는 것이 각자 자신의 과제라는 사실을 가리킨다.

개시성開示性, Erschlossenheit 하이데거는 이 용어의 동사적 원형인 'erschließen'을 처음 언급할 때, 자신이 뜻하는 바가 'aufschließen' 즉 '열다, 밝혀내다'라고 말한다. 따라서 개시성이란 열린 채로 밝혀져 있음을 뜻한다. 중요한 것은 우리가 특별히 인식의 노력을 다하기 이전에 이미 항상 무언가가 열리어 밝혀져 있다는 점이다. 하이데거는 세계와 더불어 세계 속의 자신이 개시되어 있다고 본다. 그래서 하이데거는 현존재가 곧 개시성이라고도 말한다.

거주Wohnen 하이데거에게 거주한다는 것은 단순히 집이나 직장 같은 곳에서 장시간 머문다는 뜻이 아니다. 인간이 죽을 자로서 자신을 지탱하는 대지 위에서 삶을 영위하는 것이 거주다. 하이데거는 사역세계를 모아들여 보존하고 보살피는 사물의 곁에 머물 때 우리가 근원적으로 거주한다고 본다. 반면에 몰아세움의 탈은폐가 모든 것을 지배하는 곳에서 인간의 거주는 고향상실로 전락한다.

눈앞에-있음 Vorhandensein**과 손안에-있음**Zuhandenheit 《존재와 시간》에서 하

이데거는 존재자가 존재하는 방식에 대해 중대한 구별을 제시한다. 예컨대 저 앞에 놓인 책상을 관찰하면서 그 색상이나 형태를 지각할 때, 우리에게 책상은 '눈앞에-있다.' 대상과 거리를 두는 이론적 태도에서 존재자는 흔히 눈앞에-있음이라는 방식으로 존재하게 된다. 반면에 책상 앞에서 책을 읽고 있을 때, 우리에게 책상은 '손안에-있다.' 친숙한 사용 맥락으로 들어온 존재자는 흔히 손안에-있음이라는 방식으로 존재하게 된다.

대지Erde 인간이 거주하는 토대이자 모든 사물을 간직하는 지반이다. 열어 밝히는 '세계'의 경향성에 맞서서 그 자체를 닫아건다는 특성이 있다. 세계가 온갖 사물을 이러저러한 것으로 밝혀낸다면, 대지는 모든 사물을 그 자체의 어둠 속에 닫아 두고자 한다. 하이데거에 따르면, 이처럼 대지가 자신을 닫아거는 성격은 예술작품에서 특히 잘 확인된다. 예술작품에 쓰인 질료는 단순히 소모되는 것이 아니라 그 질감이 감각적으로 표출됨으로써 작품성의 일면을 차지한다. 하지만 동시에 그러한 표출은 개념적으로 포착하기 힘들다. 이런 것이 예술작품에서 나타나는 대지의 성격이다.

몰아세움Ge-Stell 현대 기술의 본질로서 존재하는 모든 것을 상시 가용한 재고품이자 부속품으로 탈은폐하는 존재 방식이다. 여기서 인간은 자연, 사물, 도구를 비롯한 온갖 존재자를 도발적으로 요청하도록 주문받는다. 그러나 인간 자신도 몰아세움의 탈은폐로부터 자유롭지 않다. 인간 역시 인적자원, 산업자원, 생체자원으로서 도발적으로 요청당한다. 몰아세움은 기술 시대의 존재사건이자 기술 시대의 역운이기도 하다.

사역세계四域世界, Welt-Geviert 《존재와 시간》에서 하이데거는 도구의 쓰임새에서 뻗어 나오는 지시연관의 망으로부터 세계를 파악했다. 반면에 후기 저작에서 그는 대지, 하늘, 신적인 것, 죽을 자라는 네 요소가 서로 한데 어우러짐을 세계로 파악하고, 이를 사역세계라고 부른다. 죽을 자로서 유한한 인간은 대지

위, 하늘 아래에서 신적인 것을 마주하면서 본래적으로 거주한다. 하이데거는 어떻게 다리나 단지 같은 사물이 사역세계를 모아들여 인간의 본래적 거주를 마련하는가를 묘사한다.

세계-내-존재 In-der-Welt-sein 기존 철학은 우리 자신의 존재를 가리키기 위해 '의식', '주체', '자아' 등의 개념을 사용하지만, 하이데거는 이러한 용어에는 세계와 무관히 자체적으로 존재하는 실체라는 의미가 암암리에 함축된다고 보고 문제시한다. 그래서 대안으로 '세계-내-존재'를 제시한다. 이는 컵 안에 물이 있듯이 우리가 세계라는 공간 안에 있다는 뜻이 아니다. 그것은 우리가 세계에서 거주하고 세계와 맞물린 채로만 존재한다는 뜻이다.

역운歷運, Geschick 존재사건에 따라서 인간은 하나의 탈은폐의 길로 모아들여 보내진다. 하이데거에 따르면, 이러한 역운으로부터 모든 역사의 본질이 규정된다. 시대마다 인간은 다른 성격의 탈은폐로 보내진다. 이러한 역운의 차이가 서로 다른 시대의 역사적 차이를 규정한다. 그런 점에서 역운은 역사학자가 탐구할 수 있는 대상이 아니지만, 그럼에도 각 시대의 차이를 뿌리 깊이 이해하기 위해 성찰하지 않을 수 없는 주제가 된다.

전회Kehre 하이데거 철학의 해설서에서 통상 전기 사상에서 후기 사상으로의 이행을 가리킨다. 이러한 전회는 1930년대를 거치며 서서히 이루어졌다. 이 시기에 하이데거는 '존재이해'나 '존재의 의미' 대신에 점차로 '존재의 진리'나 '존재사건'을 내세우게 된다. 그러나 후기 저술에서 하이데거 자신은 이 용어를 주로 존재망각으로부터의 전회, 즉 존재의 역사가 존재망각으로부터 존재 진리의 보존으로 돌아선다는 뜻으로 쓴다.

존재/존재자 Sein / Seiendes 존재자는 우리가 흔히 마주칠 수 있는 개개의 책상, 나무, 사람 등을 모두 포괄한다. 이러한 각각의 존재자는 제 나름대로 존재한다.

즉 지각되는 대상으로서든, 사용되는 도구로서든, 함께 사는 타인으로서든 말이다. 《존재와 시간》에서 '존재'라는 용어는 주로 이러한 존재 방식을 가리킨다. 반면에 후기 저술에서 하이데거는 존재자를 먼저 염두에 두고서 그것이 어떻게 존재할 수 있는가를 묻는 대신에, 단적으로 '존재하다'에 초점을 맞춘다. 이때 존재는 존재자 전체가 현존하도록 탈은폐하면서 그 자체는 물러남을 뜻한다.

존재망각Seinsvergessenheit 하이데거는 플라톤에서부터 니체에 이르기까지 위대한 형이상학자들의 사상에서 존재가 망각되었다고 주장한다. 이들은 이데아, 우시아, 현실성, 모나드, 정신, 힘에의 의지 등 다양한 존재 개념을 제시했지만, 하이데거에 따르면 그 모든 개념이 존재의 본질을 그 안에 보존하지 못했다. 하지만 존재망각은 형이상학자들의 잘못이 아니다. 그것은 형이상학자들이 간과했던 탓이 아니라 존재 자체가 물러났던 데서 비롯한다.

존재사건Ereignis 인간에게 존재(현존)이 주어지는 사건이다. 존재사건에서 존재자는 인간에게 특정한 방식으로 탈은폐되어 현존한다. 동시에 존재사건은 존재자가 다른 방식으로 탈은폐되어 현존할 가능성을 그 자체 안에 감춘다. 또한 이처럼 존재(현존)이 주어지는 사건이 일어난다는 사실을 감추고, 탈은폐된 존재자와 그것의 현존성에만 우리의 시선이 머물도록 한다. 이러한 감춤을 하이데거는 '물러남Entzug'이라고도 부른다.

존재이해Seinsverständnis 우리는 다양한 존재자가 제각기 어떻게 존재하는지 개념적으로 해명하지 못하지만, 아무튼 모종의 방식으로 존재함을 막연히 이해한다. 하이데거는 우리가 이러한 존재이해 속에서 살아간다고 본다. 전기 저작에서 그는 우리에게 존재이해가 어떻게 가능한지를 시간의 지평을 통해 해명하고자 했다.

진리Wahrheit 전통적 진리 개념에 따르면, 사태와 일치하는 진술이 진리다. 예컨대 의자가 다섯 개 있는 강의실에 대해 "강의실에 의자가 다섯 개 있다"와 같은 진술이 진리다. 하지만 《존재와 시간》에서 하이데거는 이보다 더 근원적인 진리가 있다고 본다. 그러한 진술이 가능하려면, 진술자에게 강의실이 '의자가 다섯 개 있는 강의실'로서 발견되어 있어야 한다. 이러한 발견되어 있음이 더 근원적인 의미에서 진리다. 나아가 하이데거는 이러한 발견의 근저에 강의실을 포함한 세계 전체의 개시성이 깔려 있다고 보면서, 이를 가장 근원적인 진리라고 부른다.

터Lichtung 본래 'Lichtung'은 숲속의 빈터, 즉 숲 한가운데 나무가 없어서 빛이 잘 드는 환한 장소를 가리킨다. 하이데거에게 이는 현존재로서 인간이 들어서는 빛나는 장소, 곧 '현現, da'를 뜻한다. 비어 있는 터에 인간과 온갖 존재자가 들어서고, 그 모두가 이러저러하게 존재하는 것으로서 밝혀진다. 하이데거에게는 이렇게 터에서 인간에게 존재자가 존재자로서 밝혀짐이 곧 존재다. 다만 후기에 하이데거는 터가 단순히 빛과 밝음이 아니라 어둠과 은폐의 장소이기도 함을 강조하고, 그에 따라 존재도 밝히는 동시에 숨기는 것이 된다.

국내에 출간된 하이데거 관련 저작

1. 하이데거 주요 저작

하이데거가 생전에 스스로 출간한 책은 소책자를 제외하면 십여 권 정도다. 더욱이 단행본으로 기획한 저술은 《존재와 시간》과 《칸트와 형이상학 문제》를 제외하면 찾아보기 힘들다. 하이데거는 별도의 책을 출간하기보다 매 학기 강의록 집필에 더 열중했던 듯하다. 그의 강의록은 사후에 모두 출간되었고 그 가운데 중요한 저술도 제법 된다. 그는 정규 강의를 그만둔 1950년대 이후 본격적으로 저술을 출간한다.

하이데거 전집은 1975년 간행이 시작되었다. 본래 총 102권으로 예정되었으나 현재 105권으로 계획이 조정되었다. 그중 서한집과 메모 등 두어 권의 잡문을 제외하고 사실상 모두 출간되었다.

많은 저작 가운데 다음 저작들은 특히 중요하다. 모두 국내에 번역 출간되어 있다.

《존재와 시간》(개정판, 이기상 옮김, 까치, 2025)

1927년 출간된 하이데거의 주저로, 그의 모든 저작 가운데 가장 유명할 뿐만 아니라 논쟁의 여지가 있을 수 있겠으나 가장 중요하다. 프랑스 실존주의의 태동에도 막대한 영향을 미쳤고, 미국 철학계에서 하이데거를 수용할 때도 가장 중요한 저작으로 받아들여졌다.

《현상학의 근본문제들》(이기상 옮김, 문예출판사, 1994)

전집 24권으로 간행된 1927년 여름학기 강의록으로, 종종 《존재와 시간》의 후속편으로 간주된다. 존재의 의미를 시간의 지평에서 구한다는 기초존재론적 문제의식을 뚜렷하게 보여 준다.

《칸트와 형이상학 문제》(이선일 옮김, 한길사, 2001)

1929년 출간한 단행본으로, 칸트의 《순수이성비판》이 유한성의 형이상학을 정초한다고 해석한다. 초월론적 상상력이 지성과 이성의 근원이라는 논쟁적 주장을 펼친다. 하이데거는 이러한 해석을 통해 칸트의 철학을 자기 철학인 기초존재론의 전신으로 파악하고자 했다.

《형이상학의 근본개념들》(개정판, 이기상 옮김, 까치, 2025)

전집 29~30권으로 간행된 1929~1930년 겨울학기의 방대한 강의록이다. 근본기분으로서 권태에 대한 현상학적 분석, 동물의 존재 방식에 대한 고찰, 세계와 로고스의 연관에 대한 분석 등 여러 주요한 주제를 다루고 있다.

《형이상학 입문》(개정판, 박휘근 옮김, 그린비, 2023)

전집 간행 시작 이전에 유일하게 단독 출간된 강의록으로, 1935년 여름학기 강의를 담고 있다. '도대체 왜 존재자가 있고 차라리 무無가 아닌가?'라는 물음을 형이상학의 근본 물음으로 간주하면서 '존재'라는 말의 어원을 분석하고, 이어서 존재가 생성, 가상, 사유, 당위와 맺는 관계 등을 고찰한다.

《숲길》(개정판, 신상희 옮김, 나남출판, 2020)

1935년부터 1946년까지의 저술을 모은 저작으로, 그 가운데 〈예술작품의 근원〉(1935~1936)과 〈세계상의 시대〉(1938)가 특히 중요하다. 총 6편의 글을 수록하고 있다.

《강연과 논문》(신상희 · 이기상 · 박찬국 옮김, 이학사, 2008)

1936년부터 1953년까지 주요 강연과 논문을 모은 저작이다. 〈기술에 대한 물음〉(1953), 〈형이상학의 극복〉(1936~1946), 〈사유란 무엇을 말하는가?〉(1952), 〈건축함 거주함 사유함〉(1951), 〈사물〉(1950), 〈"…인간은 시적으로 거주한다…"〉(1951) 등 총 11편의 글을 수록하고 있다.

《이정표》(1권, 신상희 옮김, 한길사, 2005; 2권, 이선일 옮김, 한길사, 2005)

제목대로 하이데거의 사유 여정 전체의 이정표에 해당하는 글을 담고 있다. 〈형이상학이란 무엇인가?〉(1929), 〈근거의 본질에 관하여〉(1929), 〈진리의 본질에 관하여〉(1930), 〈휴머니즘 서간〉(1946), 〈존재물음에로〉(1955), 〈칸트의 존재 테제〉(1961) 등 총 14편의 글을 수록하고 있다.

2. 하이데거 연구서 및 해설서

하이데거 철학에 대한 연구서나 해설서는 독일어, 영어, 프랑스어, 일어 등 각종 언어로 수없이 출간되었고, 우리나라를 포함한 전 세계에서 오늘날에도 활발히 출간되고 있다. 다음은 번역 출간되었거나 국내 저자가 저술한 주요 해설서 목록이다.

김종두, 《하이데거의 존재와 현존재》 개정판, 새물결플러스, 2014(《하이데거에 있어서 존재와 현존재》 초판, 서광사, 2000).

"후기 하이데거의 자기해석에 기초한 《존재와 시간》의 재조명"이라는 부제답게 후기 사상의 관점에서 《존재와 시간》을 재해석한다. 전기와 후기 사상을 고루 살펴볼 수 있고, 출간 시점까지의 주요 연구서를 폭넓게 분석하는 등 전반적으로 수준이 높다.

박찬국, 《들길의 사상가, 하이데거》 개정판, 그린비, 2013(초판, 동녘, 2004).

국내 하이데거 연구의 권위자가 일반 독자를 위해 쓴 해설서다. 하이데거 사상 전반을 쉬운 문체로 간결하게 소개하면서도 핵심을 놓치거나 피상적으로 접근하는 우를 범하지 않는다. 초판 출간 이후 20여 년이 지났지만, 여전히 일독할 가치가 충분하다.

W. 블라트너, 《하이데거의 『존재와 시간』 입문》, 한상연 옮김, 서광사, 2012.

미국의 저명한 하이데거 연구자가 쓴 《존재와 시간》 입문서다. 명료한 문체가 돋보인다. 입문서라고 하나 수준이 높고 주해보다 비판적 독해에 가깝다. 비판적 시각이 까탈스럽게 보일 수도 있다. 페겔러나 헤르만의 저작과 비교하면 독일어권 연구자와 미국 연구자의 접근 방식 차이를 분명하게 볼 수 있다.

김형효, 《하이데거와 마음의 철학》, 청계, 2000.

동서양 사상을 폭넓게 연구한 한국의 대표 철학자가 유식 불교의 견지에서 《존재와 시간》을 '소화'한 책으로, 본래적 실존의 문제를 불교의 수행과 참선의 시각에서 고찰한다. 2000년대 이후 국내에서 하이데거와 불교의 비교 연구가 활발하게 이루어졌는데, 그 효시가 된 책이라 할 수 있다.

이수정 · 박찬국, 《하이데거: 그의 생애와 사상》, 서울대학교출판문화원, 1999.

국내 전문가 두 사람이 함께 쓴 입문서로, 하이데거의 전기와 후기 사상의 주요 개념을 일목요연하게 교과서적으로 해설한다. 하이데거 철학을 좀 더 깊이 공부하고 싶은 독자라면 한 권 구비하여 수시로 찾아보기에 좋다.

프리드리히 빌헬름 폰 헤르만, 《하이데거의 《존재와 시간》을 찾아서》, 신상

희 옮김, 한길사, 1997;《하이데거의 예술철학》, 이기상·강태성 옮김, 문예출판사, 1997.

하이데거의 제자였던 헤르만은 하이데거의 저술에 대한 아주 꼼꼼한 주해를 보여 준다. 첫 번째 책은 말과 언어에 대한 분석을 중점적으로 다룬다. 두 번째 책은 〈예술작품의 근원〉의 거의 모든 문장을 해설한다. 하이데거의 텍스트에 대한 치밀한 이해력이 돋보이나 자구 해설에 머무는 한계도 분명하다. 현재는 두 권 모두 도서관에서만 찾아볼 수 있다.

오토 페겔러,《하이데거 사유의 길》, 이기상·이말숙 옮김, 문예출판사, 1993.

초기부터 말년에 이르기까지 하이데거 사상을 전문가 수준에서 해설한다. 저자는 헤르만과 더불어 하이데거 연구계의 초창기 주역이자 권위자였다. 오늘날 시각에서는 지나치게 하이데거의 언어에 의존하는 경향이 있으나 여전히 중요한 하이데거 연구서이다. 애석하게도 절판되었다.

참고문헌

레크비츠, 안드레아스, 《단독성들의 사회》, 윤재왕 옮김, 새물결, 2023.

박찬국, 《하이데거와 나치즘》, 문예출판사, 2001.

____, 《하이데거의 《존재와 시간》 강독》, 그린비, 2014.

설민, 《하이데거와 인간실존의 본래성: 본래성과 퇴락의 양립 가능성에 대하여》, 한국학술정보, 2009.

____, 〈시간과 "존재의 진리"〉, 《철학연구》 제112집, 2016, 105~135쪽.

____, 〈1931/32년 강의에 나타난 하이데거의 이데아 해석〉, 《철학》 제144집, 2020, 177~202쪽.

소광희, 《시간의 철학적 성찰》, 문예출판사, 2001.

엘즈비에타 에팅거, 《한나 아렌트와 마틴 하이데거》 개정판, 황은덕 옮김, 산지니, 2024.

윤병렬, 《하이데거와 도가의 철학》, 서광사, 2021.

자프란스키, 뤼디거, 《하이데거: 독일 철학의 거장과 그의 시대》, 박민수 옮김, 북캠퍼스, 2017.

Blattner, William, *Heidegger's 'Being and Time': A Reader's Guide*, London: Bloomsbury Publishing, 2006(《하이데거의 『존재와 시간』 입문》, 한상연 옮김, 서광사, 2012).

Bollnow, Otto Friedrich, *Das Wesen der Stimmungen,* Frankfurt am Main: Klostermann, 1941.

Crowell, Steven, *Husserl, Heidegger, and the Space of Meaning,* Evanston, Ill.: Northwestern University Press, 2001.

Dahlstrom, Daniel O. "Heidegger's method: Philosophical concepts as formal indications," *The Review of Metaphysics,* vol. 47 no. 4, 1994, 775~795쪽.

Dreyfus, Hubert, "Holism and Hermeneutics," *The Review of Metaphysics,* vol. 34 no. 1, 1980, 3~23쪽.

Dreyfus, Hubert & Charles Spinosa, "Further reflections on Heidegger, technology, and the everyday," *Bulletin of Science, Technology & Society,* vol. 23 no. 5, 2003, 339~349쪽.

Harman, Graham, *Heidegger Explained: From Phenomenon to Thing,* Chicago: Open Court, 2006.

Harries, Karsten, "Unterwegs zum Geviert," in Dieter Thomä (ed.), *Heidegger—Handbuch: Leben—Werk—Wirkung,* 2. Bearb. und erg., Stuttgart: Metzler, 2013, 250~261쪽.

Heidegger, Martin, *Gesamtausgabe,* Vittorio Klostermann: Frankfurt am Main, 1975~.

Herrmann, Friedrich-Wilhelm von, *Hermeneutik und Reflexion: Der Begriff der Phänomenologie bei Heidegger und Husserl,* Frankfurt am Main: Vittorio Klostermann, 2000.

Mulhall, Stephen, *The Routledge Guidebook to Heidegger's Being and Time,* London: Routledge, 2013.

Thonhauser, Gerhard, *Heideggers "Sein und Zeit": Einführung und Kommentar,* Berlin: J. B. Metzler, 2022.

Young, Julian, *Heidegger's Philosophy of Art,* Cambridge & New York: Cambridge University Press, 2001.

하이데거 연보

1889 독일 남서부 시골 마을 메스키르히 출생.

1909 프라이부르크대학교 신학과 입학. 가톨릭 신학, 자연과학, 수학 공부.

1913 《심리학주의에서 판단 이론》으로 박사학위 취득.

1915 《둔스 스코투스의 범주론과 의미론》으로 교수자격 취득.

1916 에드문트 후설과 만남.

1917 엘프리데 페트리와 결혼.

1918 제1차대전 중 서부전선 투입. 독일 패전 및 바이마르공화국 탄생.

1920 카를 야스퍼스와 만남.

1923 마르부르크대학교 원외 교수직 취임.

1924 한나 아렌트와 만남.

1927 《존재와 시간》 출간.

1928 프라이부르크대학교 정교수직 취임.

1929 다보스 포럼에서 에른스트 카시러와 논쟁. 《칸트와 형이상학 문제》 출간.
프라이부르크대학교 취임식에서 〈형이상학이란 무엇인가?〉 강연.
논문 〈근거의 본질에 관하여〉 출간.

1930 카를스루에 등에서 〈진리의 본질에 관하여〉 강연.

1933 아돌프 히틀러와 국가사회주의독일노동당(나치당)의 정권 장악. 프라이부르크대학교 총장 취임 및 나치당 가입.

1934 총장 사임. 횔덜린 강의 시작.

1935 취리히 등에서 〈예술작품의 근원〉 강연.

1936 니체 강의 시작.

1944 《횔덜린 시의 해명》 출간.

1945 독일 패전. 나치 정화위원회에 회부.

1946 정화위원회 결과에 따라 교수 자격 박탈. 충격으로 요양소 생활.
장 보프레에게 〈휴머니즘 서간〉 발신.

1949 브레멘에서 〈사물〉, 〈몰아세움〉, 〈위험〉, 〈전회〉 강연.

1950 《숲길》 출간.

1953 뮌헨 등에서 〈기술에 대한 물음〉 강연. 《형이상학 입문》(1935년 여름학기 강의) 출간.

1954 《사유란 무엇인가》, 《사유의 경험으로부터》, 《강연과 논문》 출간.

1957 《근거율》, 《동일성과 차이》 출간.

1959 《언어로의 도상에서》, 《내맡김》 출간.

1961 《니체》 출간.

1966 시사 주간지 《슈피겔》과 인터뷰.

1967 《이정표》 출간.

1969 《사유의 사태로》 출간.

1975 《현상학의 근본문제들》(1927년 여름학기 강의)을 시작으로 전집 간행 시작.

1976 프라이부르크에서 사망, 메스키르히에서 장례.

하이데거 철학으로의 초대

초판 1쇄 발행 | 2026년 2월 25일

지 은 이 | 설민
펴 낸 이 | 이은성
편　　집 | 구윤희, 홍원기, 김승현
디 자 인 | 최승협

펴 낸 곳 | 필로소픽
주　　소 | 서울시 종로구 창덕궁길 29-38, 4-5층
전　　화 | (02)883-9774
팩　　스 | (02)883-3496
이 메 일 | philosophik@naver.com
등록번호 | 제2021-000133호

ISBN 979-11-5783-392-4 93100

필로소픽은 푸른커뮤니케이션의 출판 브랜드입니다.